社会团体财务规范指导手册

SHEHUITUANTI
CAIWU GUIFAN
ZHIDAO SHOUCE

曹瑞芳　任宏艳 / 主编

中国社会出版社
国家一级出版社 · 全国百佳图书出版单位

图书在版编目（CIP）数据

社会团体财务规范指导手册 / 曹瑞芳，任宏艳主编. -- 北京：中国社会出版社，2023.6
ISBN 978-7-5087-6912-7

Ⅰ. ①社… Ⅱ. ①曹… ②任… Ⅲ. ①社会团体—财务管理—中国—手册 Ⅳ. ①C912.2-62

中国国家版本馆 CIP 数据核字（2023）第 096515 号

出 版 人：程　伟
终 审 人：李新涛
策划编辑：孙武斌
责任编辑：杨春岩
责任校对：朱永玲
封面设计：时　捷

出版发行：中国社会出版社
地　　址：北京市西城区二龙路甲 33 号
邮政编码：100032
编 辑 部：(010)58124829
网　　址：shcbs.mca.gov.cn
发 行 部：(010)58124864；58124848
经　　销：新华书店

印刷装订：河北鑫兆源印刷有限公司
开　　本：170 mm×240 mm 1/16
印　　张：20.5
字　　数：290 千字
版　　次：2023 年 6 月第 1 版
印　　次：2023 年 6 月第 1 次印刷
定　　价：68.00 元

中国社会出版社微信公众号

中国社会出版社天猫旗舰店

编 委 会

前　言

社会团体是指依据《社会团体登记管理条例》进行登记，由中国公民自愿组成，为实现会员共同意愿，按照会员章程开展活动的、具有独立法人资格的非营利性社会组织，社会团体主要包括行业性社会团体、学术性社会团体、专业性社会团体和联合性社会团体，其名称一般是学会、协会、研究会、商会、联合会、促进会等。

中国目前有两类特殊的社会团体：一类是参加中国人民政治协商会议的人民团体；另一类是经国务院批准免于登记的团体。这两类社会团体均不属于本书中论及的社会团体。

社会团体是当代中国政治生活的重要组成部分。《社会团体登记管理条例》规定，成立社会团体必须提交业务主管单位的批准文件。业务主管单位是指县级以上各级人民政府有关部门及其授权的组织。

彼得·德鲁克在《非营利组织的管理》中指出：非营利组织是政府和企业之外的第三个部门，正处于一种全球性的“结社革命”；在承担社会责任、维护社会秩序等方面扮演着越来越重要的角色。

不以营利为目的、资源提供者不要求取得经济回报、不享有该组织的所有权是民间非营利组织的最显著特征。通常，社会团体主要特点是：

1. 会员（包括单位会员和个人会员）数量较多，但较为分散；

2. 会员并不直接参与社会团体的管理，而是通过会员代表大会行使其职权；

3. 理事会作为会员（代表）大会的执行机构，在会员（代表）大会闭会期间领导社会团体开展日常工作；

4. 理事会成员大部分为兼职，并不直接参与社会团体的日常管理工作；

5. 社会团体的日常工作一般由秘书处承担，秘书长具有较大的日常管理权限；

6. 社会团体的业务活动较多，会员会费为社会团体的主要收入来源；

7. 社会团体收入的来源除会费收入外还包括政府补助收入、提供服务收入、捐赠收入、投资收益等；

8. 社会团体会计人员较少，会计处理和资产保管等不相容职责分离有限，发生错误、舞弊及违反法规行为的可能性较大；

9. 社会团体运行的信息化程度高低差异较大，信息系统的使用情况在很大程度上影响着财务报表的质量；

10. 出资者提供的资金不具有营利性，但可能存在使用的限制；

11. 在财务核算方面，社会团体不进行盈亏核算，而着重进行有关资金的收支结余核算。

美国约翰·霍普金斯大学莱斯特·萨拉蒙教授指出，非营利组织具有组织性、非政府性、非营利性、自治性、志愿性。

目前我国社会团体数量已经超过80万个，其规模大大小小，涉及的领域也是方方面面，在财务管理上参差不齐。为了加强对社会团体财务工作的指导，规范财务行为，根据《财政部关于印发〈民间非营利组织会计制度〉的通知》《财政部关于印发〈民间非营利组织会计制度〉若干问题的解释的通知》《民政部关于印发〈社会团体公益性捐赠税前扣除资格认定工作指引〉的通知》《关于规范社会团体收费行为有关问题的通知》《关于规范全国性社会组织年度财务审计工作的通知》《社会团体登记管理条例》《关于改革社会组织管理制度促进社会组织健康有序发展的意见》等文件，结合社会团体的实际情况及工作中遇到的难点、痛点问题，我们编写了这本《社会团体财务规范指导手册》。

《社会团体财务规范指导手册》致力于为社会团体的健康发展提供专业的指导，全书采用简约的形式，各章节亦经过精心打磨，力求简明易懂，便于读者能快速找到问题及答案。

全书分为两大部分：专用篇和通用篇。专用篇针对社会团体日常财务管理、财务核算中遇到的问题进行介绍，包括：财务管理要点（第一章）、日常业务核算（第二章）、税费政策解读（第三章）、年检风险警示（第四章）、负面清单管理（第五章），在第一章至第三章还分别增加了十个常见问题解答。通用篇针对社会团体作为民间非营利组织在日常工作中遇到的痛点及难点问题进行介绍，包括：会计概念通解（第六章）、看明财务报表（第七章）、读懂审计报告（第八章）、制度制定要点（第九章）和常用政策法规（第十章）。全书每章都增加了引言部分，使读者对各章节的精华可以一目了然；每章内容都有独立编号，便于读者按类阅读和查找，是一本非常实用、案头必备的工具书。

编 者

2023 年 4 月

目　录

第一部分　专用篇

第二部分　通用篇

第一部分 专用篇

ZHUANYONG PIAN

第一章　财务管理要点

引言

社会团体是依据《社会团体登记管理条例》进行登记，由中国公民自愿组成，为实现会员共同意愿，按照会员章程开展活动的、具有独立法人资格的非营利性社会组织。社会团体主要包括行业性社团、学术性社团、专业性社团和联合性社团，其名称一般有学会、协会、研究会、商会、联合会、促进会等。

中国目前有两类特殊的社会团体：一类是参加中国人民政治协商会议的人民团体；另一类是经国务院批准免于登记的团体。这两类社会团体均不属于本书所涉及的社会团体。

社会团体在社会经济活动中发挥着一定的作用，随着市场经济体制的完善得到了较快的发展，数量也在不断增加。但是，在实践当中，社会团体财务管理工作却存在着较多的问题，这对社会团体的发展造成了一定的影响。因此，为了完善社会团体的财务管理，促进社会团体的健康发展，就必须采取相应的措施加强社会团体的财务管理规范。

本章以《中华人民共和国民法典》《社会团体登记管理条例》《中华人民共和国会计法》《民间非营利组织会计制度》《〈民间非营利组织会计制度〉若干问题的解释》《民政部 财政部关于取消社会团体会费标准备案规范会费管理的通知》《民政部社会组织管理局关于进一步加强全国性社会团体分支机构、代表机构规范管理的通知》《民政部 财政部 人民银行关于加强社会团体分支（代表）机构财务管理的通知》《财政部 民政部关于进一步明确公益性社会组织申领公益事业捐赠票据有关问题的通知》《财政票据管理办法》《会计档案管理办法》等法律法规为准则，也借鉴了一些大型社团的财务管理指引，从财务管理的基础管理、决策管理、人员配置、预算管理、收入管理、支出管理、资产管理、负债管理、净资产管理、薪酬管理、劳务支出管理、分支机构管理、大型学术交流活动管理、对外投资管理、票据管理、项目管理、会计档案管理、常见财务管理问题解答 18 个方面，以实际工作中经常遇到的 132 个问题为引导，采用问答的形式阐述了社会团体的财务管理规范。本章最后部分，还给读者列示了 10 个常见的社会团体财务管理问题，并附了答案，以帮助读者更具体地了解社会团体财务管理规范的实际操作。

一、基础管理

1. 社会团体财务管理的基本概念是什么

答：社会团体的财务管理是社会团体管理本单位财务活动、处理财务关系的一项经济管理工作，是指社会团体在运作过程中涉及的所有资金管理事务。

2. 社会团体财务管理的目标和意义是什么

答：社会团体财务管理的目标是：（1）促进社会团体合法运营；（2）实现社会团体宗旨及发展战略；（3）提高社会团体运营效果和效率；（4）保证社会团体资产安全；（5）保证社会团体财务报告和财务信息的真实完整。

社会团体财务管理的意义是：有利于完善社会治理，弥补市场和政府在社会需求方面的不足；有利于实现财务会计管理功能，加强财务整合；有利于降低成本，提高资源配置效率。

3. 社会团体财务管理的基本原则是什么

答：一是坚持依法依规原则。依法依规是财务管理的生命线，要把国家相关法律法规落实到财务管理的始终，不断增强遵规守法的自觉性。

二是坚持标准规范原则。标准规范是财务管理的有效手段，要逐步建立完善财务管理工作标准体系，全面提高财务管理规范化水平。

三是坚持公开透明原则。公开透明是财务管理的基本要求，要主动定期公开真实准确完整的财务信息，自觉接受社会监督，不断提高公信力。

四是坚持赋能发展原则。赋能发展是财务管理的根本目标，要努力打造支撑世界一流社团建设的财务保障能力，不断赋能改革创新发展。

4. 社会团体也需要制定财务管理规范吗

答：需要。为全面贯彻落实党中央关于群团改革的决策部署，规范全国社会团体的财务管理，促进全国社会团体治理结构和治理方式的现代化，赋能全国社会团体的创新发展，依据《中华人民共和国会计法》《社会团体登记管理条例》《民间非营利组织会计制度》等相关法律法规，结合全国社会团体的实际情况，制定具有规范性、指导性、引领性、支持性、可操作性的财务管理规范，以进一步完善社会团体财务管理制度，提高财务管理水平，控制和防范财务风险。社会团体应参照财务管理规范，认真落实岗位职责，严格自律，提升业务能力和工作水平。

5. 发现社会团体违反财务管理制度，应当由谁承担责任

答：根据《社会团体登记管理条例》相关规定，社会团体的法定代表人或主要负责人应对社会团体的全部财务活动负责。

6. 社会团体的印章是否需要备案

答：根据《社会团体登记管理条例》相关规定，社会团体凭《社会团体法人登记证书》申请刻制印章，开立银行账户。社会团体应当将印章式样和银行账号报登记管理机关备案。

7. 社会团体公章是否可以自行设计

答：不可以。根据《国务院关于国家行政机关和企业事业单位社会团

体印章管理的规定》，对社会团体印章管理如下：

（1）社会团体的印章为圆形，中央刊国徽或五角星。

（2）社会团体的印章，直径不得大于4.5厘米，中央刊五角星，五角星外刊单位名称，自左而右环行。

（3）社会团体印章所刊名称，应为法定名称。如名称字数过多不易刻制，可以采用规范化简称。

（4）社会团体的其他专用印章（包括经济合同章、财务专用章等），在名称、式样上应与单位正式印章有所区别，经本单位领导批准后可以刻制。

（5）社会团体刻制印章，应到当地公安机关指定的刻章单位刻制。

（6）社会团体的印章，如因单位撤销、名称改变或换用新印章而停止使用时，应及时送交印章制发机关封存或销毁，或者按公安部会同有关部门另行制定的规定处理。

二、决策管理

8. 什么是财务决策管理

答：财务决策管理是指社会团体各层级决策机构，按照规定的权限和程序，就财务方案进行比较选择，并作出决定的过程。

社会团体应建立和完善决策、执行、监督互相制衡的财务决策管理制度。按照民主办会的要求，明确理事会（常务理事会）决策职责、办事机构执行职责和监事会（监事）监督职责；监事会（监事）应列席重大财务事项决策，定期检查财务管理情况；理事长（会长）办公会、秘书长办公会应按照民主集中制原则，对重要财务事项实行集体领导、集体决策。

9. 社会团体财务决策管理的一般议事规则都有什么

答：社会团体应按管理级次建立财务决策议事规则。会员会费标准的确定和修改应由会员（代表）大会决策。财务决策管理制度的制定和修改、工资总额预算应由会员（代表）大会或理事会决策。重要财务管理制度的制定和修改，薪酬管理制度的制定和修改，接受大额捐赠，大额资产租赁、购置、出租、出借和处置，年度预算、年度财务报告审定，对外投资，对外财务信息披露等重大财务事项，应由会员（代表）大会或理事会（常务理事会）决策，其他财务事项可以由办事机构决策。

10. 社会团体的重大财务事项可以由会长（理事长）一支笔决定吗

答：不可以。社会团体应根据自身发展情况合理确定各类财务事项内部管理流程。重大财务事项应经过民主程序，不得由个人专断；业务复杂、专业性强的财务事项应引入专家论证、第三方评估等，不得盲目决策。

11. 社会团体制定财务决策管理办法的架构主要有什么

答：社会团体应自主制定并严格执行《财务决策管理办法》。按照分级授权、分岗设权、分事行权、权责一致的要求，明确重大财务事项的决策机构、执行机构、监督机构及其职责，合理设置岗位权限、限额标准、管理流程，明确责任追究的标准、程序和惩处措施。

三、人员配置

12. 社会团体可以委托外部单位代理记账吗

答：可以。办事机构规模小、业务活动少的社会团体，可配备一名专职出纳，并委托具备资质的中介机构代理记账。有条件的社会团体，可根据业务发展需要，按规定设置会计机构，并配备足够数量的专职会计人员。法定代表人应对会计工作和会计资料的真实性、准确性、完整性负责。

13. 社会团体的会计核算应当采用收付实现制还是权责发生制

答：权责发生制。社会团体应按照《中华人民共和国会计法》《民间非营利组织会计制度》（含解释）等规定进行会计核算，不能只按照现金的实际收支记账，应当按照权责发生制核算当期的资产负债和净资产变动。

14. 社会团体的会计人员需要具备什么条件

答：具备专业的职业素养，遵守职业道德，熟悉法律法规，特别是熟悉《社会团体登记管理条例》《中华人民共和国会计法》《民间非营利组织会计制度》《〈民间非营利组织会计制度〉若干问题的解释》《民政部 财政部关于取消社会团体会费标准备案规范会费管理的通知》等法律法规。选聘会计人员最直观的办法：可以看看其是否持有会计从业资格证或财会行业相关的职称证书；可在税务局网站（或服务大厅）查询其是否担任其他企事业单位的会计，是否有不良记录等。

15. 社会团体的后勤、人事、会计和出纳可以由一个人担任吗

答：会计和出纳不可以由同一人担任，后勤和人事可以兼任。根据会计法规定，会计机构内部应当建立稽核制度和内部牵制制度，出纳人员不得兼管稽核、会计档案保管、收支、费用和债权债务账目的登记工作。社会团体出于节约成本费用等因素，采用一人多岗，充分发挥人均工作效率是合理的，会计可以兼任后勤、人事等其他管理岗位，但是会计和出纳必须由不同人员分别担任，这样才能保证内部牵制。

16. 某社会团体的会长、财务负责人、会计、出纳是直系亲属关系，这样的岗位设置合规吗

答：不合规。根据《会计基础工作规范》第十六条规定：单位领导人的直系亲属不得担任本单位的会计机构负责人、会计主管人员。会计机构负责人，会计主管人员的直系亲属不得在本单位会计机构中担任出纳

工作。

社会团体应明确理事会（常务理事会）、监事会成员及其直系亲属不得担任或兼任本社团会计人员；明确办事机构负责人及其直系亲属不得担任或兼任本机构会计人员；明确会计机构负责人、会计主管人员的直系亲属不得在本社团或机构担任出纳。

需要回避的直系亲属为：夫妻关系、直系血亲关系、三代以内旁系血亲以及配偶亲关系。

17. 某社会团体的财务会计擅自离职，且删除了电脑里的财务资料，这该怎么办

答：擅自删除财务资料行为属于“未按照规定保管会计资料，致使会计资料毁损、灭失的行为”，已涉嫌违法，应立即警告并要求他（她）恢复数据，必要时向司法部门报告。依据《中华人民共和国会计法》第四十二条：“（八）未按照规定保管会计资料，致使会计资料毁损、灭失的；……有前款所列行为之一，构成犯罪的，依法追究刑事责任。”

应警告并要求该财务会计立即办理相关交接离职手续。《中华人民共和国会计法》第四十一条规定：会计人员调动工作或离职，必须与接管人员办清交接手续。

一般会计人员办理交接手续，由会计机构负责人（会计主管人员）监交；会计机构负责人（会计主管人员）办理交接手续，由单位负责人监交，必要时主管单位可以派人会同监交。

会计人员调动工作或者离职时，与接管人员办清交接手续，是会计人员对工作应尽的职责，也是分清移交人员和接管人员责任的重大措施。办好会计交接工作，可以使会计工作前后衔接，保证会计工作连续进行；也可以防止账目不清，财务混乱，给不法分子以可乘之机。

18. 审计某社会团体时发现记账凭证都没有签字，也没有及时装订，这算违规吗

答：这是违规的。按照《中华人民共和国会计法》《民间非营利组织

会计制度》（含解释）等规定，登记会计账簿，必须以经过审核的会计凭证为依据。记账凭证应当根据经过审核的原始凭证及有关资料编制。

社会团体的会计核算仍然是以《中华人民共和国会计法》为基本依据的，记账凭证必须经过“经手、复核、记账”等相关人员审核签字才可以登记入账。

19. 社会团体的会计申请参加专业培训，要不要支持

答：当然要支持。社会团体应支持财务人员提升专业能力，为财务人员参加业务培训、继续教育等提供更加便利的条件。社会团体还应积极组织财务管理培训，把财务管理培训作为基础性工作常抓不懈，积极组织财务人员轮训，全面促进财务人员职业道德和专业能力提升。

20. 某社会团体成立 5 年了，会计出纳等财务人员从没有变动过，这是好现象吗

答：这是不对的，会计岗位应定期轮换。社会团体应制定并严格执行《会计机构管理和会计工作规范》。《会计基础工作规范》对会计岗位的设置提出了示范性要求：（1）根据本单位会计工作的需要设置会计工作岗位；（2）符合内部牵制的要求；（3）对会计人员的工作岗位要有计划地进行轮岗；（4）要建立岗位责任制。

四、预算管理

21. 什么是预算管理

答：预算管理是单位主体依据法律、法规，对预算资金的筹集、分配、使用进行的组织、协调和监督等活动，是财务管理的核心。包括：预算编制、预算执行、政府决算。

22. 社会团体的预算管理是什么

答：是指社会团体对未来业务活动和相应财务结果进行充分全面的预测和筹划，并通过对执行过程的监控和分析，及时改善和调整业务活动。社会团体应实施预算管理，依据章程规定的宗旨和业务范围科学编制年度预算。有条件的社会团体应建立全面预算管理制度。

23. 社会团体的财务预算报告可以由会长（理事长）一支笔批准吗

答：社会团体的年度预算应由理事会（常务理事会）批准或确认，并严格执行。鼓励有条件的社会团体将全部收支纳入年度预算，严格控制无预算支出、超预算支出，对年度预算内资金实行责任人限额审批。

社会团体应明确年度预算调整程序和权限。年度预算内调整可由办事机构集体决策；年度预算之外的支出事项，由办事机构集体研究提出，并经理事会（常务理事会）确认后补充编入年度预算。

社会团体年度预算执行情况应定期向理事会（常务理事会）、监事会（监事）报告。

社会团体可视情况制定《预算管理办法》，并在其中明确年度预算编制程序，明确预算执行监控措施。

五、收入管理

24. 社会团体都有哪些收入

答：根据《民间非营利组织会计制度》及《〈民间非营利组织会计制度〉若干问题的解释》的规定，社会团体的收入按照来源可分为捐赠收入、会费收入、提供服务收入、政府补助收入、投资收益、商品销售收入和其他收入等。

（1）捐赠收入是社会团体接受其他单位或者个人捐赠所取得的收入。

（2）会费收入是社会团体根据章程等的规定向会员收取的会费。

（3）提供服务收入是社会团体根据章程等的规定向其服务对象提供服务取得的收入，包括学费收入、医疗费收入、培训收入等。

（4）政府补助收入是社会团体接受政府拨款或者政府机构给予的补助而取得的收入。

（5）商品销售收入是社会团体销售商品（如出版物、药品等）等所形成的收入。

（6）投资收益是社会团体因对外投资取得的投资净收益。

（7）其他收入是指除上述主要业务活动收入以外的其他收入，如固定资产处置净收入、无形资产处置净收入等。

25. 社会团体的会费标准如何确定？如何修改会费标准

答：根据《民政部 财政部关于取消社会团体会费标准备案规范会费管理的通知》《国家发展改革委 民政部 财政部 国资委关于进一步规范行业协会商会收费管理的意见》等法规，社会团体可以依据章程规定的业务范围、工作成本等因素，合理制定会费标准。会费标准的额度应当明确，不得具有浮动性。

行业协会商会要适当降低偏高会费和其他收费标准，减轻企业负担。要合理设置会费档次，一般不超过 4 级，对同一会费档次不得再细分不同收费标准。行业协会商会要全面梳理服务项目收费情况并向社会公开。

社会团体制定或者修改会费标准，应当召开会员大会或者会员代表大会，应当有 2/3 以上会员或者会员代表出席，并经出席会员或者会员代表 1/2 以上表决通过，表决采取无记名投票方式进行。除会员大会或者会员代表大会以外，不得采取任何其他形式制定或者修改会费标准。

26. 社会团体的会费可以减免吗

答：国家现行政策未对此作出明确规定，社会团体可根据本单位制定的有关会费管理办法具体执行。

例如，根据《中国注册会计师协会关于做好 2022 年会计师事务所会费收缴工作的通知》和《北京注册会计师协会会费管理暂行办法》的要求，中注协 2022 年继续减半收取本级会费。

2022 年北京注协本级会费收缴政策：为切实减轻疫情对北京地区注册会计师行业发展的影响，经北京注协第八届会员代表大会第一次会议审议，决定对北京注协本级会费给予 30%减免。

27. 社会团体可以一次性收取多年的会费吗

答：可以。社会团体可以依据章程规定的业务范围、工作成本等因素，合理制定会费的收取和管理办法。只要符合章程规定，社会团体可以一次性收取多年会费，但是，如遇到会员单位或个人中途退会等情况，有可能产生退费风险。

28. 社会团体收到的会费可以不入账直接用于支付办公房租吗

答：不可以。社会团体收入（收费）应符合章程规定的宗旨和业务范围。社会团体应将全部收入纳入法定账户统一管理，严格执行“收支两条线”政策，严禁账外建账或坐收坐支，杜绝“小金库”。

29. 如何防范和杜绝社会团体收入“小金库”

答：根据《社会团体“小金库”专项治理实施办法》相关规定，社会团体“小金库”主要表现形式包括：（1）隐匿会费收入设立“小金库”；（2）截留行政事业性收费设立“小金库”；（3）截留捐赠收入设立“小金库”；（4）用资产处置、出租收入设立“小金库”；（5）以会议费、劳务费、培训费等名义或以假发票、假合同等手段套取资金设立“小金库”；（6）虚列其他支出转出资金设立“小金库”；（7）以其他形式设立“小金库”。

杜绝私设“小金库”，需要做到以下几点：（1）按规定收费，做到收费有依据、有公示、有台账。（2）社团资产处置、出租、使用等资产收入及时足额入账。(3) 不得以会议费、劳务费、培训费和咨询费等名义虚列支出套取资金。(4) 不得以假发票等非法票据骗取资金。(5) 严格遵守银行账户管理的规定，不违规开设银行账户。

30. 社会团体运营到年底时收入有盈余，可以分配吗

答：不可以。社会团体的收入必须全部用于章程规定的非营利性事业，除列支社团管理、开展业务活动等必要成本及与社团有关的其他合理支出外，盈余不得分配。

31. 有企业向某协会捐赠资金，财务都需要出具什么手续

答：需要开具公益事业捐赠票据。社会团体接受捐赠应坚持自愿和无偿原则，且须符合本社团章程规定的宗旨和业务范围，并向捐赠人出具合法有效的公益事业捐赠票据。社会团体接受大额捐赠时，须与捐赠人订立捐赠合同，捐赠合同约定的用途应当符合章程规定的业务范围，接受捐赠情况应主动定期向社会公开。

32. 社会团体收到某企业的20万元捐款，这是应税收入还是非应税收入？非应税收入也要申报吗

答：这属于非应税收入，也需要进行收入申报，但不需要缴纳增值税及附加税。依据《中华人民共和国企业所得税法》第二十六条及《中华人民共和国企业所得税法实施条例》第八十五条的规定，符合条件的非营利组织的收入为免税收入。非营利组织的下列收入为免税收入。

(1) 接受其他单位或者个人捐赠的收入；

(2) 除《中华人民共和国企业所得税法》第七条规定的财政拨款以外的其他政府补助收入，但不包括因政府购买服务取得的收入；

(3) 按照省级以上民政、财政部门规定收取的会费；

(4) 不征税收入和免税收入孳生的银行存款利息收入；

(5) 财政部、国家税务总局规定的其他收入。

33. 某社会团体的服务性收费业务委托给会长儿子控制的企业实施，这是合规的吗

答：这是违规的。社会团体的经营服务性收费应遵循自愿、公平、公开的原则，不得具有强制性、垄断性，不得转包或委托与学会负责人、分支机构负责人有直接利益关系的个人或组织实施，收费标准应向社会公示。

34. 某社会团体依据自己的行业地位，向行业内企事业单位摊派会费、索要捐赠，这是合规的吗

答：这是违规的。社会团体不得违规向企事业单位收费，接受企事业单位捐赠的，应遵循自愿、无偿原则，不得向企事业单位派捐索捐；向企事业单位收取经营服务性收费的，应遵循自愿、公平、公开原则，不得向企事业单位强拉赞助。社会团体不得利用行政机关影响或行政资源牟利，不得借行政机关的登记、验证、年检等行政行为搭车收费，不得利用所掌握的会员信息、行业数据、捐赠人和受赠人信息等不当牟利。

35. 某事业单位隶属的协会，把收来的经费用于弥补事业单位的经费不足，这是对的吗

答：这是违规的。社会团体的经费收入不得与行政机关及企事业单位混管。社会团体的收入不得用于弥补其他行政事业单位经费不足，或发放其他行政事业单位工作人员各项福利或补贴。

36. 哪些收入是社会团体禁止取得的

答：社会团体禁止取得以下收入：（1）强制或变相强制入会并收取会费；（2）强制市场主体参加会议、培训、考试、展览、评比评选、出国考察等各类收费活动或接受第三方机构有偿服务；（3）强制市场主体提供赞助、捐赠、订购有关产品或刊物；（4）只收取会费不提供服务或对会费包含的基本服务项目重复收费；（5）利用分支（代表）机构多头重复收取会费；（6）未按规定程序制定或修改会费标准；（7）利用自身法定职责或行

政机关影响力、行政机关委托授权事项违规收费；（8）未经批准开展评比达标表彰、职业资格认定并收费；（9）以担任理事、常务理事、负责人为名向会员收取除会费以外的其他费用。

37. 社会团体的银行账户是否可以收取与本单位业务无关的资金

答：不可以，这涉嫌违法。《人民币银行结算账户管理办法》第六十五条规定："存款人使用银行结算账户，不得有下列行为：（一）违反本办法规定将单位款项转入个人银行结算账户。（二）违反本办法规定支取现金。（三）利用开立银行结算账户逃废银行债务。（四）出租、出借银行结算账户。（五）从基本存款账户之外的银行结算账户转账存入、将销货收入存入或现金存入单位信用卡账户。（六）法定代表人或主要负责人、存款人地址以及其他开户资料的变更事项未在规定期限内通知银行。非经营性的存款人有上述所列一至五项行为的，给予警告并处以1000元罚款；经营性的存款人有上述所列一至五项行为的，给予警告并处以5000元以上3万元以下的罚款；存款人有上述所列第六项行为的，给予警告并处以1000元的罚款。"

六、支出管理

38. 社会团体的支出都有什么

答：支出是指社会团体在日常活动中发生的现金流出。现金包括库存现金、银行存款和其他货币资金等。

根据《民间非营利组织会计制度》及《〈民间非营利组织会计制度〉若干问题的解释》的规定，社会团体的支出大体分为以下几类。

（1）公益项目支出：包括向受助人的现金及物资捐赠，项目执行成本等；

（2）机构经费支出：主要用于办公费用、劳务费用和其他合理支出；

（3）其他支出：用于符合机构宗旨和业务范围的其他费用。

39. 社会团体的支出可以在任意方面开销吗

答：不可以。社会团体应根据章程规定的宗旨和业务范围自主制定主要支出事项的标准并严格执行。按规定计入政府补助收入科目的财政项目资金，在支出时须严格按照国家有关规定和财政项目委托单位制定的支出标准执行。按规定计入政府补助收入科目之外的财政项目资金，与财政项目委托单位有明确约定的，在支出时按约定执行；与财政项目委托单位没有明确约定的，在支出时可按学会标准执行。

社会团体应认真贯彻落实中央八项规定精神，自主制定并严格执行支出报销规范，明确各主要类别支出的内容、标准、报销程序、审批权限，明确不予报销事项。

40. 社会团体的会费主要用于什么支出

答：会员会费支出应主要用于会员服务的成本支出。

41. 社会团体接受捐赠的资产可以随意使用吗

答：不可以。捐赠支出应符合捐赠合同约定的范围和事项支出，专款专用、专账管理，并与捐赠收入配比。

42. 社会团体的经费支出需要审批吗

答：需要。社会团体应加强支出审核管理。社会团体的支出申请和审批岗位应相互分离，支出报销应重点审核经济活动及其相应的内部审批手续、票据等原始凭证的真实性、合规性、完整性、时效性。

43. 社会团体在运营中经常有不能取得正式发票的情况，就找了其他发票代替支出记账，这是违规的吗

答：这是违规的。根据《中华人民共和国发票管理办法》第二十条规定：所有单位和从事生产、经营活动的个人在购买商品、接受服务以及从

事其他经营活动支付款项，应当向收款方取得发票。取得发票时，不得要求变更品名和金额。第二十一条规定：不符合规定的发票，不得作为财务报销凭证，任何单位和个人有权拒收。

七、资产管理

44. 社会团体的资产主要是什么

答：根据《民间非营利组织会计制度》相关规定，社会团体的资产应当按其流动性分为流动资产、长期投资、固定资产、无形资产和受托代理资产等。

45. 社会团体的资产如何管理

答：社会团体应根据《中华人民共和国会计法》《社会团体登记管理条例》《民间非营利组织会计制度》等相关法规、政策，设立资产管理部门，建立健全各项资产的财务管理制度。

流动资产是指可以在一年以内变现或者耗用的资产，包括现金、各种存款、零余额账户用款额度、应收及预付款项、存货等。社会团体应建立健全现金及各种存款的内部管理制度，坚持“账钱分管”的原则，建立设置银行存款账、现金日记账、明细分类账、总账等，做到日清、月结、账账相符、账实相符。现金严格执行国务院《现金管理暂行条例》规定，严格现金库存限额、使用范围的发放手续。严禁现金坐支、套取现金和设立小金库。对应收及暂付款项须及时清理结算，不得长期挂账；对确实无法收回的应收及暂付款项，须查明原因，分清责任，按规定程序批准后核销。对存货应当进行定期或者不定期的清查盘点，保证账实相符，存货的盘盈、盘亏应及时进行调整。

固定资产是指使用期限超过一年，并在使用过程中基本保持原有物质形态的资产。固定资产一般分为五类：房屋及构筑物；专用设备；通用设备；运输工具；家具、用具、装具。

固定资产的增加或减少须遵循严格的工作程序。接受捐赠的固定资产，在增加固定资产的同时，须进行相应账务处理。固定资产应按照规定提取折旧。固定资产的报废和转让，按规定程序报批后核销。大型、精密、贵重的设备、仪器报废和转让，须经有关部门鉴定，按国家规定报有关部门批准。应定期或不定期地对固定资产进行清查盘点。年度终了前须进行一次全面的清查盘点，做到账实相符。对固定资产的盘盈、盘亏须按规定程序及时处理。

无形资产是指不具有实物形态而能为使用者提供某种权利的资产，包括专利权、商标权、著作权、土地使用权、非专利技术以及其他财产权利。

转让无形资产，应当按照规定进行资产评估，取得的收入按照国家有关规定处理。取得无形资产而发生的支出，计入事业支出。

46. 社会团体的资产可以随意支配吗

答：根据《社会团体登记管理条例》等相关规定，社会团体资产管理和使用必须用于社会团体章程规定业务活动，任何单位和个人不得侵占、私分或者挪用社会团体的资产。社会团体接受捐赠、资助，必须符合章程规定的宗旨和业务范围，必须根据与捐赠人、资助人约定的期限、方式和合法用途使用。

47. 社会团体需要接受审计吗

答：根据《社会团体登记管理条例》《民政部 财政部关于规范全国性社会组织年度财务审计工作的通知》等相关法律法规规定，社会团体在换届或者更换法定代表人之前，登记管理机关、业务主管单位应当组织对其进行财务审计。

社会组织在接受年度检查时，应当按照登记管理机关的要求报送会计师事务所出具的年度审计报告。登记管理机关为履行监管职责，可以同时出资委托会计师事务所对社会组织进行年度财务抽审。

48. 社会团体的财务报表应该以什么规定为依据来编制

答：在民政部门登记的社会团体应根据《民间非营利组织会计制度》进行会计核算、编制财务报表及财务报告。

财务会计报告是反映民间非营利组织财务状况、业务活动情况和现金流量等的书面文件。

财务会计报告分为年度财务会计报告和中期财务会计报告。以短于一个完整的会计年度的期间（如半年度、季度和月度）编制的财务会计报告称为中期财务会计报告。年度财务会计报告则是以整个会计年度为基础编制的财务会计报告。

财务会计报告由会计报表、会计报表附注和财务情况说明书组成。民间非营利组织对外提供的财务会计报告的内容、会计报表的种类和格式、会计报表附注应予披露的主要内容等，由本制度规定；民间非营利组织内部管理需要的会计报表由单位自行规定。

财务会计报告中的会计报表至少应当包括以下三张报表：资产负债表、业务活动表、现金流量表。

49. 社会团体受赠的固定资产可以不入账吗

答：根据《民间非营利组织会计制度》及《〈民间非营利组织会计制度〉若干问题的解释》，社会团体接受非现金资产捐赠按照以下规定处理：

（1）对于民间非营利组织接受捐赠的存货、固定资产等非现金资产，应当按照《民间非营利组织会计制度》第十六条的规定确定其入账价值。

（2）对于以公允价值作为其入账价值的非现金资产，民间非营利组织应当按照《民间非营利组织会计制度》第十七条所规定的顺序确定公允价值。

《民间非营利组织会计制度》第十七条第一款第（一）项规定的“市场价格”，一般指取得资产当日捐赠方自产物资的出厂价、捐赠方所销售物资的销售价、政府指导价、知名大型电商平台同类或者类似商品价格等。

《民间非营利组织会计制度》第十七条第一款第（二）项规定的“合理的计价方法”，包括由第三方机构进行估价等。

（3）对于民间非营利组织接受非现金资产捐赠时发生的应归属于其自身的相关税费、运输费等，应当计入当期筹资费用。

（4）民间非营利组织接受捐赠资产的有关凭据或公允价值以外币计量的，应当按照取得资产当日的市场汇率将外币金额折算为人民币金额记账。当汇率波动较小时，也可以采用当期期初的汇率进行折算。

八、负债管理

50. 社会团体的负债如何分类及核算

答：根据《民间非营利组织会计制度》及《〈民间非营利组织会计制度〉若干问题的解释》的规定，社会团体的负债应当按其流动性分为流动负债、长期负债和受托代理负债等，各项流动负债、长期负债应当按实际发生额入账，受托代理负债应当按照相对应的受托代理资产的金额予以确认和计量。

依据《民间非营利组织会计制度》第四十九条规定：负债是指过去的交易或者事项形成的现时义务，履行该义务预期会导致含有经济利益或者服务潜力的资源流出民间非营利组织。

负债应当按其流动性分为流动负债、长期负债和受托代理负债等。

流动负债是指将在 1 年内（含 1 年）偿还的负债，包括短期借款、应付款项、应付工资、应交税金、预收账款、预提费用和预计负债等。

长期负债是指偿还期限在 1 年以上（不含 1 年）的负债，包括长期借款、长期应付款和其他长期负债。

受托代理负债是指因从事受托代理交易、接受受托代理资产而产生的负债。受托代理负债应当按照相对应的受托代理资产的金额予以确认和计量。

各项流动负债、长期负债应当按实际发生额入账，受托代理负债应当按照相对应的受托代理资产的金额予以确认和计量。每一笔负债均应当按照债权人名称设置明细账，进行明细核算。负债应当及时清偿，确实无法偿付或不需偿付的负债，应及时清理，并结转至其他收入科目进行核销。

51. 社会团体计提的工资、先使用后付费的水电费等应当作为负债记账吗

答：都是应当作为负债记账的。

依据《民间非营利组织会计制度》第五十一条规定：流动负债是指将在1年内（含1年）偿还的负债，包括短期借款、应付款项、应付工资、应交税金、预收账款、预提费用和预计负债等。

52. 某社会团体从委托方收到受托资产，应如何记账

答：社会团体从委托方收到受托资产既是受托代理资产，同时也是受托代理负债。

依据《民间非营利组织会计制度》第五十五条规定：受托代理负债是指民间非营利组织因从事受托代理业务、接受受托代理资产而产生的负债。受托代理负债应当按照相对应的受托代理资产的金额予以确认和计量。

53. 社会团体确定不需要退还的应付款项应如何处理

答：确定不需要退还的应付款项应转入其他收入。

每一笔负债均应当按照债权人名称设置明细账，进行明细核算。负债应当及时清偿，确实无法偿付或不需偿付的负债，应及时清理，并结转至其他收入科目进行核销。

社会团体财务部门应定期与债权人进行对账，对长期挂账的应付款项积极采取清理措施，对确定不需支付的应付款项及时结转其他收入并进行

账务核销。

54. 社会团体收取的押金、保证金等可以作为收入吗

答：不可以。押金、保证金等不是收入，应作为负债管理，必须单独核算且不得挪用。

九、净资产管理

55. 社会团体净资产来源有哪些

答：社会团体净资产的来源有以下几个渠道：一是出资开办人的开办资金。我国《民间非营利组织会计制度》规定，民间各类自然人、法人为了特定目的设立民间非营利组织时要进行初始投入，而且还有最低出资额的规定。例如，开办社会团体、民办非企业单位的最低出资构成了净资产的基础来源。二是历年累计收支结余。民间非营利组织当期业务活动中各种收入减去各种支出后的差额构成了当期收支结余，以前各期滚存的收支结余也是民间非营利组织净资产的内容。三是其他来源。

56. 如何区分限定性净资产和非限定性净资产

答：顾名思义，受到限制使用的净资产为限定性净资产，除此之外的其他净资产即为非限定性净资产。

依据《民间非营利组织会计制度》第五十六条规定：净资产是指资产减去负债后的余额。净资产应当按照其是否受到限制，分为限定性净资产和非限定性净资产。

如果资产或者资产所产生的经济利益（如资产的投资收益和利息等）的使用受到资产提供者或者国家有关法律、行政法规所设置的时间限制或（和）用途限制，则由此形成的净资产即为限定性净资产；国家有关法律、行政法规对净资产的使用直接设置限制的，该受限制的净资产亦为限定性

净资产；除此之外的其他净资产，即为非限定性净资产。

本制度所称的时间限制，是指资产提供者或者国家有关法律、行政法规要求民间非营利组织在收到资产后的特定时期之内或特定日期之后使用该项资产，或者对资产的使用设置了永久限制。

本制度所称的用途限制，是指资产提供者或者国家有关法律、行政法规要求民间非营利组织将收到的资产用于某一特定的用途。

民间非营利组织的董事会、理事会或类似权力机构对净资产的使用所作的限定性决策、决议或拨款限额等，属于民间非营利组织内部管理上对资产使用所作的限制，不属于本制度所界定的限定性净资产。

如果限定性净资产的限制已经解除，应当对净资产进行重新分类，将限定性净资产转为非限定性净资产。

非营利养老服务机构期末结算时一定要注意区分限定性和非限定性净资产的结转，还要关注限定性净资产的限制是否已经解除。

57. 限定性资产如何转为非限定性资产

答：民间非营利组织应当根据《民间非营利组织会计制度》第五十七条的规定，区分以下限制解除的不同情况，确定将限定性净资产转为非限定性净资产的金额。

（1）对于因资产提供者或者国家有关法律、行政法规要求在收到资产后的特定时期之内使用该项资产而形成的限定性净资产，应当在相应期间之内按照实际使用的相关资产金额转为非限定性净资产。

（2）对于因资产提供者或者国家有关法律、行政法规要求在收到资产后的特定日期之后使用该项资产而形成的限定性净资产，应当在该特定日期全额转为非限定性净资产。

（3）对于因资产提供者或者国家有关法律、行政法规设置用途限制而形成的限定性净资产，应当在使用时按照实际用于规定用途的相关资产金额转为非限定性净资产。

58. 对固定资产、无形资产仅设置用途限制的，其折旧和摊销额如何转为非限定性净资产

答：对固定资产、无形资产仅设置用途限制的，应当自取得该资产开始，按照计提折旧或计提摊销的金额，分期将相关限定性净资产转为非限定性净资产。在处置固定资产、无形资产时，应当将尚未重分类的相关限定性净资产全额转为非限定性净资产。

如果资产提供者或者国家有关法律、行政法规要求民间非营利组织在特定时期之内或特定日期之后将限定性净资产用于特定用途，应当在相应期间之内或相应日期之后按照实际用于规定用途的相关资产金额转为非限定性净资产。其中，要求在收到固定资产、无形资产后的某个特定时期之内将该项资产用于特定用途的，应当在该规定时期内，对相关限定性净资产金额按期平均分摊，转为非限定性净资产。

59. 社会团体的举办者投入的注册资金算捐赠收入吗

答：不是捐赠收入。执行《民间非营利组织会计制度》的社会团体设立时取得的注册资金，不是捐赠收入，不涉及业务活动表，应当直接计入净资产。注册资金的使用受到时间限制或用途限制的，在取得时直接计入限定性净资产；其使用没有受到时间限制和用途限制的，在取得时直接计入非限定性净资产。

60. 经过几年运营，社会团体净资产累计增加了 100 万元，会长拿出 50 万元给自己及主要管理人员做了分红，这是违规的吗

答：这是违规的。

依据《民间非营利组织会计制度》第二条规定：资源提供者向该组织投入资源并不得以取得经济回报为目的；资源提供者不享有该组织的所有权。

民间非营利组织的出资人，如拨款人、捐赠人，是民间非营利组织净资产名义上的所有者，但他们向该组织投入资源往往不求取得经济回报，

一般不要求出售、转让或索取其所提供的资财，也不要求凭借其所提供的资产获取经济上的利益，因而民间非营利组织本身没有明确的所有者。相应地，民间非营利组织的净资产在法律上归属于社会，任何人都不能分割民间非营利组织的净资产。即使由于种种原因，民间非营利组织因故停止业务，其净资产仍继续用于社会公益事业。因此，民间非营利组织的净资产不体现类似企业的所有者权益。

十、薪酬管理

61. 什么是社会团体的薪酬管理

答：薪酬管理是指社会团体依据有关规定，对工作人员薪酬支付原则、薪酬水平、薪酬结构、薪酬构成进行确定、分配和调整的动态管理过程。社会团体工作人员，包括与社会团体建立劳动关系的专职工作人员，以及其他在社会团体工作的兼职人员、劳务派遣人员、返聘的退（离）休人员和纳入行政事业的编制人员等。

社会团体应将薪酬管理制度的制定和修改列为理事会（常务理事会）决策事项。薪酬标准应在适当范围内予以公布，薪酬管理情况应定期向会员（代表）大会报告。社会团体应自主制定并严格执行《薪酬管理办法》，明确薪酬结构和标准、支付原则和范围，以及绩效工资管理规范。

62. 社会团体工作人员的工资标准怎么制定

答：社会团体对内部薪酬分配享有自主权，应按有关规定自主制定工作人员薪酬标准，充分体现其非营利性。社会团体应合理设置不同岗位、不同层级之间的薪酬结构，并应对关键岗位和核心人才，以及有突出贡献的工作人员加大激励力度。

在社会团体工作的劳务派遣人员、纳入行政事业编制的人员的薪酬按照国家相关规定执行。对于通过市场化选聘和管理的社团办事机构负责人、引进的急需紧缺专业人才的薪酬水平，可结合社会团体自身发展实际，参照市场的人力资源部门公布的薪酬水平或双方协商确定。非市场化选聘和管理的社会团体负责人（包括组织委派）工资水平建议不超过上一年度本机构专职工作人员平均工资的 4 倍。

社会团体的薪酬管理还应建立正常增长机制。薪酬水平应与办事机构所在地的经济发展水平相协调、与社会团体事业发展相适应。鼓励有条件的社会团体根据办事机构所在地上一年度城镇单位就业人员平均工资水平确定专职工作人员起薪水平。

社会团体的薪酬管理应实行岗位绩效工资制，其中专职人员的薪酬一般由基础工资、绩效工资、津贴和补贴等部分构成。应将社会团体工作人员绩效工资与其个人业绩紧密挂钩，科学评价不同岗位人员的贡献，合理拉开收入差距，做到收入能增能减和奖惩分明。

63. 社会团体发工资需要预算吗

答：需要。社会团体应实行工资总额预算管理制度。应将工资总额预算纳入年度预算，经会员（代表）大会或理事会批准后严格执行，不得超提、超发薪酬。建议社会团体专职工作人员平均工资水平，一般不宜超过办事机构所在地上一年度同行业同类组织平均工资水平的 2 倍。

64. 社会团体发工资需要做工资单吗

答：需要。社会团体向工作人员支付工资时，应提供工资清单。

65. 社会团体需要给工作人员交社保吗

答：需要给专职人员交纳社保。社会团体应与专职工作人员平等协商，在协商一致的基础上签订劳动合同，并按规定为社会团体专职工作人员缴存社会保险和住房公积金。有条件的社会团体，还应为专职工作人员建立企业年金及其他补充保险。

66. 社会团体也会发加班费吗

答：如果工作人员加班工作，需要发加班费。社会团体应严格执行国家规定的劳动定额标准。社会团体安排工作人员加班的，应当给予相应的补休或者按照国家有关规定支付加班费。

67. 社会团体的行政人员工资用哪个科目核算

答：社会团体行政管理人员的薪酬应列入管理费用，不得列入业务活动成本。

68. 党政机关在职干部在社会团体担任领导职务，这是合规的吗

答：这是违规的。党政机关领导干部不得在社会团体兼任领导职务；因特殊情况确需兼职的，应征得干部所在单位同意，并经干部所在单位组织、人事部门审核后，由干部主管部门按规定程序报批。党政机关领导干部兼任社会团体领导职务的（包括兼任分支机构负责人的），不得领取任何报酬。确需安排工作经费的，应向批准兼职的有关机关报备，且不得超过规定标准和实际支出。党政机关领导干部是指担任现职的副县（处）长以上领导干部，以及按照中共中央、国务院有关规定，经组织部门正式任命的副县（处）级以上非领导职务的人员。

69. 公务员可以在社会团体兼职吗

答：可以的。公务员因工作需要在社会团体兼职的，应经有关部门批准，但不得领取兼职报酬。确需安排工作经费的，应向批准兼职的有关部门报备，且不得超过规定标准和实际支出。

70. 国企单位领导可以在社会团体领取工资吗

答：不可以。国有独资企业、国有控股企业（含国有独资金融企业和国有控股金融企业）及其分支机构的领导班子成员经批准兼任社会团体领

导职务的，不得领取薪酬及其他收入。确需安排工作经费的，应向批准兼职的有关单位报备，且不得超过规定标准和实际支出。

71. 事业单位在编人员可以在社会团体兼职并领取工资吗

答：需要根据具体情况确定。事业单位在职的编制内人员因工作需要在社会团体兼职的，且所在地区、行业领域、系统、单位等未对兼职取酬作出限制性规定的，可视情况由社会团体作出规定。

十一、劳务支出管理

72. 社会团体的劳务支出是指什么

答：劳务支出是指社会团体向为本社团提供服务的非雇佣关系的个人支付的一次性劳务费，包括咨询费、学术专题报告费、讲课费、评审费、材料撰写费、翻译费、编辑费、编审费、调研费、稿酬（稿费）等。社会团体应根据章程规定的宗旨和业务范围，按照实际工作需要自主确定劳务费类别。

73. 社会团体劳务支出的标准是什么

答：社会团体可根据自身发展阶段、所从事业务领域等因素自主制定劳务支出标准。按规定计入政府补助收入科目的财政项目资金，在支付劳务费时，应按照国家有关规定和财政项目委托单位制定的劳务支出标准执行。按规定计入政府补助收入科目之外的财政项目资金，财政项目委托单位有明确约定的，应按其约定执行；没有明确约定的，在支付劳务费时，可按照社会团体自主制定的劳务支出标准执行。

74. 社会团体劳务支出的对象是谁

答：社会团体的劳务费发放对象为向本社团提供服务且与本社团未订

立劳动合同的专家、在读研究生、访问学者、项目临时人员等。与社会团体订立劳动合同的专（兼）职人员，不应以任何形式领取劳务费，稿酬（稿费）不在此限。

在社会团体兼任会长（理事长）、副会长（副理事长）、监事长、监事、秘书长、副秘书长的人员，已在本社团领取薪酬的，不得以任何形式领取劳务费，稿酬（稿费）不在此限；没有在本社团领取薪酬的，也不得以所兼任职务为由领取劳务费，但以专家身份为社团提供兼任职务之外的专业技术或学术交流服务时，可以按规定标准据实领取劳务费。兼职人员领取劳务费的情况应向会员（代表）大会公开。

75. 社会团体劳务费支出不合规的情况有哪些

答：劳务费是用于支付个人独立从事各种非雇佣劳务所得的收入。社会团体发放劳务费不合规的一般有如下情况。

（1）向本单位专职工作人员发放劳务费；

（2）向参加本单位会议的理事发放劳务费；

（3）劳务费发放依据不足（无劳务合同，无劳务内容说明，无实际工时和工作记录，发放标准依据不充分，发放时多人劳务费汇入经办人卡内，难以判断劳务费支出的真实性）；

（4）发放劳务费未代扣代缴个人所得税。

76. 什么是稿酬？会长（理事长）可以领取稿酬吗

答：稿酬（稿费）是指新闻出版机构在文稿、书稿、译稿采用后付给著译者的劳动报酬。社会团体支付稿酬（稿费）的，应按国家有关规定执行。在社会团体兼任会长（理事长）、副会长（副理事长）、监事长、监事、秘书长、副秘书长的人员，已在本社团领取薪酬的，不得以任何形式领取劳务费，但是稿酬（稿费）不在此限，因此会长（理事长）可以领取稿酬。

77. 如何支付境外人员劳务费

答：社会团体支付境内人员劳务费的，应通过本社团银行账户转账；支付境外人员劳务费的，一般应通过本社团银行账户外汇专户办理境外汇款。

例如：向诺贝尔奖得主，或者相当于诺贝尔奖的国际知名科技大奖（如菲尔兹奖、图灵奖、狄拉克奖等）得主，国际知名学者、专家等发放劳务费的，应“一事一议”，严格按照本社团财务决策程序报批后执行。

十二、分支机构管理

78. 社会团体可以设立分支机构吗

答：可以的。根据《社会团体登记管理条例》《民政部社会组织管理局关于进一步加强全国性社会团体分支机构、代表机构规范管理的通知》《民政部 财政部 人民银行关于加强社会团体分支（代表）机构财务管理的通知》相关规定，社会团体可以根据本团体章程规定的宗旨和业务范围，自行决定设立、变更和终止分支机构，但不得设立地域性分支机构，不得在分支机构下再设立分支机构或者以学组、工作组、志愿服务队等名义变相设立分支机构，不得为分支机构制作和颁发法人样式登记证书。

79. 社会团体分支机构是否具备法人资格

答：根据《社会团体登记管理条例》《民政部社会组织管理局关于进一步加强全国性社会团体分支机构、代表机构规范管理的通知》《民政部 财政部 人民银行关于加强社会团体分支（代表）机构财务管理的通知》相关规定，社会团体分支机构是社会团体的组成部分，不具有法人资格，法律责任由设立该分支机构的社会团体承担。不得开设银行账户，不得另行制定章程，不得以“中心”“联盟”“研究会”“促进会”“研究院”等容易与各类法人组织相混淆的名称命名，在组织机构设置和负责人称呼上要注意与社会团体法人作出区分。

80. 社会团体设立分支机构算对外投资吗

答：不算对外投资。依据《〈民间非营利组织会计制度〉若干问题的解释》：“十一、关于出资设立其他民间非营利组织

（一）民间非营利组织按规定出资设立其他民间非营利组织，不属于《民非制度》规定的长期股权投资，应当计入当期费用。设立与实现本组织业务活动目标相关的民间非营利组织的，相关出资金额记入‘业务活动成本’科目；设立与实现本组织业务活动目标不相关的民间非营利组织的，相关出资金额记入‘其他费用’科目。

（二）本解释施行前民间非营利组织出资设立其他民间非营利组织并将出资金额计入长期股权投资的，应当自本解释施行之日，将原‘长期股权投资’科目余额中对其他民间非营利组织的出资金额转入‘非限定性净资产’科目（以前年度出资）或‘业务活动成本’、‘其他费用’科目（本年度出资）。”

81. 分支机构可以对外签订合同吗

答：不可以。社会团体的分支机构开展活动应当符合章程规定的宗旨和业务范围。不得以分支机构名义签订任何形式的经济合同；未经社会团体授权或批准，分支机构不得与其他民事主体开展合作活动；分支机构开展活动需要签订经济合同的，应由社会团体统一签署。

82. 分支机构可以开立银行账户吗

答：不可以。根据《社会团体登记管理条例》《民政部社会组织管理局关于进一步加强全国性社会团体分支机构、代表机构规范管理的通知》《民政部 财政部 人民银行关于加强社会团体分支（代表）机构财务管理的通知》相关规定，社会团体分支机构不得开设银行账户，但是可以开具专

用的存款账户。社会团体开立专用存款账户的名称可以为社会团体名称后加分支（代表）机构名称，专用存款账户的预留签章应与专用存款账户名称一致。

83. 分支机构可以自行收取会费吗？是否可以自己支配收入

答：不可以。根据《社会团体登记管理条例》《民政部社会组织管理局关于进一步加强全国性社会团体分支机构、代表机构规范管理的通知》《民政部 财政部 人民银行关于加强社会团体分支（代表）机构财务管理的通知》相关规定，社会团体分支机构在社会团体授权范围内可以依据社会团体会费标准代表社会团体收取会费，其收取的会费属于该社会团体所有，应当缴入社会团体对应账户统一核算。分支机构不得单独制定会费标准，不得截留会费收入。

84. 某社会团体的分支机构接受了当地一企业的捐赠，这是合规的吗

答：这是违规的。社会团体分支机构经社会团体授权可以代表社会团体接受捐赠收入，捐赠收入应当缴入社会团体对应账户统一核算。分支机构不得自行接受捐赠收入，不得截留捐赠收入。

85. 分支机构可以自行对外开具发票吗

答：不可以。内部独立核算的社会团体分支机构使用的会费收据、捐赠票据等由社会团体提供，按照法律法规和社会团体的规定使用，并接受有关政府部门和社会团体的监督管理。

86. 某社会团体把分支机构外包给其他组织运营，并规定其每年上交管理费，这是合规的吗

答：这是违规的。社会团体不得向其分支机构收取或变相收取管理费用，不得将分支机构委托其他组织运营。社会团体应自主制定并严格执行《分支机构管理办法》，明确分支机构财务管理权限责任、报销规范等。应加强和创新分支机构的财务管理，鼓励和指导分支机构制订年度活动计

划、编制年度预算。

87. 分支机构要给总机构报送报表吗？是否可以独立核算

答：需要报送报表。根据《社会团体登记管理条例》《民政部社会组织管理局关于进一步加强全国性社会团体分支机构、代表机构规范管理的通知》《民政部 财政部 人民银行关于加强社会团体分支（代表）机构财务管理的通知》相关规定，社会团体分支机构的全部收支应当纳入社会团体财务统一核算、管理，不得记入其他单位、组织或个人账户。

内部独立核算的社会团体分支机构，应单独设置会计账簿，按照《民间非营利组织会计制度》和社会团体的要求进行会计核算，定期向社会团体报告收支情况，并在每一会计年度终了时将会计报表并入社会团体会计报表。

十三、大型学术交流活动管理

88. 什么是大型学术交流活动

答：大型学术交流活动是指社会团体在章程规定的宗旨和业务范围内，为服务特定群体交流和展示学科知识、研究成果、实践经验等，以及传播和普及科学技术，而举办的大规模主旨活动。

89. 大型学术交流活动的原则是什么

答：社会团体举办大型学术交流活动应符合章程规定的宗旨和业务范围，且严格贯彻落实中央八项规定精神，厉行节约、勤俭办事，不得铺张浪费。

90. 举办大型学术交流活动需要做预算吗

答：需要。社会团体应将大型学术交流活动纳入年度预算管理。举办大型学术交流活动应提前制订活动计划，合理确定活动规模，从严控制活动成本，努力提高活动资金使用效率。

社会团体以“主办单位”“协办单位”“支持单位”“参与单位”“指导单位”等方式开展合作活动的，应当切实履行相关职责，加强对活动全程监管，不得以挂名方式参与合作。

91. 社会团体举办大型学术交流活动向承办方收取费用，并将收入列在账外核算，用于支付社团其他费用，这是合规的吗

答：这是违规的。作为大型学术交流活动主办单位的社会团体，应当对活动收入如实入账，不得向承办方或协办方以任何形式收取费用。活动的收支核算应符合会计制度和账户管理规定，严格执行“收支两条线”规定，不得坐收坐支，不得账外核算。

大型学术交流活动有多个主办、承办单位的，应以书面协议方式确定相关权利义务。

将大型学术交流活动委托其他组织承办或者协办的，应加强对活动的主导和监督，不得向承办方或者协办方收取任何费用或变相收取费用。

社会团体应在举办大型学术交流活动前，公开活动收费范围、标准，且不得随意更改，活动期间不得以任何形式强制服务和强制收费。

92. 举办大型学术交流活动需要的场地租赁、食宿服务、工具用品等，需要招标采购吗

答：社会团体可自主制定采购操作规程。社会团体举办大型学术交流活动涉及的采购事项，原则上采取竞争性方式确定供应商，其中技术复杂的应引入专家论证、第三方评估等机制。对采购金额较大的，应参考政府采购规定的公开招标、邀请招标、竞争性磋商、竞争性谈判、询价、单一来源等采购方式，简化操作程序、优化内部流程，自主制定本社团采购操作规程，并严格依据采购操作规程自行组织实施。对采购金额较小的，建议按照“事前授权、事后报告”的原则进行授权管理。

举办大型学术交流活动涉及的住宿、餐饮、场地租赁等有市场公开报价的采购事项，采购价格一般不宜超过公开报价。

93. 举办大型学术交流活动支出的各类费用需要签合同吗？如何控制支出呢

答：建议签合同。社会团体举办大型学术交流活动涉及的合同事项，原则上应在活动开始前协商签订，并明确双方权利义务关系，约定收付款方式、条件、时间和金额。有条件的社会团体，应提前制定大型学术交流活动主要收支事项的合同范本，规范合同管理。

举办大型学术交流活动应据实报销各类费用，不得列支与活动无关支出，不得超预算支出。活动期间遇到计划外的特殊支出事项，应严格履行社会团体内部审批或授权程序。

94. 评比达标表彰活动可以向参选单位收费吗

答：不可以。社会团体举办评比达标表彰活动应按规定报经有关部门批准。举办评比达标表彰活动一般应在会员范围内开展，坚持谁举办、谁出钱的原则，不得以营利为目的，不得将活动委托营利机构主办或承办；不得收取任何费用或变相收取费用，不得在事后组织要求参与对象出钱出物的活动；不得面向基层政府主办，不得超出登记的活动地域、活动领域和业务范围举办。

95. 某社会团体以区政府的名义举办大型学术交流活动，在活动中推介自己会员单位产品，这是合规的吗

答：这是违规的。社会团体举办大型学术交流活动，不得利用党政机关名义举办，不得进行与收费挂钩的品牌推介、成果发布、论文发表等活动。

96. 某社会团体以举办大型学术交流活动的名义，邀请会员单位到名胜景区旅游并发放贵重纪念品，这是合规的吗

答：这是违规的。社会团体举办大型学术交流活动，不得借机变相公

款消费、旅游，不得发放礼金、礼品、昂贵纪念品和各种有价证券、支付凭证等。

97. 如何杜绝大型学术交流活动中出现的违规乱象

答：社会团体举办大型学术交流活动，应接受登记管理机关、业务主管单位、纪检监察部门和审计机关的监督检查，并在年度工作报告中作为重大业务活动事项报告。

十四、对外投资管理

98. 社会团体可以对外投资吗

答：可以的。对外投资是指社会团体以货币资金、实物资产、无形资产等方式，或以购买股票、债券等有价证券的方式，向其他经济实体进行投资。对外投资应纳入年度预算管理，并将投资项目可行性研究或专家论证作为前置程序。对外投资情况应定期向理事会（常务理事会）、监事会（监事）报告，并主动向社会公开。

99. 社会团体对外投资如具有控制权，需要合并财务报表吗

答：需要。根据《民间非营利组织会计制度》规定，社会团体对外投资，而且占对被投资单位资本总额50%以上（不含50%），或者虽然占该单位资本总额不足50%但具有实质上的控制权的，或者对被投资单位具有控制权的，应当编制合并会计报表。

社会团体的对外投资应按民间非营利组织会计制度规定的核算要求进行准确核算。应建立对外投资项目档案，加强跟踪管理，及时掌握被投资单位的经营状况、财务状况等。

100. 社会团体的对外投资到期后如何处置

答：社会团体应及时收回或处置到期投资资产。到期不能收回的投资

资产，应参照行政事业单位资产清查核实认定标准进行认定，在经过理事会（常务理事会）批准后，按《民间非营利组织会计制度》核算要求进行账务处理。

对外投资的社会团体应自主制定并严格执行《对外投资管理办法》，明确对外投资项目立项程序、跟踪管理规范等。

十五、票据管理

101. 社会团体取得收入需要开发票吗

答：需要。社会团体应按规定开具与经济业务活动相应的发票或财政票据。社会团体开展经营服务取得的收入，在增值税纳税义务发生时，应开具增值税发票；在向会员收取会费时，应开具社会团体会费票据；暂收、代收性质的财政资金，以及社会团体内部资金往来结算时，应开具资金往来结算票据；依法接受公益性捐赠的，应在收款时开具公益事业捐赠票据。

102. 社会团体收取的会费开具什么票据

答：根据《财政部办公厅关于进一步规范社会团体会费票据使用管理的通知》，社会团体会费票据是依法成立的社会团体向会员收取会费时开具的法定凭证，是财政票据的重要组成部分，是财政、民政、审计等部门进行监督的重要依据。社会团体的其他收入不得使用社团会费票据。

社会团体收取会员会费，必须使用《社会团体会费收据》，社会团体依照宗旨开展的各项服务性活动的收入，必须使用税务部门统一印制的发票。严禁使用其他票据或收款收据，会费和其他收入票据禁止混用，所收会费和其他收入必须按照票款同步的原则及时上缴社会团体财务室，不得截留、坐支、挪用和账外设账。

103. 社会团体会费收据从哪里取得

答：社会团体首次申领社会团体会费票据，应向与其注册登记部门同级的财政部门提出申请，提交申请函，说明收取会员费的依据及标准；提供加载统一社会信用代码的社团登记证书及复印件、经民政部门依法核准的单位章程复印件，同级财政部门要求的其他材料，填写《财政票据领用证申请表》。社会团体提供的所有材料均需加盖社会团体公章。受理申请的财政部门审核材料，对符合条件的，办理《财政票据领用证》，并发放社会团体会费票据。

104. 社会团体收到的捐赠开具什么票据

答：根据《财政票据管理办法》《公益事业捐赠票据使用管理暂行办法》等法规文件，社会团体接受捐赠必须与捐赠人订立捐赠合同，并开具财政部门统一印制的捐赠专用收据。其中以政府名义接受的非定向捐赠货币收入，属于政府非税收入，应使用《非税收入一般缴款书》，全额上缴同级财政，实现“收支两条线”管理。社会团体接受货币（包括外币）捐赠时，应按实际收到的金额填开捐赠票据，接受非货币性捐赠时，应按其公允价值填开捐赠票据。

105. 捐赠专用收据从哪里取得

答：捐赠票据分别由财政部或省、自治区、直辖市人民政府财政部门（以下简称省级政府财政部门）统一印制，并套印全国统一式样的财政票据监制章。首次申领捐赠票据时，应当提供《财政票据领购证》和领购申请函、社会团体章程，在领购申请中需详细列明领购捐赠票据的使用范围和项目。财政部门根据社会团体提供的捐赠票据使用范围和项目进行审核，对符合捐赠票据适用范围的，予以核准；不符合捐赠票据适用范围的，不予以核准，并向领购单位说明原因。未取得《财政票据领购证》的，应按照规定程序先办理《财政票据领购证》。社会团体应当按票据号段顺序使用捐赠票据，填写捐赠票据时做到字迹清楚，内容完整、真实，印章齐全，各联次内容和金额一致；填写错误的，应当另行填写；因填写错误等原因作废的票据，应当加盖作废戳记或者注明“作废”字样，并完整保存全部联次，不得私自销毁。捐赠票据的领用单位不得转让、出借、代开、买卖、销毁、涂改捐赠票据，不得将捐赠票据与其他财政票据、税务发票互相串用。

106. 社会团体的非税收入需要开具票据吗

答：需要。社会团体依法收取政府非税收入或者从事非营利性活动收取财物时可按规定开具财政票据。除会费收入外的其他收入还应按照《非税收入管理条例》进行界定，属政府非税收入的，必须全额缴入非税收入汇缴结算专户，实行“收支两条线”管理，其开展活动的所需财政票据（含会费票据和其他财政票据），由社会团体凭《非税收入票据购领证》从同级财政部门非税收入管理机构领购；社会团体不按规定范围领用财政和普通发票的，依据《中华人民共和国发票管理办法》和《非税收入票据管理办法》的有关规定处理。

107. 社会团体什么情况下收款可以不开发票

答：发票是社会团体在购销商品、提供或者接受服务以及从事其他经营活动中开具、收取的法定收付款凭证，未发生经营业务不得开具发票。

108. 社会团体的各类票据如何保管

答：发票和财政票据管理是指社会团体依据国家有关规定对各类发票和财政票据领购、发放、使用、保管、核销、销毁等实施规范管理的过程。

社会团体领购票据时，应当检查是否有缺页、号码错误、毁损等情况，一经发现应当及时交回财政票据监管机构处理。遗失票据的，应及时在县级以上新闻媒体上声明作废，并将遗失票据名称、数量、号段、遗失原因及媒体声明资料等有关情况，以书面形式报送有关部门备案。

社会团体应按规定制定并严格执行《发票和财政票据管理规范》，明确保管人的职责，分类明确发票和财政票据使用范围、开具条件；应建立发票和财政票据使用登记制度，设置票据管理台账，按规定向财税部门报送票据使用情况；应加强发票和财政票据的日常管理，确保保管、使用相互分离。

社会团体应将发票和财政票据存根保存 5 年及以上，销毁须经财税部门查验或批准。

十六、项目管理

109. 为什么要对项目进行财务管理

答：为规范和加强社会团体承接财政项目的管理，提高项目资金使用效益，不断提升社会化公共服务产品供给质量和水平，强化全过程内部控制和廉政风险防控，社会团体应依据《中华人民共和国预算法》《中央本级项目支出预算管理办法》，以及本社团的章程等，制定并执行项目管理制度。

110. 项目管理的基本原则是什么

答：财政项目管理应遵循科学规划、全程管理、权责匹配、绩效导向的原则。

科学规划。紧紧围绕落实党中央、国务院的决策部署，深入调查研究，充分做好立项论证，围绕中心、遵循规律、突出重点、合理布局，先有项目计划、后有项目预算，做实做细项目预算编制。

全程管理。财政项目管理按照立项审批、预算编制、预算评审、项目实施、项目验收、绩效评价进行全流程管理，并将财务管理、资产管理和监督检查等贯穿项目实施全过程。

权责匹配。健全职能与财权、事权与财权、责任与财权相匹配的项目管理机制，明晰各方职权和职责，严格执行。

绩效导向。建立全覆盖的以目标为导向的项目绩效评价制度，强化项目绩效目标执行监控，强化绩效考核结果与预算安排挂钩。

111. 项目设立需要具备哪些基本条件

答：项目设立需具备以下条件。

（1）符合党和国家有关方针政策，落实党中央、国务院部署的任务；

（2）符合《社会团体章程》规定的宗旨和任务；

（3）符合新时代社团组织职责使命、发展规律、深化改革和事业发展要求；

（4）符合满足社会团体、社会公众需要的社会化公共服务产品；

（5）符合新时代财政资金支持的方向和财政资金供给的范围。

112. 什么是资助类项目？什么是采购类项目

答：资助类项目是指项目实施部门（单位）主要通过申报评审等方式，支持社会团体等相关单位开展相关业务活动、提供公共服务等事项的财政项目，该类项目事权是以受资助单位为主的共同事权。

采购类项目是指项目实施部门（单位）通过公开招标、竞争性磋商、申报评审等竞争性方式，向相关单位采购货物、服务和工程等事项的财政项目，该类项目事权为社会团体事权。来自社会团体的政府购买服务项目均属于采购类项目。

113. 资助类项目如何管理

答：社会团体承接资助类项目，收到项目资金时应按规定计入政府补助收入科目，无须开具发票。项目内容发生重大调整的，应向项目实施部门（单位）履行报批手续。项目内预算调整的，应报经项目实施部门（单位）同意，在结项验收时作出说明。项目资金需要结转的，应向项目实施部门（单位）履行报批手续。项目资金结余的，应按规定及时上缴国库。承接资助类项目，应按照国家和有关项目管理规定，以项目任务书为依据，接受项目实施部门（单位）对项目实施成果、项目资金使用情况进行的“双验收”。

114. 采购类项目如何管理

答：社会团体承接采购类项目，收到项目资金时应按规定计入提供服务收入科目（或商品销售收入科目等），且须开具相应发票。对社会团体来讲，采购类项目不涉及项目内预算调整、项目资金结转、项目资金结余等情况。承接采购类项目，应按照国家和有关项目管理规定，以项目合同书为依据，接受项目实施部门（单位）对社会团体交付货物、提供服务、完成施工等相关履约情况进行验收。除项目合同书有明确约定外，履约验收时一般不对项目资金使用情况进行审验。

115. 捐赠、赞助、对外投资可以在项目资金中列支吗

答：不可以。项目资金中不得列支以下支出。

（1）应纳入预算单位基本支出预算开支的各项费用；

（2）直属事业单位在职的编制内人员的劳务费、专家评审费（不含稿酬、讲课费）等；

（3）罚款、还贷、捐赠、赞助、对外投资等费用；

（4）应列支基建支出的费用；

（5）与项目实施无关的费用；

（6）国家财政财务规定不能列支的其他费用。

116. 工作人员薪酬可以在资助类项目资金中列支吗

答：不可以。社会团体承接资助类项目，项目资金中不得列支本社团工作人员薪酬。

117. 社会团体的各项开支可以在采购类项目资金中列支吗

答：可以。社会团体承接采购类项目，在履约验收通过后，剩余项目资金可列支本社团各项开支。

118. 项目的合同如何订立

答：项目实施单位（部门）凡是通过购买服务、申报评审方式实施的项目，均须以书面形式订立项目合同，明确双方的权利和义务，明确详细的货物、服务、工程等核心指标和组价依据，明确项目具体目标、主要工作任务和验收指标、执行进度和阶段目标，明确违约责任、解决争议的方法等。项目的承担单位不得将合同规定的项目工作任务进行转包。

119. 项目预算可以随意调整吗

答：不可以。项目预算批复后未经规定程序不得调整调剂，在预算执行中，如工作任务发生重大变化、或遇不可抗拒因素等原因，需要对项目任务和预算等进行调整调剂时，依据以下不同情况管理。

（1）项目内调整，指同项目内子项目间任务、预算等调整和调剂。项目实施单位（部门）须编制包括预算调剂的理由、项目任务、预算金额、绩效目标等在内的预算调剂方案，向主管部门实时提出申请，由主管部门报批并备案。

（2）项目间调整，指不同项目间任务、预算等调整和调剂。项目实施单位（部门）须一次性提出申请，编制包括预算调整调剂的理由、项目任务、预算金额、绩效目标等在内的预算调剂方案，主管部门同意后，提出调整方案报主管部门审批并备案。

十七、会计档案管理

120. 什么是会计档案

答：依据《会计档案管理办法》第三条："本办法所称会计档案是指单位在进行会计核算等过程中接收或形成的，记录和反映单位经济业务事项的，具有保存价值的文字、图表等各种形式的会计资料，包括通过计算机等电子设备形成、传输和存储的电子会计档案。"

第六条："下列会计资料应当进行归档：

（一）会计凭证，包括原始凭证、记账凭证；

（二）会计账簿，包括总账、明细账、日记账、固定资产卡片及其他辅助性账簿；

（三）财务会计报告，包括月度、季度、半年度、年度财务会计报告；

（四）其他会计资料，包括银行存款余额调节表、银行对账单、纳税申报表、会计档案移交清册、会计档案保管清册、会计档案销毁清册、会计档案鉴定意见书及其他具有保存价值的会计资料。"

121. 如何保管会计档案

答：社会团体应加强会计档案管理，主动接受并配合财政部门、档案行政管理部门、登记管理部门和业务主管部门的监督检查。应按规定年限保管会计档案。永久保管的会计档案包括年度财务会计报告、会计档案保管清册、会计档案销毁清册、会计档案鉴定意见书；保管 30 年的会计档案包括原始凭证、记账凭证、总账、明细账、日记账、其他辅助性账簿、会计档案移交清册；保管 10 年的会计档案包括月度、季度、半年度财务会计报告，银行存款余额调节表、银行对账单、纳税申报表；固定资产卡片须在固定资产报废清理后保管 5 年。须建立完善并严格执行会计档案交接规范。会计档案查阅、复制、借出时须严格履行登记手续，严禁篡改和损坏，一般不得对外借出，不得交由工作人员放在家中保管。

122. 会计档案可以用电子版归档吗

答：具有条件的可以。依据《会计档案管理办法》第八条："同时满足下列条件的，单位内部形成的属于归档范围的电子会计资料可仅以电子形式保存，形成电子会计档案：

（一）形成的电子会计资料来源真实有效，由计算机等电子设备形成和传输；

（二）使用的会计核算系统能够准确、完整、有效接收和读取电子会计资料，能够输出符合国家标准归档格式的会计凭证、会计账簿、财务会计报表等会计资料，设定了经办、审核、审批等必要的审签程序；

（三）使用的电子档案管理系统能够有效接收、管理、利用电子会计档案，符合电子档案的长期保管要求，并建立了电子会计档案与相关联的其他纸质会计档案的检索关系；

（四）采取有效措施，防止电子会计档案被篡改；

（五）建立电子会计档案备份制度，能够有效防范自然灾害、意外事故和人为破坏的影响；

（六）形成的电子会计资料不属于具有永久保存价值或者其他重要保存价值的会计档案。"

在实践中大部分社会团体不能满足上述条件，所以会计档案的整理立卷、装订成册、归档保管非常重要，同时更要加紧信息化建设的推进。

十八、常见财务管理问题解答

123. 社会团体收取个人会员交纳的会费，可以开发票吗？社会团体收取个人会员缴纳的会费，是否可以写所在单位抬头

答：不可以开发票，需开具会费票据。根据《财政部办公厅关于进一步规范社会团体会费票据使用管理的通知》第一条第一款规定："社团会

费票据是依法成立的社会团体向会员收取会费时开具的法定凭证，是财政票据的重要组成部分，是财政、民政、审计等部门进行监督的重要依据。社会团体的其他收入不得使用社团会费票据。”

124. 社会团体可以将会费与行政许可挂钩吗

答：不可以。根据《国家发展改革委 财政部 民政部关于治理规范社会团体收费的通知》第一条第一款规定：“（一）坚决取缔各种乱收费。根据《价格法》和国家有关收费管理规定，下列收费行为一律取缔。1. 将会费与行政许可或行政职能挂钩强制收取的；2. 强制企业加入协会、学会等社团并收取会费的；3. 利用（借用）行政权力和垄断地位强制服务并收费或只收费不服务的；4. 违反规定擅自将行政事业性收费转为经营服务性收费收取的；5. 违反国家政策规定强制办班、培训、评比以及开展资格认证、组织考试并收取费用的；6. 违反规定以保证金、抵押金、集资、捐赠、赞助等形式变相收费的；7. 违反规定向所属分支机构、代表机构、办事机构收取或变相收取管理费用的；8. 违反法律法规的其他收费行为。”

125. 学会负责人在学术论坛中，以本职工作单位科学家名义，被邀请作为专家进行讲座。这种情况下，是否可以取得劳务费

答：可以的。在社会团体兼任会长（理事长）、副会长（副理事长）、监事长、监事、秘书长、副秘书长的人员，已在本社团领取薪酬的，不得以任何形式领取劳务费，稿酬（稿费）不在此限；没有在本社团领取薪酬的，也不得以所兼任职务为由领取劳务费，但以专家身份为社团提供兼任职务之外的专业技术或学术交流服务时，可以按规定标准据实领取劳务费。

126. 学会工作人员参加评审是否可以领取劳务费？学会以外工作人员是否可以领取劳务费

答：以是否与社会团体签订劳动合同为界限。劳务费的发放对象为向本社团提供服务且与本社团未订立劳动合同的专家、在读研究生、访问学

者、项目临时人员等。与本社团订立劳动合同的专（兼）职人员，不应以任何形式领取劳务费，稿酬（稿费）不在此限。

127. 退（离）休干部可以在社会团体兼职并领取工资吗

答：可以兼职但不可以领薪。根据《中共中央组织部关于规范退（离）休领导干部在社会团体兼职问题的通知》，退（离）休领导干部在社会团体中兼职有以下规定。

（1）须按干部管理权限审批或备案后方可兼职。

（2）经批准兼任社会团体职务的，不得利用个人影响要求党政机关、企事业单位提供办公用房、车辆、资金等，不得以社会团体名义违规从事营利性活动；不得强行要求入会或违规收费、摊派、强制服务、干预会员单位生产经营活动等。

（3）兼职不得领取社会团体的薪酬、奖金、津贴等报酬和获取其他额外利益，也不得领取各种名目的补贴等。

（4）兼职期间的履职情况、是否取酬和报销有关工作费用等，兼职人每年年底书面报告所在单位党委（党组）。

128. 社会团体的会议费、差旅费、培训费支出有标准吗

答：社会团体可自主制定会议费、差旅费、培训费支出标准。其中工作性会议，如全体理事会议、常务理事会议等，涉及的住宿、餐饮、场地租赁等有市场公开报价的采购事项，采购价格一般不宜超过公开报价。内部培训，如社团工作人员业务技能培训、职业道德培训等，涉及的住宿、餐饮、场地租赁等有市场公开报价的采购事项，采购价格一般不宜超过公开报价。差旅费、城际交通费可参照《中央国家机关差旅费管理办法》规定的交通工具等级确定，住宿费可参照中央和国家机关工作人员赴地方差旅住宿费标准执行，其中，高级专业技术职称专家可参照“司局级及相当职务人员”标准执行，院士及国内知名专家可参照“部级及相当职务人员”标准执行。社团工作人员出差期间，无相关单位统一安排用餐的，可

按一定标准领取伙食补助；市内交通费可据实报销，也可由社团另行制定管理规定。

129. 分支机构可以自行管理使用印章吗

答：不可以。按照《民政部社会组织管理局关于进一步加强全国性社会团体分支机构、代表机构规范管理的通知》要求，分支（代表）机构印章应由社会团体统一保管，对于原来由分支（代表）机构保管和自主使用的印章，应逐步过渡到统一交由社会团体进行保管，并严格按照社会团体印章管理有关规定使用印章。根据《社会团体印章管理规定》等有关规定，分支机构印章管理和使用规定如下：

（1）分支机构是社会团体下属的非法人社团机构，必须按照社会团体章程和各分支机构制定的管理办法，在规定的业务范围内开展业务工作和相关活动，自觉接受社会团体的领导和监督管理。

（2）经社会团体正式行文核准同意设立的分支机构，其印章统一由社会团体秘书处按照民政部、公安部有关规定申报刻制。

（3）分支机构印章的规格、式样、名称、文字及字体等，严格按民政部的具体规定执行。

（4）分支机构的印章制作完成后，由社会团体办公室通知相关分支机构领取，并严格按照有关规定办理印章交接手续。

（5）分支机构的印章，仅限于向社会团体请示报告工作、本机构内部通知公告事项、对外发函致信等行文之用，不得用于签署经济类业务和具有法律效力的文件，签署具有法律效力的文件应由社会团体统一办理。

（6）分支机构印章管理应遵循“责任明确、秩序规范、确保安全、有据可查”的原则，结合自身实际，建立印章使用管理制度，重点明确审批权限和用印程序，全面规范本机构印章使用管理工作。

（7）分支机构非法刻制印章的，由社会团体报告当地公安机关予以处罚；由此造成严重后果的，对其主管负责人和直接责任人追究法律责任。

（8）分支机构的印章应确定专人管理，按规定的范围、程序和要求规范使用印章；对于违反规定使用印章造成严重后果的，将追究其保管人和责任人的行政或法律责任。

（9）分支机构因变更需要更换印章时，应向社会团体交回原印章，并按本规定经审批、备案后重新刻制。

（10）分支机构申请注销时，应将印章交回社会团体封存。

（11）分支机构被撤销时，由社会团体收缴其印章。

（12）分支机构印章丢失，经声明作废后，可按本规定程序申请重新刻制。

（13）对于收缴和分支机构交回的印章，由社会团体秘书处登记造册，经申报批准后予以销毁，并将销毁情况报公安机关备案。

130. 有企业准备给学会做一些捐赠，资助学会进行科学研究。学会如何申领公益事业捐赠发票

答：向财政部或省、自治区、直辖市人民政府财政部门申领。首次申领捐赠票据时，应当提供《财政票据领购证》和领购申请函、社会团体章程，在领购申请中需详细列明领购捐赠票据的使用范围和项目。未取得《财政票据领购证》的，应按照规定程序先办理《财政票据领购证》。

131. 捐赠款项到位后，可以使用在哪些领域

答：根据《民间非营利组织会计制度》及《〈民间非营利组织会计制度〉若干问题的解释》《社会团体登记管理条例》相关规定，不得给捐赠人提供利益回报，不得以捐赠为名从事营利性活动，不得接受指定捐赠人利害关系人作为受益人的捐赠，不得接受违背社会公德条件的捐赠，不得接受捐赠而宣传法律禁止宣传的产品和事项（比如烟草制品）等；接受捐赠应当按照捐赠人的要求用于相应的公益目的，及时向捐赠人反馈捐赠财产使用情况，未经允许不得将捐赠财产挪作他用。

132. 公益事业捐赠款项如果有结余，是否可以成为社会团体资产

答：限定性捐赠是指捐款人在捐款的时候就对捐款的用处有一定的指

向，按捐赠者的意愿用于指定的项目资助，即专项基金；非限定性捐赠是指捐赠款由社会团体来统筹对志愿服务项目进行资助。公益机构是有权利按一定比例提取管理费的。比例的高低各个机构不同。非限制性的捐款就是捐款人没有特别的指向，公益机构可以根据自己的需求自由使用，但每年都要对公众公布所有捐款的使用情况。非限制性的捐款中部分可用于工资、房租等管理费用。

第二章　日常业务核算

引言

我国现有的社会团体数量已经超过了全国注册登记的社会组织一半以上，是我国社会组织的重要组成部分，因此，推动社会团体的规范性、有效性、持续性的健康发展意义重大。财务会计核算工作是社会团体财务管理的核心，也是社会团体完善内部治理、提升业务活动效益的重要保障。社会团体应遵循财政部颁布的《民间非营利组织会计制度》及《〈民间非营利组织会计制度〉若干问题的解释》的规定开展会计核算。

为了便于较为完整地介绍社会团体的日常主要业务活动会计核算，本章按照社会团体业务活动的基本流程进行说明，从出资设立社会团体的业务核算开始，到社会团体在开展主旨业务中形成的收入和发生的费用的会计核算，以及配套形成的主要资产、负债的会计核算，直至期末净资产的会计核算为止。

社会团体业务活动的基本流程、匹配资金变化及相关会计核算关系见图 2-1。

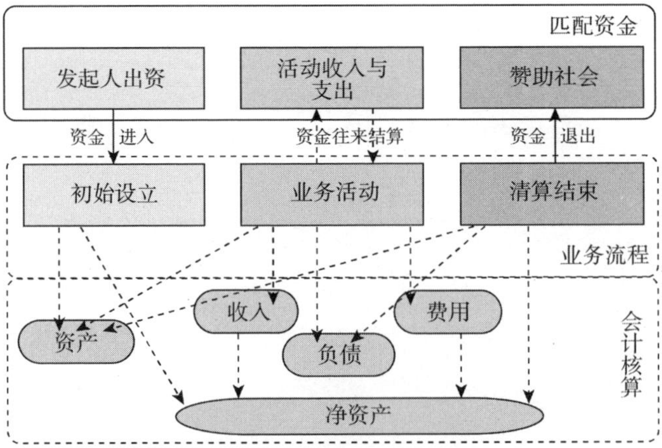

图 2-1　业务活动、资金变化及会计核算关系

一、设立社会团体的核算

根据《社会团体登记管理条例》第十条规定，申请成立社会团体，成立社会团体应当具备下列条件：

（1）有 50 个以上的个人会员或者 30 个以上的单位会员；个人会员、单位会员混合组成的，会员总数不得少于 50 个；

（2）有规范的名称和相应的组织机构；

（3）有固定的住所；

（4）有与其业务活动相适应的专职工作人员；

（5）有合法的资产和经费来源，全国性的社会团体有 10 万元以上活动资金，地方性的社会团体和跨行政区域的社会团体有 3 万元以上活动资金；

（6）有独立承担民事责任的能力。

发起人应当向登记管理机关提交申请登记社会团体的相关文件，经登记管理机关审批后准予登记并颁发给《社会团体法人登记证书》。登记成立的社会团体具备独立法人资格，未取得《社会团体法人登记证书》的人民群众团体不具有非营利性社会组织法人资质。

申请成立社会团体的发起人可以是自然人也可以是法人单位，其在筹备期间应将满足社会团体成立条件的活动资金以货币形式存入该预设社会团体在银行开设的账户中，且不得以任何理由撤回该笔注册活动资金。

经登记管理机关准予登记并取得《社会团体法人登记证书》后，社会团体依据《〈民间非营利组织会计制度〉若干问题的解释》中“六、关于注册资金”的规定，设置“净资产——非限定性净资产”“净资产——限定性净资产”账户，用以核算取得的注册金额。

【例 2-1】　×××运动协会 202×年 7 月 16 日领取了登记管理机关核发的《社会团体法人登记证书》，发证日期为 202×年 7 月 12 日、注册资金为 30 万元（不存在资金使用限制），注册资金已在筹备期间存入单位基本银行存款账户中。

该协会应根据银行存款回单原件、验资报告复印件、法人证书复印件等原始凭证，编制会计分录：

借：银行存款——××银行账户　　300,000

　贷：净资产——非限定性净资产　　300,000

社会团体筹备期间发生的筹备费用，应在取得法人证书后依据合法原始凭证确认为当期费用，在“管理费用”账户中进行核算。

【例 2-2】　上述运动协会在筹备期间发生了验资费用 4000 元，结算款暂由发起人垫付。

该协会设立后，应根据银行结算回单原件、验资业务合同复印件和业务发票等原始凭证办理费用报销处理，并编制会计分录：

借：管理费用——验资费　　4,000

　贷：银行存款——××银行账户　　4,000

二、会员活动收支的核算

根据《社会团体登记管理条例》第十四条规定，社会团体的章程应当包括会员资格及其权利、义务。社会团体按照相关内部制度规定收取了会员缴纳的会员活动资金，即形成了会费收入。会费收入通常属于非交换交易收入，缴纳会费是本组织会员应尽的义务。

社会团体应当根据民政部门会费管理规范要求，以及社团活动需要、会员的类型等因素设置《会费收取和使用管理办法》。该项内部制度需经会员大会讨论通过后方可执行，每年按照制度收取会员会费、使用会费，为会员提供制度规定的服务活动。社会团体会费管理办法的制定必须依据民政登记管理部门的规定制定，具体要求详见第一章相关内容。

社会团体按照本单位的《会费收取和使用管理办法》收取会费时，就形成了当期的会费收入，应当设置“会费收入”账户单独核算，同时应向缴纳会费的会员开具一式三联的财政部门印（监）制的社会团体会费收据。“会费收入”账户应当根据是否存在限定性要求分设“非限定性收入”“限定性收入”明细账户，同时按照会费种类或归属年限开设三级明细账，具体核算会费收取情况。

一般情况下，社会团体的会费收入为非限定性收入，除非相关资产提供者对资产的使用设置了限制。

【例 2-3】　×××协会收到 A 理事会员单位通过银行转账方式缴纳的 202×年会费（非限定性质）10000 元。

该协会应根据银行结算回单原件、会费收据记账联编制会计分录：

借：银行存款——××银行账户　　10,000

　贷：会费收入——非限定性收入（202×年会费）　　10,000

根据《民政部 财政部关于取消社会团体会费标准备案规范会费管理的通知》的要求，社会团体会费应当主要用于为会员提供服务以及按照该社会团体宗旨开展的各项业务活动等支出。社会团体应当每年向会员公布会费收支情况，定期接受会员大会或者会员代表大会的审查，并在社会团体年检时填报会费收支情况。

为了便于社会团体公布、填报会费支出情况，需要在“业务活动成本”总账下设置“会费成本”或“会员活动成本”明细账专门核算会费资金的使用情况，再可以按照提供的会员服务项目或业务活动名称设置三级明细账，具体核算会费在会员服务及社会团体宗旨业务活动中详细使用情况。

【例 2-4】接【例 2-3】　202×年 6 月期间，该协会为了提升会员单位参与社会治理和建设的能力，专门邀请专家开展了 5 场主题讲座和案例交流活动，通过银行转账方式支付资料印制费 1268 元，计提专家劳务费 8500 元（含需要代扣代缴的个人所得税 562 元）。

该协会应根据银行结算回单原件、印刷费发票、劳务费计算单等原始凭证编制会计分录：

借：业务活动成本——会员活动成本（会员社会治理能力建设活动）

　　9,768

贷：银行存款——××银行账户 1,268

应交税金——应交个人所得税 562

其他应付款——应付专家劳务费 7,938

期末，社会团体应当将当期的会费收支结转记入“净资产——非限定性净资产”，具有限定性会费收入则应结转记入“净资产——限定性净资产”账户中。

【例 2-5】 ×××健康协会 202×年 10 月期间，取得了会费收入 117000 元，开展会员专项品牌运动活动发生活动费用成本 285403 元。该协会在已经完成 10 月份会费收入、会员活动成本核算的基础上，月末开展会费收支结转核算。

该协会应根据 10 月收入、费用结算表等原始凭证编制会计分录：

借：会费收入 117,000

贷：净资产——非限定性净资产 117,000

借：净资产——非限定性净资产 285,403

贷：业务活动成本——会员活动成本（会员专项品牌运动活动）

285,403

三、提供服务收支的核算

除了面向会员提供服务外，社会团体更主要的是依据本单位章程宗旨开展专业领域的社会服务和有利于社会健康发展的引导性、推进性业务活动，也包括向会员单位提供超出会员服务范围的专业性服务。

社会团体取得的提供服务收入属于交换交易收入。为了保证所提供的社会服务活动顺利开展，社会团体有必要与被服务单位签订服务合同或协议，明确服务内容、质量和结算金额等事项。

（一）提供服务收入的确认与核算

提供服务收入属于交换交易性收入，也属于我国增值税暂行条例中规定的“提供劳务”的征税范围。社会团体在取得提供服务收入时，应当依据双方签订的服务合同或协议约定内容开具税务部门印（监）制的增值税发票。同时，社会团体应当设置“提供服务收入”账户进行会计核算，并根据需要按照提供服务性质或被服务单位名称进行明细账核算。

《民间非营利组织会计制度》中规定，对于因交换交易所形成的提供劳务收入，应当按以下规定予以确认：

（1）在同一会计年度内开始并完成的劳务，应当在完成劳务时确认收入；

（2）如果劳务的开始和完成分属不同的会计年度，可以按完工进度或完成的工作量确认收入。

【例 2-6】　×××创新产业协会 202×年 3 月 15 日与×××产业发展有限公司签订产业新产品 4 个月的市场推广服务合同，合同标的金额为 164800 元。该协会为增值税小规模纳税人，于 7 月 21 日收到公司银行转账支付的服务结算款，当日按照收款金额开具了增值税发票。

该协会应根据服务合同复印件、银行结算回单原件、开具的增值税发票记账联等原始凭证编制会计分录：

借：银行存款——××银行账户	164,800
贷：提供服务收入——×××产业发展有限公司	160,000
应交税金——应交增值税	4,800

社会团体在对提供服务收入、成本费用进行核算时应当遵循权责发生制的记账原则，而不应当按照收付实现制进行账务处理。即，社会团体应当按照收入、费用是否归属本期为标准来确定当期收入、费用，而不以是否在本期实际收到或付出为标准确定。

如果被服务单位未能按照合同约定的时间和金额向提供服务的社会团体支付结算款，社会团体也应当确认归属于当期的服务收入。此时，社会团体需要设置“应收账款”账户核算应当向接受服务单位收取的但尚未实际收到的款项，同时按照对方单位名称进行明细账核算，便于后续跟踪核算款项的结算情况。

【例 2-7】接【例 2-6】 若该协会于 202×年 7 月已按照签订的市场推广服务合同完成了服务提供，但对方单位存在临时资金周转困难，经双方协商同意暂时挂账至年底。该协会根据协商结果，在 7 月底按照服务合同金额出具了增值税发票。

该协会应根据服务合同复印件、开具的增值税发票记账联、补充协议复印件等原始凭证编制会计分录：

借：应收账款——×××产业发展有限公司　　164,800

　贷：提供服务收入——×××产业发展有限公司　　160,000

　　　应交税金——应交增值税　　4,800

社会团体在承接部分服务项目或课题研究过程中，可能需要按照招标方的要求支付投标费用和服务保证金。其中，投标费用是属于社会团体参与竞标的成本费用，发生时应当作为当期管理费用核算；服务保证金则属于押金性质，在服务验收达标后应当收回，发生时应当作为其他应收款核算。为了便于及时对服务保证金内容开展会计核算，社会团体应当设置“其他应收款”账户，并按照其他应收款的具体项目内容开展明细账核算。

【例 2-8】接【例 2-6】 若该协会 202×年 3 月 2 日与公司签订合同后，当日按照合同约定支付了 20000 元服务保证金，并取得对方公司开具的收款收据。

该协会应根据服务合同复印件、银行结算回单原件、收据等原始凭证编制会计分录：

借：其他应收款——×××项目保证金　　20,000

　贷：银行存款——××银行账户　　20,000

应收账款和其他应收款均属于《民间非营利组织会计制度》第二十二条规定的“应收款项”项目内容。社会团体应当定期或者至少在每年年度终了时对应收款项进行财产清查，分析每笔应收款项的可收回性，对预计可能产生的坏账损失计提坏账准备，确认坏账损失并计入当期费用。

社会团体应具体分析各项应收款项的金额大小、信用期限、款项性质、债务人财务状况等因素，确定应收款项的可收回性。社会团体通常可以采用应收款项余额百分比法、账龄分析法和个别认定法计提坏账准备。但具体到某家社会团体而言，则需要在本单位财务管理制度中明确某一种计提方法并保持方法使用的稳定性。

坏账准备及坏账损失的核算主要包括以下内容：

（1）首次计提坏账准备的核算

社会团体根据期末核定预计可能产生的坏账损失金额，计提当期坏账准备。

【例 2-9】　×××技术学会按照本单位财务管理制度要求，202×年 12 月 31 日定期对账面存在的应收款项进行清查、分析其可收回性，首次认定存在预计可能产生坏账损失的应收款项 25000 元。

该学会应当根据应收款项的财产清查函证结果、坏账准备计提表等原始凭证编制会计分录：

借：管理费用——资产减值损失（坏账损失）	25,000
贷：坏账准备	25,000

（2）以后计提坏账准备时的调整核算

如果社会团体本期核定的应提取的坏账准备大于“坏账准备”账户账面余额，需要按照其差额提取坏账准备。如果社会团体本期核定的应提取的坏账准备小于“坏账准备”账户账面余额，则需要按照其差额冲减坏账准备。

【例 2-10】接【例 2-9】　若该学会 12 月 31 日“坏账准备”账户账面余额为贷方金额 20000 元，则核定的应提取坏账准备金额 25000 元大于“坏账准备”账户账面余额的差额 5000 元，需要补提坏账准备。此时，该学会应编制会计分录为：

借：管理费用——资产减值损失（坏账损失）	5,000
贷：坏账准备	5,000

若该学会 12 月 31 日“坏账准备”账户账面余额为贷方金额 31000 元，则核定的应提取的坏账准备金额 25000 元小于“坏账准备”账户账面余额的差额 6000 元，应当冲减坏账准备。此时，该学会编制的会计分录为：

借：坏账准备　6,000

　贷：管理费用——资产减值损失（坏账损失）　6,000

（3）发生坏账损失的核算

对于有确凿证据表明确实无法收回的应收款项，经社会团体的理事会批准后作为当期坏账处理。

【例 2-11】接【例 2-10】　若该学会第二年 4 月 20 日收到债务人发来的法院破产文书扫描件，其所欠待结算的 80000 元应收款项无法回收。

该学会根据理事会会议记录的处理意见完成上述款项的坏账确认核算，编制会计分录为：

借：坏账准备　80,000

　贷：应收账款——×××单位　80,000

（4）已确认并转销的应收款项在以后期间又收回的核算

如果社会团体已确认并转销的应收款项在以后期间又收回，应当按照实际收回的金额，借记“应收账款”“其他应收款”账户，贷记“坏账准备”账户；同时，借记“银行存款”账户，贷记“应收账款”“其他应收款”账户。

【例 2-12】　×××商会 202×年 4 月 23 日收到开户银行通知，收到结算款 40000 元，经核查为上年年底已确认坏账并转销的应收个人欠款。

该商会根据银行结算回单、转销核算单等原始凭证编制会计分录：

借：其他应收款——×××个人　40,000

　贷：坏账准备　40,000

借：银行存款——××银行账户　40,000

　贷：其他应收款——×××个人　40,000

需要说明的是，部分有能力、等级评估达标的社会团体可以投标承接政府购买服务项目，更好地提升社会治理、管理和服务水平，使社会大众更多地受益于公共事业建设成果。

《〈民间非营利组织会计制度〉若干问题的解释》的“七、关于承接政府购买服务取得的收入”进一步明确规定，按照《民间非营利组织会计制度》第五十九条的规定，民间非营利组织承接政府购买服务属于交换交易，取得的相关收入应当计入“提供服务收入”等收入类科目，不应当计入“政府补助收入”科目。

【例 2-13】 202×年 5 月 10 日，经政府部门公开招标、评标后，×××产业协会承接了一项指定地域乡村文化建设服务，合同标的金额为 560000 元，当年年底完成结项验收。5 月 19 日，产业协会收到开户银行通知，取得政府购买服务项目首付款 164800 元，当日按照收款金额开具了增值税发票，并正式启动该项目。

该产业协会为增值税小规模纳税人，应根据项目合同复印件、银行结算回单原件、开具的增值税发票记账联等原始凭证编制会计分录：

借：银行存款——××银行账户	164,800
贷：预收账款——政府购买服务—乡村文化建设项目	160,000
应交税金——应交增值税	4,800

该产业协会承接的政府购买服务项目涉及多个会计期间，且 5 月 19 日收取项目首付款时尚未完成相应活动绩效目标，故应当作为预收项目款进行核算，后期再根据服务绩效目标的完成情况分期确认提供服务收入。

【例 2-14】接【例 2-13】 该协会按照政府购买服务项目的绩效指标在 202×年 6 月开展了 1 场乡村文化主题展示活动，该活动在项目预算中的金额为 36800 元。

该协会应根据项目预算申报书复印件、活动验收单等原始凭证编制会计分录：

借：预收账款——政府购买服务—乡村文化建设项目	36,800
贷：提供服务收入——政府购买服务—乡村文化建设	36,800

通常情况下，社会团体取得的提供服务收入为非限定性收入。若相关资产提供者对资产的使用设置了限制，则需要在“提供服务收入”总账下先开设“非限定性收入”“限定性收入”明细账户，再按照项目名称开展三级及以上详细核算。

（二）提供服务成本的确认与核算

社会团体在开展服务活动中一定会发生各项活动费用，为了区分与会员活动等其他活动成本费用的核算，应当在“业务活动成本”总账下设置“提供服务成本”明细账，并按照服务项目名称设置三级明细账具体核算每项提供服务活动的成本费用情况。

从提高服务活动绩效管理水平角度出发，建议社会团体针对政府购买服务，在服务项目三级明细账下再按照费用项目开展绩效财务数据核算。这样的财务会计核算数据不仅能满足结项验收时的审计、审查，也方便分析提供服务成本费用的合理性，同时也是展示社会团体项目绩效管理能力的重要途径。

【例 2-15】接【例 2-14】 202×年 6 月期间，该协会在开展这场乡村文化主题展示活动中，通过银行转账方式支付现场耗材费 11500 元、搭建展示区 15000 元、活动导师劳务费 3000 元，共计成本费用 29500 元。

该协会应根据银行结算回单原件、取得的增值税发票、劳务费计算单等原始凭证编制会计分录：

借：业务活动成本——提供服务成本（政府购买服务—乡村文化建设）

—耗材费	11,500
—展区搭建费	15,000
—劳务费	3,000
贷：银行存款——××银行账户	29,500

需要特别说明的是，受专职工作人员较少的客观条件限制，社会团体通常是一人多岗的。为了更完整、更合理地核算服务活动成本，对于参与社会团体服务活动项目管理人员的人工费也应当按照一定的标准进行分配核算，而不应简单地将管理人员人工费全部计入当期管理费用。如果社会团体未能相对合理、准确地计算业务活动成本，不仅会影响单位年检的结

论或项目的决算绩效审查结果，还会导致无法正确进行服务项目定价，最终造成服务活动“入不付出”的现象，进而影响服务质量。

【例 2-16】接【例 2-15】 假设 202×年 6 月期间该协会参与上述政府购买服务项目专职人员有 4 人，且当期无其他服务项目，当月人工费资料详见表 2-1 所示。

表 2-1 6 月服务项目人员费用统计表 单位：元

姓名	归属部门	工资	单位负担社保	参与项目时长	日常工作时长
张××	项目管理部	10500.00	3412.00	168	0
王××	秘书处	7200.00	2804.00	108	60
许××	综合业务部	8800.00	2804.00	84	84
宋××	综合业务部	5500.00	2271.00	128	40

若该协会按照工作时长分配计算 6 月人工成本费用，具体计算详见表 2-2 所示。

表 2-2 6 月人工成本费用分配计算表 单位：元

员工姓名	项目时长①	日常时长②	工资、社保费用分配			
			待分配费用③	分配率④=③/(①+②)	项目成本⑤=④*①	管理费用⑥=③-⑤
张××	168	0	13912.00	82.81	13912.00	0.00
王××	108	60	10004.00	59.55	6431.40	3572.60
许××	84	84	11604.00	69.07	5802.00	5802.00
宋××	128	40	7771.00	46.26	5921.28	1849.72
合计	488	184	43291.00	——	32066.68	11224.32

备注：分配率、项目成本、管理费用计算结果保留 2 位小数。

该协会根据上述分配计算表编制会计分录：

借：业务活动成本——提供服务成本（政府购买服务—乡村文化建设）—人工费 32,066.68

管理费用——人员费用　11,224.32

贷：应付工资　32,000

其他应付款——社会保险费　11,291

在社会团体提供服务成本核算中最容易被遗漏的是固定资产折旧费。与人工费核算一样，不少社会团体将当期全部的固定资产折旧费均计入管理费用进行核算，不仅没有考虑固定资产的限定性特征，而且直接导致财务数据预测、决策信息不可靠。

社会团体在提供服务过程中，如果使用了服务合同中约定用途或时间的资金购置固定资产，就需要在会计核算中有所体现。

【例 2-17】　×××医药协会 202×年 2 月承接了 1 项×××公司“辅助医疗器械质量测试”的 3 年服务项目，服务合同中明确了测试对比产品、测试对比指标等限制条款。202×年 2 月 11 日，收到项目 60%的服务首笔结算款 1864500 元。该协会为增值税一般纳税人，当日按照收款金额开具了增值税发票。

该协会根据银行结算回单、开具的增值税发票记账联、服务合同复印件等原始凭证，编制会计分录：

借：银行存款——××银行账户　1,864,500

贷：预收账款——×××公司　1,650,000

应交税金——应交增值税（销项税额）　214,500

【例 2-18】接【例 2-17】　假设该协会 202×年 3 月 16 日采购了 1 台测试指定使用设备，通过银行电汇方式支付采购款 384200 元，已取得增值税专用发票。设备 3 月底通过了验收，投入使用。

该协会根据银行结算回单、收到的增值税发票联、采购合同复印件、验收单等原始凭证，编制会计分录：

借：固定资产——××项目测试设备　340,000

应交税金——应交增值税（进项税额）　44,200

贷：银行存款——××银行账户　384,200

按照《民间非营利组织会计制度》第三十七条规定，民间非营利组织应当对固定资产计提折旧，在固定资产的预计使用寿命内系统地分摊固定资产的成本。基于【例 2-18】中采购的测试设备为限定性专项采购，服务项目结束后该设备的预计使用情况无法预期，该协会应在服务项目期内完成设备的折旧计提。

【例 2-19】接【例 2-18】　假设该测试设备预计残值为 0 元，采用年限平均法计提折旧，该协会自 4 月份开始按月计提设备折旧额为 10000 元［340000 元/（36-2）月］。

该协会根据折旧计算单编制会计分录：

借：业务活动成本——提供服务成本（×××公司）—折旧费　　10,000

　贷：累计折旧——××项目测试设备　　10,000

同时，按照《〈民间非营利组织会计制度〉若干问题的解释》中“五、关于限定性净资产”条款要求，对仅设置用途限制的固定资产应当自取得该资产开始，按照计提折旧的金额分期将相关限定性净资产转为非限定性净资产。

借：净资产——限定性净资产　　10,000

　贷：净资产——非限定性净资产　　10,000

社会团体在开展服务活动中最容易使用到单位自有的固定资产，如果涉及当期折旧费金额较大时，建议将其在业务活动成本与管理费用之间进行分配后计入服务项目的成本中，具体分配计算操作请参考【例 2-16】人工费的账务处理。

此外，提供服务过程中也会发生项目人员差旅费、本市交通费、专业咨询费、租赁费、资料印制费、税金费用等开销，社会团体如果能够准备识别这些费用的归属服务项目，应当在费用发生时计入对应服务项目的业务活动成本中，以便较为准确地披露提供服务成本情况。

【例 2-20】　202×年 8 月 16 日，×××学会报销某项政府购买服务项目实施中发生的员工差旅费 5840 元，员工已预借备用金 5000 元，不足报销款已转至个人账户。

该学会根据银行付款单、差旅费报销单、差旅发票、交通票据等原始凭证，编写会计分录：

借：业务活动成本——提供服务成本（×××政府购买服务）—差旅费 5,840

贷：其他应收款——备用金（×××个人） 5,000

银行存款——××银行账户 840

作为增值税一般纳税人的社会团体，应当设置“应交税金——应交增值税（未交增值税）”明细账户，在每月月末将本期确认的进项税额和形成的销项税额结转记入该账户，根据当期认证形成的进项税额及上期进项留底税额与本期产生的销项税额抵扣后的差额情况，计算本期应纳增值税税额，其计算公式为：

本期应纳增值税税额=本期销项税额-当期进项税额-上期留底税额

当本期应纳增值税税额大于0元时，该社会团体还需要计提由此作为基数形成的城市维护建设税、教育费附加等附加税费。

【例2-21】 202×年8月31日，×××行业协会结转某社会服务项目本期进项税额50813元、销项税额84002元，无上期留底税额，同时计提本期应负担的7%城市维护建设税2323.23元、3%教育费附加995.67元。

该协会根据税金计算表等原始凭证，编写会计分录：

借：应交税金——应交增值税（销项税额） 84,002

贷：应交税金——应交增值税（进项税额） 50,813

应交税金——应交增值税（未交增值税） 33,189

同时，

借：业务活动成本——提供服务成本（×××服务项目）—税金及附加 3318.90

贷：应交税金——应交城市维护建设税 2323.23

应交税金——应交教育费附加 995.67

社会团体当月计提的税金及附加税费均应根据我国税收征管规定，按期完成税收申报及缴纳工作，相关税收征管要求详见第三章相关内容。

期末，社会团体应当将提供服务的收入按照是否存在限制，分别结转记入“净资产——非限定性净资产”或“净资产——限定性净资产”账户中；同时，将当期发生的业务活动成本结转记入“净资产——非限定性净资产”账户中。

四、商品销售收支的核算

社会团体可以在章程规定的活动范围内，根据组织发展需要出售报纸、杂志、图书等出版物，出售外购或自制的商品等业务活动。社会团体在开展商品销售过程中取得的收入，就形成了商品销售收入，它是一项交换交易收入。

《民间非营利组织会计制度》中规定，对于因交换交易所形成的商品销售收入，应当在下列条件同时满足时予以确认：

（1）已将商品所有权上的主要风险和报酬转移给购货方；

（2）既没有保留通常与所有权相联系的继续管理权，也没有对已售出的商品实施控制；

（3）与交易相关的经济利益能够流入民间非营利组织；

（4）相关的收入和成本能够可靠地计量。

一般情况下，社会团体取得的商品销售收入为非限定性收入，应当开设“商品销售收入”账户登记取得的相应收入，同时按照商品的种类或品名开展明细账核算。

【例 2-22】　202×年 5—9 月，×××技术学会出版、发行了 10000 套科普书籍，出版成本为 106200 元。9 月 22 日收到书店通过银行转账方式支付的图书结算款 192095 元，并开出了增值税发票一张。

该学会为增值税小规模纳税人，根据银行结算回单、开具的增值税发票记账联等原始凭证，编写会计分录：

借：银行存款——××银行账户	192,095
贷：商品销售收入——出版物销售收入	186,500
应交税金——应交增值税	5,595

9 月末，结转商品销售成本。

借：业务活动成本——商品销售成本（出版物成本） 106,200

　贷：存货——库存商品（出版物） 106,200

社会团体实现商品销售的过程中，如果形成了应当收取但尚未收到的价款，应通过“应收账款”账户进行核算；如果收取了需要在以后期间确认的商品销售收入结算款，则应先将收款金额记入“预收账款”账户。该类业务的具体会计核算详见本章“三、提供服务收支的核算”的相关举例。

社会团体已确认收入的售出商品，由于质量、品种不符合要求等原因而发生的退货，一般情况下直接冲减退回当月的商品销售收入、商品销售成本。具体会计核算为：按照应当冲减的商品销售收入借记“商品销售收入”，按照已收或应收的金额贷记“银行存款”“应收账款”“应收票据”等科目；按照退回商品的成本，借记“存货”科目，贷记“业务活动成本”科目。

社会团体为了开展业务活动及日常管理也会采购一定数量的物资、耗材，与待出售的商品一样均属于存货核算内容。根据《民间非营利组织会计制度》规定，存货是指民间非营利组织在日常业务活动过程中持有以备出售或捐赠的，或者为了出售或捐赠仍处在生产过程中的，或者将在生产、提供服务或日常管理过程中耗用的材料、物资、商品等。

为了便于开展存货核算，社会团体应当设置“存货”总账，按照存货的种类和存在形式设置明细账进行明细核算。存货在取得时，社会团体应当以其实际成本入账；存货在发出时，应当根据实际情况采用个别计价法、先进先出法或加权平均法，确定发出存货的实际成本。

【例 2-23】 202×年 10 月 12 日，×××科技协会根据本单位期刊出版发行期，向×××纸业公司银行转账预付纸张采购款 30000 元。

该协会为增值税小规模纳税人，根据银行结算回单、采购合同复印件等原始凭证，编写会计分录：

借：预付账款——×××纸业公司（纸张采购款） 30,000

贷：银行存款——××银行账户 30,000

社会团体因购买材料、商品和接受服务供应过程中形成了应付给供应单位的款项，应当设置“应付账款”账户，按照往来单位进行明细账核算。

【例 2-24】接【例 2-23】 202×年 11 月 6 日，该科技协会从预付纸张采购款的单位购入纸张一批，取得一张金额为 317240 元的增值税普通发票，余款已通过银行转账支付。

该协会为增值税小规模纳税人，根据银行结算回单、采购合同复印件等原始凭证，编写会计分录：

借：存货——材料（印刷纸张） 317,240
　贷：预付账款——×××纸业公司（纸张采购款） 30,000
　　银行存款——××银行账户 287,240

【例 2-25】接【例 2-24】 202×年 11 月月末，该科技协会采取先进先出法计算本期间刊物印制发出耗用纸张成本为 77040 元。

该协会根据当期材料领用单、发出材料成本计算单等原始凭证，编写会计分录：

借：存货——生产成本（期刊） 77,040
　贷：存货——材料（印刷纸张） 77,040

【例 2-26】 202×年 11 月末，该科技协会结转完成印制待发行出售的期刊制作成本为 291572 元。

该协会根据期刊成本计算单、入库单等原始凭证，编写会计分录：

借：存货——库存商品（期刊） 291,572
　贷：存货——生产成本（期刊） 291,572

社会团体应在本单位财务管理制度中明确存货实物资产的使用、管理和核算的规范要求。如果社会团体的存货物资较少且涉及金额较小，按照《民间非营利组织会计制度》中会计核算的重要性原则要求，在不影响会计信息真实性和不至于误导会计信息使用者作出正确判断的前提下，可适当简化处理，直接在购入时计入当期费用。

【例 2-27】 202×年 8 月 23 日，×××商会开出转账支票 2600 元购置一批打印纸、打印机硒鼓等日常办公耗材，取得增值税普通发票一张，耗材已经直接领发使用。

该商会根据增值税发票、支票存根等原始凭证，编写会计分录：

借：管理费用——办公用品费 2,600

　贷：存货——生产成本（期刊） 2,600

社会团体拥有的存货也可根据实际业务开展的需要对外无偿赠予，此时需要设置“其他费用”账户核算对外无偿赠出的存货成本。

【例 2-28】 202×年 11 月 15 日，×××科教协会为了支持所服务的地区开展文化教育建设活动，向当地图书馆捐赠购入的图书 5000 册，该批图书的出版成本 20500 元。

该协会根据捐赠协议、收到的捐赠票据、存货出库单等原始凭证，编写会计分录：

借：其他费用——对外捐赠 20,500

　贷：存货——库存商品（出版物） 20,500

期末，社会团体应当将商品销售收入结转记入“净资产——非限定性净资产”，有限制条件的商品销售收入结转记入“净资产——限定性净资产”账户中；同时，将当期发生的业务活动成本结转记入“净资产——非限定性净资产”账户中。

五、政府补助收支的核算

为了鼓励社会团体开展社会价值高的业务活动或是扶持具有较高社会效益的社会团体发展，政府部门会按照已经出台的政策向符合补助条件的已申请社会团体拨款或者给予活动补助。社会团体在收到政府拨款或者政府机构给予的补助款时，就形成了政府补助收入。

该项收入的性质为非交换交易收入，即社会团体在取得政府补助收入后不需要给付对价的服务或商品。

一般情况下，社会团体在收到政府补助时，应当按照收款额确认为当期收入；对于附条件的政府补助，则应当在取得政府补助资产控制权时确认收入。社会团体通过开设“政府补助收入”账户登记核算本期取得的政府拨款或补助金额，并按照是否存在限定区分为非限定性收入和限定性收入设置明细账进行核算。

【例 2-29】　202×年 12 月 10 日，×××科技学会收到了地方政府技术研发成果政策补助款 280000 元，已开具收款收据。

该学会根据政策文件、补助公示信息、银行结算回单等原始凭证，编写会计分录：

借：银行存款——××银行账户　280,000

　贷：政府补助收入——非限定性收入　280,000

【例 2-30】　202×年 2 月 11 日，经×××技术协会申请获批后，收到行业技术管理部门提供的新一代技术检测设备采购补助款 409600 元，已开具收款收据，但政府拨款文件中明确规定当年未完成指定设备采购需要退回全部补助款。该设备市场价格为 1509000 元。

该协会根据政策文件、补助公示信息、银行结算回单等原始凭证，编写会计分录：

借：银行存款——××银行账户　409,600

　贷：其他应付款——设备采购补助款　409,600

【例 2-31】接【例 2-30】　该协会 202×年 4 月 26 日签订了专项设备采购合同，通过银行电汇预付 1500000 元，设备已运达进入安装调试阶段。

该协会根据银行结算回单、采购合同复印件、验收单等原始凭证，编写会计分录：

借：在建工程——××专项设备　1,500,000

　贷：银行存款——××银行账户　1,500,000

【例 2-32】接【例 2-31】　该协会截至 202×年 11 月 17 日完成了上述专项设备安装调试及验收工作，陆续通过银行转账支付了安装调试费 208000 元，设备可投入使用。

该协会根据工程成本计算单、检验验收单等原始凭证，编写会计分录：

借：固定资产——××专项设备　　1,708,000

　贷：在建工程——××专项设备　　1,708,000

基于政府拨款中的约定已经完成，根据已取得政府补助资产控制权应同时确认政府补助收入。

借：其他应付款——设备采购补助款　　409,600

　贷：政府补助收入——非限定性收入　　409,600

社会团体取得政府补助收入后，无论补助资产的使用领域是专项业务活动还是日常管理活动，均应当开设专门账户单独核算。单独核算政府补助资产的使用情况，有利于适应税法对政府补助收支的征管要求，有利于政府拨款单位开展绩效评价，也有利于社会团体加强自身财务管理。

【例 2-33】　202×年 5—6 月，×××健康学会根据政府补助项目要求开展了残疾人康复系列指导活动，购买并消耗活动耗材 34620 元、支付专家劳务费 15000 元。

该学会根据购买发票、存货领用单、劳务费支付单、银行结算回单等原始凭证，编写会计分录：

借：业务活动成本——政府补助成本（残疾人康复项目）—耗材费

34,620

—劳务费

15,000

　贷：银行存款——××银行账户　　49,620

期末，社会团体应当将当期确认的政府补助收入按照是否存在限制，分别结转记入“净资产——非限定性净资产”或“净资产——限定性净资产”账户中；同时，将当期发生的业务活动成本结转记入“净资产——非限定性净资产”账户中。

六、确认投资损益的核算

社会团体出于资金保值、增值考虑，可以将闲置资金用于对外投资，但应当充分评估投资风险水平，并经理事会决议通过后方可执行。社会团体投资业务相关管理要求详见第一章相关内容。

多数社会团体闲置资金较少，本部分核算只介绍能够随时变现并且持有时间不准备超过 1 年（含 1 年）的短期投资业务。社会团体执行短期投资业务主要目的是为了实现在保值基础上的适当增值，因此应当选择保本投资产品作为投资对象。

根据《民间非营利组织会计制度》规定，短期投资在取得时应当按照投资成本计量。

社会团体应当开设“短期投资”账户核算购入和持有的短期投资项目成本。以货币资金购入的短期投资，按照实际支付的全部价款，包括税金、手续费等相关税费作为其投资成本。实际支付的价款中包含的已宣告但尚未领取的现金股利或已到付息期但尚未领取的债券利息，应当作为“其他应收款”单独核算，不构成短期投资成本。

【例 2-34】 202×年 11 月 10 日，×××技术创新学会根据理事会决议在开户银行购买了 8 个月的短期国债投资产品，该国债发行时为 1 年期产品，含手续费 1500 元，共计支付金额 800000 元。

该学会根据投资交易文件复印件、银行结算回单等原始凭证，编写会计分录：

借：短期投资——××银行短期国债	800,000
贷：银行存款——××银行账户	800,000

社会团体在持有期内可以根据自身资金需求处置出售短期投资，应当将实际取得价款与短期投资账面价值的差额确认当期投资损益，记入“投资收益”账户中。

【例 2-35】接【例 2-34】 202×年 12 月 22 日，该学会因项目资金

不足，经单位负责人集体协商出售该短期国债投资产品，取得结算金额800041元。

该学会根据银行结算回单等原始凭证，编写会计分录：

借：银行存款——××银行账户　800,041

　贷：短期投资——××银行短期国债　800,000

　　　投资收益　41

若该项投资结算金额为799864元，则编写会计分录为：

借：银行存款——××银行账户　799,864

　　投资收益　136

　贷：短期投资——××银行短期国债　800,000

期末时，社会团体应将当期确认发生的投资损益转入“净资产——非限定性净资产”账户。

七、获得捐赠收入的核算

社会团体如果取得了捐赠资产，通常在取得捐赠资产控制权时确认收入，记入“捐赠收入”账户中。捐赠收入性质也是属于非交换交易，即社会团体在取得捐赠收入后不需要给付相应的服务或商品。

社会团体取得捐赠资产的入账价值应当按照下列要求进行确认：

（1）接受捐赠的现金资产，应当按照实际收到的金额入账。

（2）接受捐赠的非现金资产，通常根据捐赠方提供的有关凭据（如发票、报关单、有关协议等）上标明的金额，作为入账价值。如果捐赠方没有提供有关凭据的，受赠资产应当以其公允价值作为入账价值。

社会团体捐赠取得的非现金资产管理、核算与自有非现金资产管理、核算一致。

社会团体取得的捐赠收入应当视相关资产提供者对资产的使用是否设置了限制，分别作为限定性收入和非限定性收入进行核算。

【例2-36】　202×年1月18日，×××医学会根据捐赠协议收到某研究所无偿提供的、无限制条件的九成新专业设备一台，协议价为 60000 元。

该医学会根据捐赠协议复印件、验收单等原始凭证，编写会计分录：

借：固定资产——××专业设备　　60,000

　贷：捐赠收入——非限定性收入　　60,000

期末，社会团体应当将当期确认的捐赠收入按照是否存在限制，分别结转记入“净资产——非限定性净资产”或“净资产——限定性净资产”账户中。

八、取得其他收入的核算

社会团体在日常管理活动中还会取得除会费收入、提供服务收入、商品销售收入、政府补助收入、投资收益、捐赠收入之外的其他主要业务活动收入，也应当单独核算，如固定资产处置净收入、无形资产处置净收入、银行存款利息收入、资产盘盈收益、经营租出资产的租金收入等。

社会团体应当设置“其他收入”账户核算上述其他主要业务活动收入，同时根据收入形成原因开设明细账进行详细核算。

【例 2-37】　202×年 9 月 26 日，×××运动协会因一批运动设备使用到期且无法继续正常使用，经单位负责人审批同意报废，资产原价 407000 元、已提折旧 396010 元，取得处置净收入 12100 元，并开具了免增值税的发票一张。

该协会根据开具的增值税发票记账联、货币结算单等原始凭证，编写会计分录：

借：银行存款——××银行账户　　12,100

　　累计折旧——××设备　　396,010

　贷：固定资产——××设备　　407,000

　　其他收入——固定资产处置净收入　　1,110

【例 2-38】　202×年 12 月末，×××商会收到开户银行存款利息收入结算单，标明第四季度存款利息收入为 9215 元。

该商会根据银行结算回单等原始凭证，编制会计分录：

借：银行存款——××银行账户　　9,215

　贷：其他收入——存款利息收入　　9,215

通常情况下，其他收入不存在限制，属于非限定性收入。

期末，社会团体应当将当期确认的其他收入结转记入“净资产——非限定性净资产”账户中。

九、日常管理费用的核算

社会团体在内部治理和开展日常管理活动中会发生与项目活动、提供服务等收入无直接关系的费用，包括管理费用、筹资费用和其他费用等。

（一）管理费用

管理费用是指社会团体为组织和管理其业务活动所发生的各项费用，包括理事会经费和行政管理人员的工资、奖金、津贴、福利费、住房公积金、住房补贴、社会保障费，以及日常办公费、水电费、邮电费、物业管理费、差旅费、折旧费、修理费、无形资产摊销费、存货盘亏损失、管理领域税费、因预计负债所产生的损失、聘请中介机构费和应偿还的受赠资产等。

社会团体应当设置“管理费用”账户进行会计核算，按照费用项目分别设置明细账进行明细核算。同时，开设“待摊费用”账户，用于核算单位已经支出、但应当由本期和以后各期分别负担的分摊期在1年以内（含1年）的各项费用，如预付保险费、预付租金等；设置“预提费用”账户，核算单位按照规定预先提取的已经发生但尚未支付的费用，如预提的水电费、借款利息等。

【例2-39】　202×年3月18日，×××行业协会交纳当年4月至下一年3月期间的物业管理费54000元。

该协会根据物业费发票、物业管理合同复印件、银行结算回单等原始凭证，编写会计分录：

借：待摊费用——物业管理费　　54,000

　贷：银行存款——××银行账户　　54,000

按照权责发生制记账基础要求，该协会在服务期内每月月末摊销计算当月应负担的物业管理费 4500 元（54000 元/12 月），并编制会计分录：

借：管理费用——物业管理费　　4,500

　贷：待摊费用——物业管理费　　4,500

社会团体当期发生的工资、社保等人工费、水电费、设备折旧费、修理费、安全防护费等，均应按照费用的发生部门归集为当期成本、费用，应由服务项目负担的费用记入“业务活动成本”账户，应由管理部门承担的费用记入“管理费用”账户。

【例 2-40】　202×年 5 月底，×××技术学会按照当月水、电表显示数字计提本月水电费 2730 元，其中管理部门费用为 310 元，其余为技术科普服务活动成本。

该学会根据水电费分配计算等原始凭证，编写会计分录：

借：管理费用——办公费—水电费　　310

　　业务活动成本——科普服务活动—水电费　　2,420

　贷：预提费用——水电费　　2,730

社会团体聘请中介机构发生的服务费，通常采取分次支付方式进行结算。为了便于及时核算货币资金的支付且如实反映费用的归属期，应设置“预付账款”账户核算单位预付给商品供应单位或者服务提供单位的款项。

【例 2-41】　202×年 4 月 6 日，×××行业协会依据年度报表审计业务约定书向会计师事务所预付 50%审计服务费 3000 元。

该协会根据业务约定书复印件、银行结算回单等原始凭证，编写会计分录：

借：预付账款——×××会计师事务所　　3,000

　贷：银行存款——××银行账户　　3,000

202×年 5 月 16 日，该行业协会收到年度报表审计报告后支付剩余

50%的服务费并收到了审计费用发票，则应编制会计分录：

借：管理费用——审计服务费　6,000
　贷：银行存款——××银行账户　3,000
　　　预付账款——×××会计师事务所　3,000

社会团体每月发生的工资总额（包括各种工资、奖金、津贴等）以及社会保险费、住房公积金，不论是否在当月支付，都应当按月计提各期成本、费用，并通过“应付工资”“其他应付款”科目进行核算。社会团体发生的员工福利费、职工培训费、临时劳务费应当按照理事会制定的相关财务管理制度规定据实列支。

【例 2-42】 202×年 5 月期间，×××创新协会的财务人员参加了当年的会计人员继续教育培训，成绩合格后报销了培训费 240 元。

该协会根据培训发票、合格证书复印件等原始凭证，编写会计分录：

借：管理费用——职工培训费　240
　贷：银行存款——××银行账户　240

社会团体也可能根据服务的需要组织人员参加政府支付补助金的专项培训，此时发生的员工培训费应记入“业务活动成本——政府补助成本”账户核算。

【例 2-43】 202×年 5 月 20 日，×××产业发展协会支付单位新购车辆当年 6 月起计算的一年保险费 18000 元，并缴纳车船使用税 1360 元。

该协会根据保险费发票、保险合同复印件、银行结算回单等原始凭证，编写会计分录：

借：管理费用——车船使用税　1,360
　　待摊费用——车船保险费　18,000
　贷：银行存款——××银行账户　19,360

【例 2-44】 202×年 10 月末，×××商会当月开户银行扣收网银证书费 200 元。

该商会根据银行结算回单等原始凭证，编制会计分录：

借：管理费用——银行手续费　200

贷：银行存款——××银行账户　　200

期末时，社会团体应将当期确认发生的管理费用转入非限定性净资产，借记“净资产——非限定性净资产”账户，贷记“管理费用”各明细账。

(二) 筹资费用

社会团体在筹集开展业务活动所需资金过程中，会发生相关手续费、募集费用、借款费用、银行汇兑损失（减汇兑收益）等费用，如办理临时银行借款等业务。社会团体应当在发生相关费用时，设置“筹资费用”账户进行会计核算，可以按照费用项目分别进行明细账核算。

社会团体为了获得捐赠资产而发生的费用也属于筹资费用核算内容，包括该机构募集资金而举办的活动费用、印刷和发放募款宣传资料费以及其他与募款或者争取捐赠资产有关的费用。

【例 2-45】　202×年 7 月期间，×××产业协会按照理事会决议向开户银行申请并获批了 800000 元 6 个月临时资金借款，资金已于 7 月 30 日到账。

该协会根据银行借款合同复印件、银行结算回单等原始凭证，编制会计分录：

借：银行存款——××银行账户　　800,000

　贷：短期借款——××银行　　800,000

该笔借款利息率为年利率 6%，按月支付借款利息。8 月末，该协会根据银行借款合同复印件、利息结算单等原始凭证，编制会计分录：

借：筹资费用——借款利息　　4,000

　贷：银行存款——××银行账户　　4,000

期末时，社会团体应将当期确认发生的筹资费用结转记入“净资产——非限定性净资产”账户中。

(三) 其他费用

社会团体会发生一些无法归属到业务活动成本、管理费用或者筹资费用中的费用，包括固定资产处置净损失、无形资产处置净损失、土地增值税、所得税、从事受托代理业务过程中发生的应归属于代理方的相关税费、运输费等、设立与实现本组织业务活动目标不相关的其他民间非营利组织的相关出资等。

社会团体应当设置“其他费用”账户对发生的相关费用进行会计核算，同时按照费用项目分别进行明细账核算。

【例 2-46】接【例 2-37】 202×年 9 月 26 日，若该运动协会取得处置净收入 10100 元。则编写会计分录为：

借：银行存款——××银行账户	10,100
累计折旧——××设备	396,010
其他费用——固定资产处置净损失	890
贷：固定资产——××设备	407,000

【例 2-47】 202×年 7—9 月，×××行业协会第三季度需要预缴的企业所得税金额为 708. 32 元。

该协会根据季度企业所得税预缴计算单等原始凭证，编制会计分录：

借：其他费用——所得税费用	708. 32
贷：应交税金——应交所得税	708. 32

【例 2-48】 ×××学会出资 300000 元发起设立了一家与实现本组织业务活动目标不相关的社会服务机构。

该学会根据出资协议、银行结算回单、新设立民间非营利组织的验资报告复印件等原始凭证，编制会计分录：

借：其他费用——设立其他民间非营利组织出资	300,000
贷：银行存款——××银行账户	300,000

期末，社会团体应当将当期确认的其他费用结转记入“净资产——非限定性净资产”账户中。

由于社会团体涉及的社会分工领域较为宽泛且存在数量较多，提升社会团体财务管理制度的落实程度和执行水平直接影响到社会团体的持续发展能力。建议社会团体能充分利用当下数字化经济时代的会计信息化系统开展符合社会团体业务活动特征的、详细的、系统的和较为全面的财务数据预算、核算、分析等财务工作，进而充分发挥财务管理在社会团体内部治理中的指引作用。

十、常见财务核算问题解答

1. 社会团体可以依据《企业会计准则》、《小企业会计准则》或《事业单位会计制度》开展会计核算吗

答：不可以。社会团体开展财务会计核算工作应当执行财政部颁布的《民间非营利组织会计制度》以及《〈民间非营利组织会计制度〉若干问题的解释》。

《民间非营利组织会计制度》中第二条明确规定，本制度适用于在中华人民共和国境内依法设立的符合本制度规定特征的民间非营利组织。民间非营利组织包括依照国家法律、行政法规登记的社会团体、基金会、民办非企业单位和寺院、宫观、清真寺、教堂等。

社会团体未按规定执行《民间非营利组织会计制度》，一方面会导致单位财务报告不能全面准确反映社会团体的财务状况、业务活动状况，以及现金流量情况等重要信息；另一方面使社会团体在年度检查、等级评估工作中存在财务重大差错，属于年检整改内容、评估减分事项。

2. 社会团体在会计核算中是否可以只设置总账科目

答：不可以。社会团体应当按照《民间非营利组织会计制度》以及《〈民间非营利组织会计制度〉若干问题的解释》的规定设置、使用总账科目。但是，基于财务会计核算应具备连续性、完整性和系统性的要求，且会计核算信息需要满足不同信息使用者的需求，社会团体需要在根据业务活动特征、遵循会计核算基本原则的基础上在总账科目下设置明细科目，进行明细核算。

未设置明细科目开展会计核算，往往造成财务报告信息披露不充分，

进而容易造成财务数据的不准确，不便于社会团体按要求提交年检财务信息，也不利于开展社会团体的年度财务预算、核定提供服务活动的价格等工作。

3. 社会团体收取了会员当年会费款后是否可以按照会员要求开具增值税发票

答：不可以。社会团体收取会员当年缴纳的会费后，应当开具一式三联的财政部门印（监）制的社会团体会费收据，同时确认为当年的会费收入。会费收入不属于增值税纳税范围，无须征缴增值税。如果开具增值税发票，不仅导致社会团体票据使用混乱、承担增值税征缴义务，而且直接影响会费的收取率，影响年检、评估结论。

4. 社会团体预收了会员下一年会费，是否可以通过“预收账款”账户进行核算

答：不可以。社会团体预收下一年会费后，应当先按照收款额记入“其他应付款”账户中，再进入下一年后结转确认为当期会费收入。

“预收账款”账户核算民间非营利组织向服务和商品购买单位预收的各种款项，体现交换交易过程中的往来结算款情况。而会费不属于交换交易性质，不适合“预收账款”账户核算的内容要求。故，社会团体预收的会费应当作为暂收款项记入“其他应付款”账户进行核算。

5. 社会团体按照《民间非营利组织会计制度》进行会计核算，是否还需要进行税收核算

答：需要。社会团体根据章程规定的范围开展业务活动，可能取得多种来源的收入，其中提供服务收入、商品销售收入、投资收益的收入属于增值税征税范围，需要开设“应交税金”账户核算增值税金额，还需要在“业务活动成本”“管理费用”中开设“税金及附加”明细账核算对应业务活动领域中发生的印花税、房产税、城市维护建设税等。此外，社会团体应当为员工代扣代缴个人所得税，所扣缴的个税也需要在“应交税金”

账户中进行核算。

6. 社会团体为提供某项服务活动而专门购置的固定资产是否可以在采购时一次性记入“业务活动成本”账户

答：不可以。社会团体购置的固定资产应当通过“固定资产”账户进行核算，并按照该资产的预计使用年限和预计净残值分月计提折旧费用。专门为提供某项服务活动而购置的固定资产，社会团体需要根据资产在服务项目结束后是否能正常使用合理预计其使用年限，每月计提的折旧费用应计入该服务活动的“业务活动成本”中。

7. 社会团体接受捐赠取得的固定资产是否需要入账核算

答：需要。根据《民间非营利组织会计制度》第三十二条的规定，社会团体应根据具体情况确定取得固定资产的实际成本，包括外购的固定资产、自行建造的固定资产、接受捐赠的固定资产、非货币性交易换入的固定资产、融资租入的固定资产。

接受捐赠的固定资产应当按照以下方法确定其入账价值：

（1）如果捐赠方提供了有关凭据（如发票、报关单、有关协议等）的，应当按照凭据上标明的金额，作为入账价值。如果凭据上标明的金额与受赠资产公允价值相差较大的，受赠资产应当以其公允价值作为其实际成本。

（2）如果捐赠方没有提供有关凭据的，受赠资产应当以其公允价值作为入账价值。

8. 社会团体发生的固定资产处置净收入、净损失是否可以都记入“其他收入”账户核算

答：不可以。固定资产处置净收入是作为“其他收入”账户的核算内容，但固定资产处置净损失则应当记入“其他费用”账户进行核算。此外，期末计提的固定资产减值损失应当通过“管理费用”账户核算。

9. 社会团体每月发生的银行扣收的账户管理费、网银手续费是否可以记入“筹资费用”账户

答：不可以。根据《民间非营利组织会计制度》第六十二条的规定，筹资费用是指民间非营利组织为筹集业务活动所需资金而发生的费用，包括为获得捐赠资产而发生的费用以及应当计入当期费用的借款费用、汇兑损失（减汇兑收益）等。银行扣收的账户管理费、网银手续费的发生与筹集业务活动所需资金无关，通常记入“管理费用”账户进行核算。

10. 社会团体开展费用核算的原始凭证是否只涉及经过审批签字的发票和费用报销单

答：不正确。社会团体开展费用核算的原始凭证必须能够说明费用发生的合法、合理和必要性，除需要有经过审批签字的发票和费用报销单外，还应当有相关的合同复印件、预算审批单复印件或理事会会议记录复印件等。只有充分、适当的原始凭证才能证明已经发生的经济业务的真实性、合理性，以及账务处理的恰当性。

第三章　税费政策解读

引言

社会团体，是指依照国家有关法律法规设立或登记并取得《社会团体法人登记证书》的非营利法人。社会团体包括在民政部门依法登记的社会团体和依照《社会团体登记管理条例》规定不需进行社团登记的人民团体以及经国务院批准免予登记的社会团体。

我国目前在征的税种有18个，分为流转税、所得税和其他税种，除了18个税种外，各地还有相关费的征收，具体包括教育费附加、地方教育附加费等。

本章包括免税资格、收入涉税问题、税收优惠政策、常见问题解答四个部分，就流转税、所得税、其他税种和其他费的优惠分为59个问题进行阐述。

一、非营利组织免税资格认定

1. 免税资格申请流程

2. 免税资格申请条件

答：依据《中华人民共和国企业所得税法》第二十六条规定："符合条件的非营利组织的收入为免税收入，……（四）符合条件的非营利组织的收入。”

依据《中华人民共和国企业所得税法实施条例》第八十四条的规定：“企业所得税法第二十六条第（四）项所称符合条件的非营利组织，是指同时符合下列条件的组织：

（一）依法履行非营利组织登记手续；

（二）从事公益性或者非营利性活动；

（三）取得的收入除用于与该组织有关的、合理的支出外，全部用于登记核定或者章程规定的公益性或者非营利性事业；

（四）财产及其孳息不用于分配；

（五）按照登记核定或者章程规定，该组织注销后的剩余财产用于公益性或者非营利性目的，或者由登记管理机关转赠给与该组织性质、宗旨相同的组织，并向社会公告；

（六）投入人对投入该组织的财产不保留或者享有任何财产权利；

（七）工作人员工资福利开支控制在规定的比例内，不变相分配该组织的财产。

前款规定的非营利组织的认定管理办法由国务院财政、税务主管部门会同国务院有关部门制定。”

省级（含省级）以上登记管理机关批准的，应向其所在地省级税务主管机关提出免税资格申请；经地市级或县级登记管理机关批准的，分别向其所在地的地市级或县级税务主管机关提出免税资格申请。

3. 申请享受免税资格的社会团体需要具备哪些条件

依据《财政部 税务总局关于非营利组织免税资格认定管理有关问题的通知》第一条规定，申请享受免税资格的社会团体需要具备以下条件。

（1）依照国家有关法律法规设立或登记的事业单位、社会团体、基金会、社会服务机构、宗教活动场所、宗教院校以及财政部、税务总局认定的其他非营利组织；

（2）从事公益性或者非营利性活动；

（3）取得的收入除用于与该组织有关的、合理的支出外，全部用于登记核定或者章程规定的公益性或者非营利性事业；

（4）财产及其孳息不用于分配，但不包括合理的工资薪金支出；

（5）按照登记核定或者章程规定，该组织注销后的剩余财产用于公益性或者非营利性目的，或者由登记管理机关采取转赠给与该组织性质、宗旨相同的组织等处置方式，并向社会公告；

（6）投入人对投入该组织的财产不保留或者享有任何财产权利，本款所称投入人是指除各级人民政府及其部门外的法人、自然人和其他组织；

（7）工作人员工资福利开支控制在规定的比例内，不变相分配该组织的财产，其中：工作人员平均工资薪金水平不得超过税务登记所在地的地市级（含地市级）水平，福利按照国家有关规定执行；

（8）对取得的应纳税收入及其有关的成本、费用、损失应与免税收入及其成本费用、损失分别核算。

4. 哪些情形将导致非营利组织免税资格被取消

答：已认定的享受免税优惠政策的非营利组织有下述情形之一的，应自该情形发生年度起取消其资格：

（1）登记管理机关在后续管理中发现非营利组织不符合相关法律法规和国家政策的；

（2）在申请认定过程中提供虚假信息的；

（3）纳税信用等级为税务部门评定的 C 级或 D 级的；

（4）通过关联交易或非关联交易和服务活动，变相转移、隐匿、分配该组织财产的；

（5）被登记管理机关列入严重违法失信名单的；

（6）从事非法政治活动的。

被取消免税优惠资格的非营利组织，应当依法履行纳税义务；未依法纳税的，主管税务机关应当自其存在取消免税优惠资格情形的当年起予以追缴。

5. 已获得非营利组织免税资格的社会组织免税条件发生变化时，是否还能继续享受税收优惠

答：免税条件发生变化的，应当自发生变化之日起十五日内向主管税务机关报告；不再符合免税条件的，应当依法履行纳税义务；未依法纳税的，主管税务机关应当予以追缴。

取得免税资格的非营利组织注销时，剩余财产处置违反《财政部 税务总局关于非营利组织免税资格认定管理有关问题的通知》第一条第五项规定的，主管税务机关应追缴其应纳企业所得税款。

有关部门在日常管理过程中，发现非营利组织享受优惠年度不符合《财政部 税务总局关于非营利组织免税资格认定管理有关问题的通知》规定的免税条件的，应提请核准该非营利组织免税资格的财政、税务部门，由其进行复核。

核准非营利组织免税资格的财政、税务部门根据本通知规定的管理权限，对非营利组织的免税优惠资格进行复核，复核不合格的，相应年度不得享受税收优惠政策。

6. 哪些工资薪金是税法认为“合理的”

答：《国家税务总局关于企业工资薪金及职工福利费扣除问题的通知》提供了明确解释，《中华人民共和国企业所得税法实施条例》第三十四条所称的“合理工资薪金”，是指企业按照股东大会、董事会、薪酬委员会或相关管理机构制定的工资薪金制度规定实际发放给员工的工资薪金。

税务机关在对工资薪金进行合理性确认时，可按以下原则掌握：

（1）企业制定了较为规范的员工工资薪金制度；

（2）企业所制定的工资薪金制度符合行业及地区水平；

（3）企业在一定时期所发放的工资薪金是相对固定的，工资薪金的调整是有序进行的；

（4）企业对实际发放的工资薪金，已依法履行了代扣代缴个人所得税义务；

（5）有关工资薪金的安排，不以减少或逃避税款为目的。

7. 对取得的应税收入及有关成本费用、损失与免税收入及其有关的成本费用、损失是否需要单独核算

答：对取得的应纳税收入及其有关的成本、费用、损失应与免税收入及其有关的成本、费用、损失分别核算。《财政部 税务总局关于非营利组织免税资格认定管理有关问题的通知》第一条第八项要求非营利组织对取得的应纳税收入及其有关的成本、费用、损失应与免税收入及其有关的成本、费用、损失分别核算。本项规定对非营利组织的财务核算提出了严峻考验，以往的非营利组织财务核算普遍比较简单，在同时存在免税收入与应税收入的时候，仅能区分收入，而无法区分收入对应的成本、费用，无法向税务机关提供分开核算的证明材料，这也是导致非营利组织免税认定通过率过低的直接原因。非营利组织收入、成本源自各个活动项目，因此应从项目管理入手，区分应税收入项目与免税收入项目，应税收入项目对应的收入单独计入销售商品收入科目或提供服务收入科目；其对应的成本应计入销售商品成本科目或提供服务成本科目。

8. 只有会费和捐赠收入可以免税吗

答：除了会费和捐赠收入，还有除不征税收入之外的政府补助收入，以及不征税收入和免税收入孳生的银行存款利息收入。

9. 免税资格认定等同于接受捐赠税前扣除资格认定吗

答：不等同于接受捐赠税前扣除资格。是两个不同的维度取得的资格。

10. 非营利组织需要向哪一级主管单位申请免税资格

答：经省级（含省级）以上登记管理机关批准设立或登记的非营利组织，凡符合规定条件的，应向其所在地省级税务主管机关提出免税资格申请，并提供《财政部 税务总局关于非营利组织免税资格认定管理有关问题

的通知》规定的相关材料；经地市级或县级登记管理机关批准设立或登记的非营利组织，凡符合规定条件的，分别向其所在地的地市级或县级税务主管机关提出免税资格申请，并提供《财政部 税务总局关于非营利组织免税资格认定管理有关问题的通知》规定的相关材料。

财政、税务部门按照上述管理权限，对非营利组织享受免税的资格联合进行审核确认，并定期予以公布。

11. 非营利组织免税优惠资格的有效期是几年

答：非营利组织免税优惠资格的有效期为 5 年。

12. 非营利组织应在免税优惠资格期满后多长时间需要申请复审

答：非营利组织应在免税优惠资格期满后 6 个月内提出复审申请，不提出复审申请或复审不合格的，其享受免税优惠的资格到期自动失效。

非营利组织免税资格复审，按照初次申请免税优惠资格的规定办理。

二、收入涉税问题

根据《民间非营利组织会计制度》第五十八条规定，收入是指民间非营利组织开展业务活动取得的、导致本期净资产增加的经济利益或者服务潜力的流入。收入应当按照其来源分为捐赠收入、会费收入、提供服务收入、政府补助收入、投资收益、商品销售收入等主要业务活动收入和其他收入等。

13. 捐赠收入涉税吗

答：捐赠收入是指民间非营利组织接受其他单位或者个人捐赠所取得的收入。捐赠收入不涉及增值税和企业所得税。

14. 会费收入涉税吗

答：会费收入是指民间非营利组织根据章程等的规定向会员收取的会

费。会费收入不涉及增值税和企业所得税。

15. 提供服务收入涉税吗

答：提供服务收入是指民间非营利组织根据章程等的规定向其服务对象提供服务取得的收入，包括学费收入、医疗费收入、培训收入等。提供服务收入涉及增值税和企业所得税。

16. 政府补助收入涉税吗

答：政府补助收入是指民间非营利组织接受政府拨款或者政府机构给予的补助而取得的收入。政府补助收入不涉及增值税和企业所得税。

17. 商品销售收入涉税吗

答：商品销售收入是指民间非营利组织销售商品（如出版物、药品等）等所形成的收入。商品销售收入涉及增值税和企业所得税。

18. 投资收益涉税吗

答：投资收益是指民间非营利组织因对外投资取得的投资净收益。民间非营利组织如果有除上述捐赠收入、会费收入、提供服务收入、政府补助收入、商品销售收入、投资收益之外的其他主要业务活动收入，也应当单独核算。投资收益要视不同情况而定，有些不涉及增值税和企业所得税，有些不涉及增值税但会涉及企业所得税。

19. 其他收入涉税吗

答：其他收入是指除上述主要业务活动收入以外的其他收入，如固定资产处置净收入、无形资产处置净收入等。其他收入要视不同情况而定，有些不涉及增值税和企业所得税，有些不涉及增值税但会涉及企业所得税，有些会涉及增值税和企业所得税。

20. 各类收入涉税情况汇总（主要指增值税和企业所得税）

收入类型	是否涉及增值税	是否涉及企业所得税
1. 会费收入	否	否
2. 捐赠收入	否	否
3. 政府补助收入	否	否
4. 提供服务收入	是	是
5. 商品销售收入	是	是
6. 其他收入	*	*
7. 投资收益	*	*

*：视不同情况而定。

三、税收优惠政策

（一）增值税的税收优惠

增值税是流转税，是对销售商品或者劳务过程中实现的增值额征收的一种税。增值税的纳税人包括在中华人民共和国境内销售货物或者提供加工、修理修配劳务，销售服务、无形资产、不动产以及进口货物的单位和个人。单位包括：企业、行政单位、事业单位、军事单位、社会团体及其他单位。个人包括：个体工商户和其他个人。

增值税也可以理解为以营业收入为计税依据缴纳的税。社会团体的收入分为会费收入、提供服务收入、政府补助收入、捐赠收入、商品销售收入、投资收益及其他收入等。

21. 社会团体会费收入是否免增值税

答：免增值税。

依据《财政部 税务总局关于租入固定资产进项税额抵扣等增值税政策

的通知》第八条规定，自 2016 年 5 月 1 日起，社会团体收取的会费，免征增值税。

22. 社会团体取得的政府购买服务收入是否需要缴纳增值税

答：需要缴纳增值税。

政府购买服务是指通过发挥市场机制作用，把政府直接提供的一部分公共服务事项以及政府履职所需服务事项，按照一定的方式和程序，交由具备条件的社会力量和事业单位承担，并由政府根据合同约定向其支付费用。

政府购买服务收入属于提供服务收入，仅仅是购买服务方为政府部门，依据《营业税改征增值税试点实施办法》规定，销售服务收入应缴纳增值税。

23. 社会团体取得财政补助收入，哪些情形不需要缴纳增值税

答：取得的财政补贴收入多数情况下不需要缴纳增值税，与数量直接挂钩的，需缴纳增值税。

依据《国家税务总局关于取消增值税扣税凭证认证期限等增值税征管问题的公告》（国家税务总局公告 2019 年第 45 号）第七条规定，纳税人取得的财政补贴收入，与其销售货物、劳务、服务、无形资产、不动产的收入或者数量直接挂钩的，应按规定计算缴纳增值税。纳税人取得的其他情形的财政补贴收入，不属于增值税应税收入，不征收增值税。

24. 社会团体取得捐赠收入是否缴纳增值税

答：不缴纳增值税。

公益性捐赠是指纳税人通过中国境内非营利的社会团体、国家机关，向教育、民政等公益事业和遭受自然灾害地区、贫困地区的捐赠。对社会团体的捐赠属于公益事业，是捐赠中的“自愿无偿”行为，区别于增值税征税范围中的“有偿”行为，捐赠收入不属于增值税的征税范围。

25. 社会团体开展经营服务性活动取得的其他收入是否免增值税

答：需要缴纳增值税。

依据《财政部 税务总局关于租入固定资产进项税额抵扣等增值税政策的通知》第八条规定，社会团体开展经营服务性活动取得的其他收入，一律照章缴纳增值税。

26. 境外捐赠人无偿向社会团体捐赠直接用于慈善事业的物资，免征进口环节增值税吗

答：免征进口环节增值税。境外捐赠人无偿向受赠人捐赠的直接用于慈善事业的物资，免征进口环节增值税。

依据《财政部 海关总署 国家税务总局关于公布〈慈善捐赠物资免征进口税收暂行办法〉的公告》（财政部、海关总署、税务总局公告 2015 年第 102 号）的第二条规定，对境外捐赠人无偿向受赠人捐赠的直接用于慈善事业的物资，免征进口环节增值税。

27. A 社会团体是小规模纳税人，其 2023 年第一季度销售收入 29 万元，是否可以免征增值税

答：可以免征增值税。

依据《国家税务总局关于增值税小规模纳税人减免增值税等政策有关征管事项的公告》（国家税务总局公告 2023 年第 1 号）第一条规定，增值税小规模纳税人（以下简称小规模纳税人）发生增值税应税销售行为，合计月销售额未超过 10 万元（以 1 个季度为 1 个纳税期的，季度销售额未超过 30 万元，下同）的，免征增值税。A 社会团体一季度销售收入 29 万元，未超过季度销售额 30 万元可以免征增值税。

28. B 社会团体是小规模纳税人，其 2023 年第一季度销售收入 50 万元，是否可以免征增值税

答：不可以免征增值税，但可以按 1%征收率征收增值税。

依据《国家税务总局关于增值税小规模纳税人减免增值税等政策有关征管事项的公告》（国家税务总局公告 2023 年第 1 号）第一条规定，增值税小规模纳税人（以下简称小规模纳税人）发生增值税应税销售行为，合计月销售不超过 10 万元（以 1 个季度为 1 个纳税期的，季度销售额未超过 30 万元，下同）的，免征增值税。B 社会团体第一季度销售收入 50 万元，已经超过季度销售额 30 万元，不可以免征增值税。但可减按 1% 征收率征收增值税。

（二）城市维护建设税、教育费附加和地方教育附加的优惠

29. 城市维护建设税是指什么税

答：城市维护建设税是为了加强城市的维护建设，扩大和稳定城市建设资金的来源，对缴纳增值税、消费税的单位和个人征收的一个税种。

以纳税人依法实际缴纳的增值税、消费税为计税依据。

30. 教育费附加和地方教育附加属于税吗

答：不包含在 18 个税种，不属于税，属于费。

教育费附加是为了加快发展地方教育事业，扩大地方教育经费的资金来源，对缴纳增值税、消费税的单位和个人征收的一种费。

31. 地方教育附加是全国开征的费种吗

答：不是全国开征的费种。

依据是《中华人民共和国教育法》第五十八条规定：省、自治区、直辖市人民政府依据国务院的有关规定，可以决定开征用于教育的地方附加费，专款专用。

全国已经有 20 多个省、自治区、直辖市开征了地方教育附加。

32. 教育费附加和地方教育附加及城市维护建设税的计税依据一致吗

答：教育费附加、地方教育附加计征依据与城市维护建设税计税依据

一致。

依据《中华人民共和国城市维护建设税法》、《征收教育费附加的暂行规定》以及《财政部关于统一地方教育附加政策有关问题的通知》等规定，城市维护建设税、教育费附加、地方教育附加只是以实际缴纳的增值税、消费税的税额为计征依据，按适用税率计算缴纳城市维护建设税、教育费附加。

33. 直接减征或免征的增值税、消费税，也直接免征城市建设维护税、教育费附加和地方教育附加吗

答：免征。

依据增值税、消费税相关法律法规和税收政策规定，直接减征或免征的增值税、消费税，因为不用实际缴纳，也就同时减免了城市建设维护税、教育费附加和地方教育附加。

（三）企业所得税的税收优惠

企业所得税属于所得税，企业所得税的纳税人是在中华人民共和国境内的企业和其他取得收入的组织，包括依照中国法律、行政法规在中国境内成立的企业、行政单位、事业单位、军事单位、社会团体以及其他取得收入的组织。严格区分应税收入和非应税收入，各项应税收入要按照税收法律、行政法规等规定办理纳税申报。

34. 如何判定社会团体是不是“小型微利企业”

答：依据《国家税务总局关于实施小型微利企业普惠性所得税减免政策有关问题的公告》（国家税务总局公告 2019 年第 2 号）规定，小型微利企业是指从事国家非限制和禁止行业，且同时符合年度应纳税所得额不超过 300 万元、从业人数不超过 300 人、资产总额不超过 5000 万元等三个条件的企业。

35. A 社会团体 2022 年企业所得税应纳税所得额 96 万元，是否可以享受企业所得税减免优惠

答：可以享受企业所得税减免，实际税负为 2.5%。96 万元未超过 100 万元，应纳企业所得税为 96×25%×20%×50%＝2.4 万元。

依据《财政部 税务总局关于实施小微企业普惠性税收减免政策的通知》第二条规定，对小型微利企业年应纳税所得额不超过 100 万元的部分，减按 25%计入应纳税所得额，按 20%的税率缴纳企业所得税。

依据《财政部 税务总局关于实施小微企业和个体工商户所得税优惠政策的公告》（财政部 税务总局公告 2021 年第 12 号）规定，2021 年 1 月 1 日至 2021 年 12 月 31 日，对小型微利企业年应纳税所得额不超过 100 万元的部分，在《财政部 税务总局关于实施小微企业普惠性税收减免政策的通知》第二条规定的优惠政策基础上，再减半征收企业所得税。

36. B 社会团体 2022 年企业所得税应纳税所得额 120 万元，是否有企业所得税减免

答：B 社会团体有企业所得税减免，实际税负 100 万元以下为 2.5%，100 万～300 万元为 10%。B 社会团体 2022 年企业所得税应纳税所得额 120 万元，分两段计算：100 万元以下：100×25%×20%×50%＝2.5 万元；120 万元超过 100 万元但不超过 300 万元部分：（120－100）×50%×20%＝2 万元，合计 2022 年应纳企业所得税为 2.5+2＝4.5 万元。

依据《财政部 税务总局关于实施小微企业普惠性税收减免政策的通知》第二条规定，对小型微利企业年应纳税所得额不超过 100 万元的部分，减按 25%计入应纳税所得额，按 20%的税率缴纳企业所得税；对年应纳税所得额超过 100 万元但不超过 300 万元的部分，减按 50%计入应纳税所得额，按 20%的税率缴纳企业所得税。

37. 社会团体“不征税收入”范围包括哪些

答：依据《中华人民共和国企业所得税法》第七条规定，收入总额中

的下列收入为不征税收入：

（1）财政拨款；

（2）依法收取并纳入财政管理的行政事业性收费、政府性基金；

（3）国务院规定的其他不征税收入。

38. 社会团体不征税收入对应的支出是否可以在企业所得税前扣除

答：不得在企业所得税前扣除。

依据《财政部 国家税务总局关于专项用途财政性资金企业所得税处理问题的通知》第二条规定，不征税收入在计算应纳税所得额时从收入总额中减除，不征税收入用于支出所形成的费用，不得在计算应纳税所得额时扣除；用于支出所形成的资产，其计算的折旧、摊销不得在计算应纳税所得额时扣除。

39. 社会团体专项用途财政性资金项目的结余资金 5 年内未发生且未缴回的，是否要并入企业所得税应税收入总额

答：需要计入取得该资金第 6 年的应税收入总额。社会团体在取得专项用途财政性资金后，要特别注意把握 5 年的时间限制。

依据《财政部 国家税务总局关于专项用途财政性资金企业所得税处理问题的通知》第三条规定，将符合本通知第一条规定条件的财政性资金作不征税收入处理后，在 5 年（60 个月）内未发生支出且未缴回财政部门或其他拨付资金的政府部门的部分，应计入取得该资金第六年的应税收入总额；计入应税收入总额的财政性资金发生的支出，允许在计算应纳税所得额时扣除。

（四）个人所得税的税收优惠

个人所得税是所得税，是国家对本国公民、居住在本国境内的个人的所得和境外个人来源于本国的所得征收的一种所得税。个人所得税以所得人为纳税人。包括自然人，个体工商户业主，个人独资企业的投资者，合伙企业的个人合伙人。依据住所和居住时间两个标准，分为居民个人和非

居民个人。

40. 个人向中国红十字会捐赠现金 1 万元，准予在个人所得税前全额扣除吗

答：准予全额扣除。

依据《财政部 国家税务总局关于企业等社会力量向红十字事业捐赠有关所得税政策问题的通知》规定，企业、事业单位、社会团体和个人等社会力量，通过非营利性的社会团体和国家机关（包括中国红十字会）向红十字事业的捐赠，在计算缴纳企业所得税和个人所得税时准予全额扣除。

41. 个人向某社会团体捐赠款项 2 万元，用于贫困地区公路建设，是否准予在个人所得税前全额扣除

答：准予 30%扣除。

依据《中华人民共和国个人所得税法》第六条规定，个人将其所得对教育、扶贫、济困等公益慈善事业进行捐赠，捐赠额未超过纳税人申报的应纳税所得额百分之三十的部分，可以从其应纳税所得额中扣除；国务院规定对公益慈善事业捐赠实行全额税前扣除的，从其规定。

（五）房产税和城镇土地使用税的税收优惠

房产税是财产税，是以房屋为征税对象，按照房屋的计税余值或出租房屋的租金收入征收的一种财产税。

城镇土地使用税是资源税，是国家在城市、县城、建制镇和工矿区范围内，对使用土地的单位和个人，以其实际占用的土地面积为计税依据，按照规定的税额征收的一种税。

42. 某社会团体自用房产可以享受房产税和土地使用税减免吗

答：社会团体自用的房产和土地可以享受免征。

依据《中华人民共和国房产税暂行条例》和《中华人民共和国城镇土地使用税暂行条例》规定，同时免征房产税和城镇土地使用税项目包括国

家机关、人民团体、军队自用的房产和土地。

（六）车船税的税收优惠

车船税是财产税，是对以中华人民共和国境内的车辆、船舶，按照规定税目和税额计算征收的一种税。

车船税的纳税人在中华人民共和国境内属于《中华人民共和国车船税法》所附《车船税税目税额表》规定的车辆、船舶的所有人或者管理人。

43. 社会团体有车船税的税收减免吗

答：社会团体没有单独的车船税减免。

（七）契税的税收优惠

契税是财产税，契税纳税人是指在中华人民共和国境内转移土地、房屋权属，承受的单位和个人。没有单独针对社会团体的契税优惠。

44. 社会团体有契税的税收减免吗

答：社会团体没有单独的契税减免。

（八）印花税的税收优惠

印花税是行为税，印花税的纳税人为在中华人民共和国境内书立应税凭证、进行证券交易的单位和个人。应税凭证，是指《中华人民共和国印花税法》所附《印花税税目税率表》列明的合同、产权转移书据和营业账簿。

45. 社会团体受赠财产的产权转移书据是否免征印花税

答：免征印花税。

依据《中华人民共和国印花税法》第十二条规定，财产所有权人将财产赠与政府、学校、社会福利机构、慈善组织书立的产权转移书据，免征印花税。

（九）关税的税收优惠

关税是对进出国境或关境的货物、物品征收的一种税。我国目前对进出境货物征收的关税分为进口关税和出口关税两类。

46. 接受境外捐赠的社会团体是否享受关税的税收优惠

答：享受税收优惠。

依据《财政部 海关总署 国家税务总局关于公布〈慈善捐赠物资免征进口税收暂行办法〉的公告》（财政部、海关总署、国家税务总局公告2015年第102号）第九条第一款规定，享受税收优惠的慈善事业是指非营利的慈善救助等社会慈善和福利事业，包括以捐赠财产方式自愿开展的对扶贫济困、扶助老幼病残等困难群体的慈善活动。

47. 境外捐赠人捐赠物资享受免征关税的受赠人有什么要求吗

答：依据《财政部 海关总署 国家税务总局关于公布〈慈善捐赠物资免征进口税收暂行办法〉的公告》（财政部、海关总署、国家税务总局公告2015年第102号）第五条规定，享受税收优惠的受赠人是指：

（1）国务院有关部门和各省、自治区、直辖市人民政府。

（2）中国红十字会总会、中华全国妇女联合会、中国残疾人联合会、中华慈善总会、中国初级卫生保健基金会、中国宋庆龄基金会和中国癌症基金会。

（3）经民政部或省级民政部门登记注册且被评定为5A级的以人道救助和发展慈善事业为宗旨的社会团体或基金会。民政部或省级民政部门负责出具证明有关社会团体或基金会符合本办法规定的受赠人条件的文件。

48. 境外捐赠人捐赠物资享受免征关税的慈善事业的物资具体有哪些

答：依据《财政部 海关总署 国家税务总局关于公布〈慈善捐赠物资

免征进口税收暂行办法〉的公告》（财政部、海关总署、国家税务总局公告2015年第102号）第六条规定，享受税收优惠的慈善事业的物资是指：

（1）衣服、被褥、鞋帽、帐篷、手套、睡袋、毛毯及其他生活必需用品等。

（2）食品类及饮用水（调味品、水产品、水果、饮料、烟酒等除外）。

（3）医疗类包括医疗药品、医疗器械、医疗书籍和资料。其中，对于医疗药品及医疗器械捐赠进口，按照相关部门有关规定执行。

（4）直接用于公共图书馆、公共博物馆、各类职业学校、高中、初中、小学、幼儿园教育的教学仪器、教材、图书、资料和一般学习用品。其中，教学仪器是指专用于教学的检验、观察、计量、演示用的仪器和器具；一般学习用品是指用于各类职业学校、高中、初中、小学、幼儿园教学和学生专用的文具、教具、体育用品、婴幼儿玩具、标本、模型、切片、各类学习软件、实验室用器皿和试剂、学生校服（含鞋帽）和书包等。

（5）直接用于环境保护的专用仪器。包括环保系统专用的空气质量与污染源废气监测仪器及治理设备、环境水质与污水监测仪器及治理设备、环境污染事故应急监测仪器、固体废物监测仪器及处置设备、辐射防护与电磁辐射监测仪器及设备、生态保护监测仪器及设备、噪声及振动监测仪器和实验室通用分析仪器及设备。

（6）经国务院批准的其他直接用于慈善事业的物资。

（7）用于慈善事业的物资不包括国家明令停止减免进口税收的特定商品以及汽车、生产性设备、生产性原材料及半成品等。捐赠物资应为未经使用的物品（其中，食品类及饮用水、医疗药品应在保质期内），在捐赠物资内不得夹带危害环境、公共卫生和社会道德及进行政治渗透等违禁物品。

（十）土地增值税的税收优惠

土地增值税是指转让国有土地使用权、地上的建筑物及其附着物并取得收入的单位和个人，以转让所取得的收入包括货币收入、实物收入和其他收入减除法定扣除项目金额后的增值额为计税依据向国家缴纳的一种税，不包括以继承、赠予方式无偿转让房地产的行为。

49. 社会团体转让旧房作为公租房房源的，是否有税收优惠

答：社会团体转让旧房作为公租房房源的，且增值额未超过扣除项目金额20%的免征土地增值税，超过扣除项目金额20%的全额征收土地增值税。

依据《财政部 税务总局关于公共租赁住房税收优惠政策的公告》（财政部 税务总局公告2019年第61号），对企事业单位、社会团体以及其他组织转让旧房作为公租房房源，且增值额未超过扣除项目金额20%的，免征土地增值税。

四、常见税务问题解答

50. 社会团体是否属于企业所得税法中的企业

答：属于。

依据《中华人民共和国企业所得税法》第二条规定，企业分为居民企业和非居民企业。《中华人民共和国企业所得税法实施条例》第三条规定，企业所得税法第二条所称依法在中国境内成立的企业，包括依照中国法律、行政法规在中国境内成立的企业，包括依照中国法律、行政法规在中国境内成立的企业、事业单位、社会团体以及其他取得收入的组织。

51. 社会团体是否要进行税务登记

答：从事生产经营的社会团体，以及非专门从事生产经营有应税收入的社会团体，应按照《中华人民共和国税收征管法》及其实施细则等有关规定，依法办理税务登记。在异地设立的分支机构应向生产、经营所在地

税务机关申报办理税务登记。

52. 社会组织取得的财政拨款对应的支出是否可以在企业所得税前扣除

答：不可以扣除。

依据《中华人民共和国企业所得税法》第七条规定，收入总额中的财政拨款为不征税收入。根据《中华人民共和国企业所得税实施条例》第二十八条规定，企业的不征税收入用于支出所形成的费用或者财产，不得扣除或者计算对应的折旧、摊销扣除。

53. 企业交给社会团体的会费是否可以在企业所得税前扣除

答：可以扣除。

依据《中华人民共和国企业所得税法》第八条规定，企业实际发生的与取得收入有关的、合理的支出，包括成本、费用、税金、损失和其他支出，准予在计算应纳税所得税额时扣除。

54. 社会团体收到服务费 10 万元，是否作为会费收入享受免税

答：不可以。

服务费收入属于提供服务收入，不能将应纳税的提供服务收入变更为免税收入。

55. 公益性社会团体哪些收入可以享受免征企业所得税

答：公益性社会团体符合非营利性组织条件的收入，可以享受免征企业所得税。

依据《中华人民共和国企业所得税法》第二十六条第（四）项规定，符合条件的非营利组织的收入为企业的免税收入。

依据《财政部 税务总局关于非营利组织免税资格认定管理有关问题的通知》第一条规定，依据本通知认定的符合条件的非营利组织，必须同时满足以下条件：

（1）依照国家有关法律法规设立或登记的事业单位、社会团体、基金会、社会服务机构、宗教活动场所、宗教院校以及财政部、税务总局认定的其他非营利组织；

（2）从事公益性或者非营利性活动；

（3）取得的收入除用于与该组织有关的、合理的支出外，全部用于登记核定或者章程规定的公益性或者非营利性事业；

（4）财产及其利息不用于分配；但不包括合理的工资薪金支出；

（5）按照登记核定或者章程规定，该组织注销后的剩余财产用于公益性或者非营利性目的，或者由登记管理机关转赠给与该组织性质、宗旨相同的组织，并向社会公告；

（6）投入人对投入该组织的财产不保留或者享有任何财产权利，本款所称投入人是指除各级人民政府及其部门外的法人、自然人和其他组织；

（7）工作人员工资福利开支控制在规定的比例内，不变相分配该组织的财产，其中：工作人员平均工资薪金水平不得超过税务登记所在地的地市级（含地市级）以上地区的同行业同类组织平均工资水平的两倍，工作人员福利按照国家有关规定执行；

（8）对取得的应纳税收入及其有关的成本、费用、损失应与免税收入及其有关的成本、费用、损失分别核算。

56. 社会团体银行存款取得的利息收入是否需要缴纳增值税

答：无须缴纳增值税。

《财政部 国家税务总局关于全面推开营业税改征增值税试点的通知》附件2《营业税改征增值税试点有关事项的规定》第一条第（二）项第2目规定，存款利息属于不征收增值税项目。

57. 社会团体非保本理财收益是否缴纳增值税

答：不缴纳增值税。

依据《财政部 国家税务总局关于明确金融 房地产开发 教育辅助服务

等增值税政策的通知》规定，金融商品持有期间（含到期）取得的非保本的理财收益，不属于利息或利息性质的收入，不征收增值税。

58. 社会团体保本理财收益是否缴纳增值税

答：需要缴纳增值税。

理财产品到期收益是否缴纳增值税需要区分两种情况判断：一是到期保本的理财产品，包括固定收益和浮动收益，即本金没有收回风险。保本理财产品的到期收益属于资金占用收益，属于增值税征税范围，应缴纳增值税。二是非保本的理财产品，属于投资行为，未来盈亏不固定，这个收益无论何时取得，都不属于增值税征收范围。本质上与投资成立公司是一样的，分红、收回都不涉及增值税。

59. 社会团体取得的政府购买服务收入是否属于免税收入

答：不属于免税收入范围。

依据《财政部 国家税务总局关于非营利组织企业所得税免税收入问题的通知》规定，免税收入中不包括因政府购买服务取得的收入，需要作为收入总额计算缴纳企业所得税。

第四章 年检风险警示

引言

社会团体年检的内容分为财务情况检查和非财务情况检查。其中财务情况检查包括社会团体的财务状况、资金来源和使用情况，财务情况在年检中占有很重要的地位。本章主要参考《社会团体登记管理条例》的相关规定。在社会团体年检过程中，以北京市为例，参考《北京市社会团体年度检查办法（试行）》业务主管单位及登记管理机关对社会团体报送的年检财务材料进行检查、分析，作出对该组织的年度财务评价，再结合非财务情况检查作出社会团体年检是否合格的结论。本章从年检报告的重要性、年检报告要求、年检风险提示、哪些情况会导致年检结论为基本合格、哪些情况会导致年检结论为不合格等5方面共28个问题给读者展示问题及答案。

一、年检报告依据

为加强社会团体监督管理，规范社会团体行为，促进社会团体高质量发展，根据《社会团体登记管理条例》的规定，社会团体登记管理机关依法按年度对社会团体遵守社会组织登记管理法规政策等情况实施检查并出具相应结论的监督管理制度。

二、年检报告所需材料

社会团体每年年检需提交以下材料：（1）年度检查工作报告书；

（2）年度财务审计报告；（3）其他应当提交的材料。其中，年度检查工作报告的内容具体包括：（1）基本信息；（2）内部建设情况；（3）财务会计报告；（4）业务活动情况；（5）其他需要说明的情况；（6）接受监督检查情况等。

三、年检风险提示

1. 上年度9月成立的社会团体还需要参加年检吗

答：需要参加。

依据《北京市社会团体年度检查办法（试行）》第四条规定，上年度12月31日前依法登记的社会团体均应参加当年的年检。

2. 年检包括哪些内容

答：依据《北京市社会团体年度检查办法（试行）》第六条规定，社会团体年检的主要内容包括：

（1）遵守法律法规和国家政策情况；

（2）履行变更登记手续情况；

（3）按照章程开展活动情况；

（4）财务状况、资金来源和使用情况；

（5）机构变动和人员变动情况；

（6）履行换届、评比表彰等重大事项的报告情况；

（7）其他需要检查的情况。

3. 年检填报方式是什么

答：采用信息化方式进行填报。

依据《北京市社会团体年度检查办法（试行）》第七条规定，登录“北京市社会组织公共服务平台”，进入系统填报《社会团体年度工作报告书》。

4. 年检是否规定报送时间

答：规定了报送时间。

依据《北京市社会团体年度检查办法（试行）》第七条规定：

（1）有业务主管单位的社会团体 3 月 31 日前将网上填写的《社会团体年度工作报告书》打印后，提交业务主管单位初审，经业务主管单位初审通过后，报送登记管理机关；无业务主管单位的社会团体将打印的《社会团体年度工作报告书》，直接报送登记管理机关；

（2）登记管理机关应当依据《社会团体登记管理条例》规定，对社会团体报送的年检材料进行审核。

社会团体向登记管理机关报送年检材料的截止日期为每年 5 月 31 日。社会团体报送的年检材料不齐全的，应当在 10 日内予以补正。逾期未补正的，登记管理机关不予受理。

5. 年检材料提交是否有要求

答：年检提交有具体要求。

依据《北京市社会团体年度检查办法（试行）》第八条规定，社会团体接受年检时，应当提交下列材料：

（1）《社会团体年度工作报告书》原件；

（2）《社会团体登记证书》副本原件；

（3）上年度 6 月 30 日前成立的社会团体应提交专业审计机构出具的财务审计报告；获得公益性捐赠税前扣除资格的社会团体，应报送社会团体公益活动支出明细的审计报告。

（4）登记管理机关要求提交的其他材料。

社会团体提交的年检材料应当真实、准确，不得提供虚假材料。

6. 业务主管单位需要出具年检初审意见吗

答：有业务主管单位的需要出具初审意见，无业务主管单位的不需要出具初审意见。

依据《北京市社会团体年度检查办法（试行）》第七条规定，有业务主管单位的社会团体 3 月 31 日前将网上填写的《社会团体年度工作报告书》打印后，提交业务主管单位初审，经业务主管单位初审通过后，报送登记管理机关；无业务主管单位的社会团体将打印的《社会团体年度工作报告书》，直接报送登记管理机关。

7. 登记管理机关是否会进行实地检查

答：登记管理机关会按照一定比例进行实地检查。

依据《北京市社会团体年度检查办法（试行）》第九条规定，登记管理机关在开展年检工作中，必要时可以采取以下工作措施：

（1）对社会团体进行实地检查；

（2）组织对社会团体进行财务审计；

（3）要求社会团体公开年检相关信息；

（4）其他依法可以采取的措施。

四、哪些情况会导致年检结论为基本合格

8. 某社会团体上年度负责人任职年龄超过 70 周岁后，是否影响年检结论

答：会影响年检结论。

依据《北京市社会团体年度检查办法（试行）》第十三条规定，社会团体负责人超龄超届任职的，年检结论可确定为基本合格。

9. 某社会团体因内部人员调整未及时召开换届会议，是否影响年检结论

答：会影响年检结论。

依据《北京市社会团体年度检查办法（试行）》第十三条规定，社会

团体负责人未按期换届的，年检结论确定为基本合格。

10. 未按规定及时召开会员（代表）大会，是否影响年检结论

答：会影响年检结论。

依据《北京市社会团体年度检查办法（试行）》第十三条规定，会员（代表）大会每年至少召开一次，未按照章程规定召开会员（代表）大会，年检结论确定为基本合格。

11. 未按规定及时召开理事会或常务理事会，是否影响年检结论

答：会影响年检结论。

依据《北京市社会团体年度检查办法（试行）》第十三条规定，未按照章程规定召开理事会、常务理事会的，年检结论确定为基本合格。

12. 未制定登记证书、印章管理制度，是否影响年检结论

答：会影响年检结论。

依据《北京市社会团体年度检查办法（试行）》第十三条规定，未制定登记证书、印章管理制度，管理使用不规范的，年检结论可确定为基本合格。

13. 未执行《民间非营利组织会计制度》，是否影响年检结论

答：会影响年检结论。

依据《北京市社会团体年度检查办法（试行）》第十三条规定，财务管理不规范的，年检结论可确定为基本合格。

14. 未按照要求规定开展评比达标表彰活动，是否影响年检结论

答：会影响年检结论。

依据《北京市社会团体年度检查办法（试行）》第十三条规定，违反规定举办评比达标表彰活动的，年检结论可确定为基本合格。

15. 未按照规定接受登记管理机关监督检查，是否影响年检结论

答：会影响年检结论。

依据《北京市社会团体年度检查办法（试行）》第十三条规定，未按照规定接受登记管理机关、业务主管单位或其他相关部门监督检查的，或上一年度受到相关部门通报批评的，年检结论可确定为基本合格。

五、哪些情况会导致年检结论为不合格

16. 上年度受到相关部门行政处罚的是否影响本年度年检结论

答：会影响本年度年检结论。

依据《北京市社会团体年度检查办法（试行）》第十四条规定，上一年度受到相关部门行政处罚的，年检结论可确定为不合格。

17. 上年度年检结论为不合格，是否影响本年度年检结论

答：会影响本年度年检结论。

依据《北京市社会团体年度检查办法（试行）》第十九条规定，连续两年年检不合格，依法进行行政处罚。

18. 变更了章程但未进行备案程序，是否影响年检结论

答：会影响年检结论。

依据《北京市社会团体年度检查办法（试行）》第十四条规定，未按照规定办理登记、核准、备案手续的，年检结论可确定为不合格。

19. 变更负责人涉及党政机关领导干部职务，未及时履行审批手续，是否影响年检结论

答：会影响年检结论。

依据《北京市社会团体年度检查办法（试行）》第十三条规定，社会

团体负责人由现职公务员兼任未按规定报批的，年检结论可确定为基本合格。

20. 新设立分支（代表）机构未召开理事会讨论通过，是否影响年检结论

答：会影响年检结论。

依据《北京市社会团体年度检查办法（试行）》第十四条规定，对分支机构、代表机构疏于管理，造成严重后果的，年检结论确定为不合格。

21. 超过章程范围开展的有偿服务，是否影响年检结论

答：会影响年检结论。

依据《北京市社会团体年度检查办法（试行）》第十四条规定，超出章程规定的宗旨和业务范围进行活动的，年检结论确定为不合格。

22. 分支（代表）机构负责人开展活动未及时报告社团组织，出现违规开展活动情况，是否影响年检结论

答：会影响年检结论。

依据《北京市社会团体年度检查办法（试行）》第十四条规定，对分支机构、代表机构疏于管理，造成严重后果的，年检结论确定为不合格。

23. 因决策机构人员未履行职责，导致社团组织不能正常开展业务活动的，是否影响年检结论

答：会影响年检结论。

依据《北京市社会团体年度检查办法（试行）》第十四条规定，内部管理混乱，不能正常开展业务活动的，年检结论确定为不合格。

24. 接受会员单位的捐赠，擅自使用捐赠款项，是否影响年检结论

答：会影响年检结论。

依据《北京市社会团体年度检查办法（试行）》第十四条规定，违反国家有关规定收取费用、筹集资金或者接受、使用捐赠、资助的，年检结论确定为不合格。

25. 上年度未开展业务活动，是否影响年检结论

答：会影响年检结论。

依据《北京市社会团体年度检查办法（试行）》第十四条规定，上一年度未开展任何业务活动的，年检结论确定为不合格。

26. 年度工作报告书弄虚作假，是否影响年检结论

答：会影响年检结论。

依据《北京市社会团体年度检查办法（试行）》第十四条规定，年度工作报告书隐瞒真实情况，弄虚作假的，年检结论确定为不合格。

27. 未在规定时间内进行年检申报，会影响年检结论吗

答：会影响年检结论。

依据《北京市社会团体年度检查办法（试行）》第十九条的规定，在实施年检时，发现社会团体有违反法律、法规的行为，或连续两年不参加年检，或连续两年年检不合格，依法进行行政处罚。

28. 社团领导私分社团资产，是否影响年检结论

答：会影响年检结论。

依据《北京市社会团体年度检查办法（试行）》第十四条的规定，超出章程规定的宗旨和业务范围进行活动的，并侵占、私分、挪用社会团体资产或者所接受的捐赠、资助的，年检结论确定为不合格。

第五章　负面清单管理

引言

本章通过典型案例分析，对社会团体财务规范方面出现的负面清单进行归纳整理，最终给出管理建议，目的在于让社会团体防微杜渐，避免此类事件发生，从而避免风险及损失。

1. 购买理财产品

案例分析：某学会的流动资金购买了理财产品，对购买理财产品是否有特别限制？

管理建议：学会购买理财产品需要防范资产损失的风险，可以购买保本的理财产品，不可以购买非保本的理财产品，要重点关注理财产品的合同约定。

2. 学会分支机构收支未纳入学会账户统一管理

案例分析：某学会工作人员少，财务人员少，分支机构若全部纳入总会管理，无法承担如此庞杂的财务管理业务。有时分支机构的会议时间比较集中，同期有若干会议同时进行，参会人员达数千人，学会是否可以将部分会议的收支委托承办单位管理？

管理建议：学会不可以委托承办单位管理会议收支，但可以将部分业务采用业务外包的形式进行。

3. 某社会团体负责人取酬问题

案例分析：202×年审计机构到某社团进行年检的现场审计中，对社团给负责人发放薪酬提出异议，列入整改项，社团找了很多证明材料，证明发放费用是专家的评审费、咨询费，才允许从整改项中删除。某社团多次咨询审计机构人员，明确答复：不允许给社团兼职负责人发放薪酬，只有在请社团负责人作为专家评审或者撰写稿件时才可发放评审费或者稿费。

管理建议：若社团领导是属于国家规定领导干部范畴的人员，就需要遵守国家的相关规定，原则上是不允许领取报酬的。

4. 收费类型管理

案例分析：某学会举办会议时为方便参会代表缴纳会议注册费，同时解决现场缴费不可使用现金的问题，自 202×年 7 月起，开始使用银行二维码进行扫码缴费业务，代表可通过微信或支付宝扫码，使用绑定的银行卡（含公务卡）付费。由于此项业务银行提供的记账凭据与银行汇款有所不同，银行每日只出具 2 张进账凭证，分别为前一天微信和支付宝入账的合计金额，每张集证可能包含多笔款项，且可能来自不同会议、不同代表，记账时无法为每笔来款附上对应的银行进账凭证。学会目前做法为，在每张银行进账凭证和会议每笔收入明细两处均作备注说明，从而反映每笔款项与银行进账的对应关系，以此形式完成记账。请问：是否可以采用这种扫码收费的形式，记账时如何做到合规、便捷。

管理建议：建议可向中国人民银行申请诉求，相关政策落地需要时间，当信息不能满足记账时最好通过汇款或转账完成缴费业务。

5. 换届审计时是否需要补审

案例分析：某学会 4 月份换届，审计报告是要审到 3 月份，换届前的这一个月是否需要补审？

管理建议：不需要补审，建议不要审批支出凭单，等换届完成后再进行审批。

6. 国内学术会议会议费综合定额标准

案例分析：目前国家尚没有专门针对学术会议的会议费定额标准，参考的是 2016 年 6 月 29 日财政部、国家机关事务管理局、中共中央直属机关事务管理局印发的《中央和国家机关会议费管理办法》中三四类会议的会议费综合定额标准。但是学术会议与中央和国家机关的工作会议是完全不同的会议类型，绝大多数学术会议的收入不是财政拨款，主要来源为注册费收入。会议支出集中在会场租金、设备租赁、专家费用、参会代表餐费等方面，根据会议规模、学术水平、专家层次、参会代表来源的不同，费用支出各有侧重；同时，学术会议举办地点遍布全国，各地区消费指数差异极大，学会往往也拿不到政策价格。上述原因导致很多会议无法采用《中央和国家机关会议费管理办法》中三四类会议的会议费综合定额标准。可否申请制定适用于学术会议的定额指标或在学术会议执行中进行变量控制？

管理建议：不可以超标，可以列支一些自费项目。

7. 招投标的执行标准和方式

案例分析：学会举办大型学术交流活动涉及的采购事项，原则上采取竞争性方式确定供应商。对采购金额较大的，应参考政府采购规定的公开招标、邀请招标、竞争性磋商、竞争性谈判、询价、单一来源等采购方式。较大采购金额的界定标准是多少？

管理建议：界定标准由学会在内部控制制度中自行制定，注意在防范风险的同时要切实可行。

8. 税收政策执行管理

案例分析：给专家发放劳务费是否需要专家提供增值税发票？是否需要在企业所得税中调增？

管理建议：发放的劳务费如果属于经营项目，则需要开具增值税发票，其余的不需要开具，但需要代扣代缴个人所得税。

9. 可否给予分支机构的财务一定的自主性

案例分析：某学会下设30余个分支机构，分支机构工作人员均为兼职人员，且除了主任委员以外其他人员均为每次活动的临时人员，所以对于学会的财务流程，需在每次活动中重新培训工作人员，且由于其财务素养参差不齐，为使工作做到位需要学会财务人员付出非常多的精力和时间，沟通成本非常大。另外，很多分支机构对于财务工作并不十分支持，感觉把收支放在学会很麻烦，不愿意配合，使学会管理分支机构财务困难重重。可否在不违反法律法规的前提下，对分支机构的财务给予一定的自主性，既减轻学会的负担也使分支机构有更多的主动性。

管理建议：根据国家有关规定，分支机构不允许开设独立的银行账户，全部核算需纳入学会。

10. 社会团体会费是否免企业所得税和增值税

案例分析：学会根据章程规定的业务范围合理制定团体会费标准，并经会员代表大会通过。团体会费使用社会团体会费收据，此项团体会费是否可以认定为免税收入？可以免企业所得税和增值税吗？

管理建议：根据《民政部、财政部关于取消社会团体会费标准备案规范会费管理的通知》，社会团体可以依据章程规定的业务范围、工作成本等因素，合理制定团体会费标准。依据《财政部 税务总局关于非营利组织免税资格认定管理有关问题的通知》，按照省级以上民政、财政部门规定收取的会费为非营利组织的免税收入。

根据《财政部 税务总局关于租入固定资产进项税额抵扣等增值税政策的通知》，团体会费可以免征增值税；企业所得税的免税资格需要根据《财政部 税务总局关于非营利组织免税资格认定管理有关问题的通知》的规定，进行申请。

11. 财务“四流”不一致

案例分析：社团有时在购买服务时，会遇到有一些较大规模的企业是集团公司性质，集团下属很多个以部门为单位的机构，这些企业给社团财务方面造成的问题是，收票单位和收款单位可能不一致，不符合财务制度关于“四流”一致的规定。

管理建议：财务中的“四流”是指合同流、发票流、资金流、物流，建议签订合同单位、收票单位、发票等保持一致。

12. 同行业同类组织平均工资水平问题

案例分析：会费收入在各社团收入中均占有一定的比例，是否可以享受非营利组织免税资格，成为社团营收的关键。在实际申请时，社团需要准备各种各样的数据，但其中有一些数据无法得到准确的参考标准，数据存在疑问。例如“工作人员平均工资薪金水平不得超过税务登记所在地的地市级（含地市级〉以上地区的同行业同类组织平均工资水平的两倍”，其中同行业同类组织平均工资水平，不知道从哪里可以得到参考数据。

管理建议：寻找当地统计年鉴，可以找到相关数据。

13. 有大量举办方抬头的发票入账，造成财务核算不规范

案例分析：某社会团体的初始装修费用大量的发票都不是本社团的，而是举办者的。

管理建议：社会团体先申请名称核准，之后发生的支出直接填写已经核准的单位名称，避免发票抬头与社会团体名称不符的情况出现。

14. 选择错误的会计制度

案例分析：某学会使用行政事业单位会计制度，在业务收入、资金等方面与《民间非营利组织会计制度》的核算要求出现了较大的偏差。按照相关规定要求，在民政部门登记的社会组织应执行《民间非营利组织会计制度》，单独建账，独立核算，实行独立财务管理。

管理建议：严格执行《民间非营利组织会计制度》及《〈民间非营利组织会计制度〉若干问题的解释》的规定。

15. 年末净资产数额少于成立时开办资金数额

案例分析：某学会组织经营不善，导致上一年度年末净资产数额低于开办资金。在年度检查时，因该情况直接导致年度检查结果为“不合格”。

管理建议：年末净资产过少、未达到成立时开办资金数额，即代表着该机构的整体经营状况不佳、偿付债务的能力不强和支持业务开展的潜力不足，有可能直接导致年度检查“基本合格”或“不合格”，或在参与政府购买项目投标时达不到要求，建议及时补足开办资金。

16. 会计核算科目设置不正确

案例分析：某社团组织会计核算采用了《小企业会计准则》，并未执行《民间非营利组织会计制度》，最终导致出现会计科目设置的多处错误。

管理建议：严格执行《民间非营利组织会计制度》及《〈民间非营利组织会计制度〉若干问题的解释》中的规定，按规定设置会计科目，进行会计核算。

17. 费用报销不合规

案例分析：某学会存在费用列支依据不充分、无事由无明细、报销凭据不完整、不合规的情况，还存在使用内容不真实的发票报销等状况。

管理建议：机构应建立有效的费用报销制度，可通过明确机构每笔支出的授权方式、审批权限及责任和相关管控措施，规范和约束经办人的费用报销行为。

18. 固定资产管理不规范

案例分析：

（1）某学会截至202×年12月31日，部分固定资产财务账面余额与资产账余额（固定资产动态库）不一致，账账不符。

（2）某学会在年度终了未能对固定资产进行盘点，仅在202×年6月

30日对固定资产进行盘点，且未对盘点情况与固定资产动态账进行核对，未形成汇总表及盘点报告，不能及时发现盘盈、盘亏情况。

（3）某学会个别资产已达到固定资产标准，但未纳入固定资产管理。如：支付设备款174040.00元，未纳入固定资产管理。

上述事项不符合《＊＊＊固定资产管理办法》“第四条　固定资产的范围：使用年限在一年以上，一般设备单位价值在1000元以上、专用设备单位价值在1500元以上，并在使用过程中基本保持原来物质形态的资产。单位价值虽未达到规定标准，但使用时间在一年以上的大批同类物资，按固定资产管理”的规定。

管理建议：加强固定资产管理，达到规定标准固定资产，及时纳入固定资产管理，财务人员与资产管理人员定期对账，年末对全部固定资产进行盘点，做到账账、账实相符，确保资产安全完整。

19. 采购管理方面存在个别采购服务项目供应商的选定未执行三方比价程序的情况

案例分析：某学会外包服务供应商的选定未执行三方比价程序。上述事项不符合某学会内部管理制度中《采购管理制度》“一、采购原则：1. 采购过程实行‘三比’（即比质、比价、比服务）的采购原则；2. 采购实行‘三审一检’（即购物用款初审、复审、审批，合同初审、复审、审批及质量检测）的控制原则；3. 采购组集体询价采购原则；4. 避免单一品牌、单一来源采购原则；5. 采购过程监督原则；6. 单位采购货物、服务和工程应当严格按照年度政府集中采购目录及标准的规定及《中华人民共和国政府采购法》等相关法律法规执行”的规定。

管理建议：加强采购管理，发生采购货物、服务和工程应当严格按照年度政府集中采购目录及标准的规定执行，非政府采购事项应履行三方比价程序。

20. 合同管理方面存在合同签订时间与报价时间倒置及个别合同未盖章的情况

案例分析：

（1）个别合同签订时间与报价时间倒置

案例分析：某采购合同，合同签订时间为202×年3月15日，报价时间为同年3月22日，未报价，提前签订合同。

管理建议：规范合同签订程序，发生大额经济业务应按照先报价审核，确认供应商后再签订合同程序执行。

（2）个别合同未盖章、无授权人签字、无合同签订日期

案例分析：某社团组织202×年9月11日23号会计凭证，支付活动费164034.00元，合同金额219000.00元，合同无签订日期。

管理建议：加强合同管理，对大额经济事项要及时签订合同，合同的签订应由法定代表人或其授权代表签字；注意合同签订的日期。

21. 财务管理方面，大额现金支出不符合现金管理条例的有关规定

案例分析：某学会有大额的现金支出，不符合现金管理条例的有关规定。

管理建议：严格按照《现金管理暂行条例》《货币资金管理制度》的有关规定，根据银行审定的库存现金限额留存，并杜绝大额现金支出的情况发生。具体规定如下。

可以使用现金支付的范围包括：

①职工工资、津贴；

②个人劳务报酬；

③根据国家规定颁发给个人的科学技术、文化艺术、体育等各种奖金；

④各种劳保、福利费用以及国家规定的对个人的其他支出；

⑤向个人收购农副产品和其他物资的价款；

⑥出差人员必须随身携带的差旅费；

⑦结算起点以下的零星支出；

⑧中国人民银行确定需要支付现金的其他支出。

前款结算起点定为1000元。结算起点的调整，由中国人民银行确定，报国务院备案。

22. 分支机构收支核算不合规

案例分析：某社会团体设立了多家分支机构，其中个别分支机构在财务核算时未纳入其中，出现披露的分支机构与提交的财务报告不符等问题。

管理建议：社会团体在财务核算过程中，如果不将全部分支机构纳入核算范围，可能导致年检财务数据不完整、不真实的问题，同时可能受到税务机关的稽查和处罚。另外，从内控管理的角度，也不利于动态管控分支机构，将带来较大的风险。在《民政部 财政部 人民银行关于加强社会团体分支（代表）机构财务管理的通知》（民发〔2014〕259号）中明确，社会团体分支（代表）机构的全部收支应当纳入社会团体财务统一核算、管理，不得记入其他单位、组织和个人账户。

23. 收入确认不及时

案例分析：某社会团体与一单位签订了服务合同，服务内容为出售学术期刊和提供科技咨询服务，并约定在合同期限内分两次付款。按照现行会计制度要求，合同涉及的销售商品部分和提供劳务部分分开单独核算，应分别确认商品销售收入和提供服务收入，否则全部按商品销售确认收入。同时，该社会团体应按照合同约定的商品销售和服务提供方式分期确认并核算收入。该社会团体若未按合同约定方式确认收入，会导致收入核算不恰当、收入入账金额不正确、税款缴纳不及时的情况发生。

管理建议：按照税收法律法规、会计制度中收入确认的相关规定，社会团体若未及时确认核算并申报当期应税收入的，既要补缴税款，还可能面临缴纳罚款和加收滞纳金的处罚风险。

24. 存在长期挂账的应收、应付款

案例分析：某社会团体“其他应收款”和“其他应付款”均有较大金额的款项长期挂账。其中“其他应付款”中有部分金额汇入一位举办者个人账户，实质上是举办者为社会团体提供某项服务的劳务收入。

管理建议：长期挂账可能存在应确认而未确认的收入、费用情况，涉及增值税、企业所得税缴纳的合法性，建议及时清理往来款项，避免长期挂账。

25. 会议和公益活动支出不合规

案例分析：某社会团体在其作为主办单位召开的部分会议活动中，收支由承办单位管理。

管理建议：根据《民政部、财政部关于加强社会组织反腐倡廉工作的意见》和《社会组织举办研讨会论坛活动管理办法》，以社会组织及其分支（代表）机构名义举办的会议、展览、培训等各类活动所发生的经费往来，必须纳入社会组织法定账户统一管理，不得进入其他单位或个人账户。

26. 违规发放津补贴

案例分析：某社团组织为兼职的退（离）休领导干部每月发放3000元，作为津贴。

管理建议：《中共中央组织部关于规范退（离）休领导干部在社会团体兼职问题的通知》中规定，退（离）休领导干部在社会团体兼职不得领取社会团体的薪酬、奖金、津贴等报酬和获取其他额外利益，也不得领取各种名目的补贴等，确属需要的工作经费，要从严控制，不得超过规定标准和实际支出。社会团体不能通过设置顾问委员会、专家委员会方式，以项目名义违规向单位的退休领导干部和有事业编制的在职干部发放劳务费、专家费、顾问费和高温补助等。

社会团体应该在《薪酬管理制度》中，规范其工作人员的工资、津贴、福利、奖金、绩效、社会保险、住房公积金的发放与缴纳，并严格执行。

27. 为关联方承担费用支出

案例分析：某社会团体除了正常的会费收入、业务收入以外，主要获得社会团体法人创办的企业的资助和支持，并承接了该企业的有偿技术咨询服务。根据双方约定，该社会团体每年将关联收入按照一定比例上交给该企业作为管理费，变相为关联方承担费用。

关联方是指一方或多方控制另一方，或对另一方施加重大影响；或两方以上同受一方控制或重大影响的相关各方。民间非营利组织的关联方：（1）设立人及其所属企业集团的其他成员单位。（2）设立人及其所属企业集团的其他成员单位共同控制或施加重大影响的企业。（3）设立人及其所属企业集团的其他成员单位设立的民间非营利组织。（4）本单位控制、共同控制或施加重大影响的企业。（5）本单位设立的其他民间非营利组织。（6）关键管理人员及与其关系密切的家庭成员。关键管理人员，是指有权力并负责计划、指挥和控制民间非营利组织活动的人员，包括负责人、理事、监事、分支（代表）机构负责人等。与关键管理人员关系密切的家庭成员，是指在处理与该组织的交易时可能影响该个人或受该个人影响的家庭成员。（7）关键管理人员或与其关系密切的家庭成员控制、共同控制或施加重大影响的企业。（8）关键管理人员或与其关系密切的家庭成员设立的其他民间非营利组织。（9）慈善组织主要捐赠人。

管理建议：社会团体因业务交流和管理联系需要，出现为关联方承担费用的情况，一方面会因违反财务制度，导致自身费用提高；另一方面还会带来廉政风险及税务风险。

第二部分 通用篇

TONGYONG PIAN

第六章　会计概念通解

引言

会计是通过完整记录运维过程中的各项工作、各种事项，编制社会团体财务报表，反映社会团体的财务状况、运维成果及现金流量。

合理地组织会计核算形式是做好会计工作的一个重要条件，对于保证会计工作质量，提高会计工作效率，正确、及时地编制会计报表，满足相关会计信息使用者的需求具有重要意义。

我国现有多数社会团体的性质为民间非营利性组织单位，须按照《民间非营利组织会计制度》及《〈民间非营利组织会计制度〉若干问题的解释》的规定开展会计核算。本章内容分别介绍了社会团体常用的51个会计基本概念，旨在社会团体能够方便快捷掌握要点，达到正确核算的目的。

1. 会计制度

会计制度是根据《中华人民共和国会计法》和我国其他有关法律、法规及会计准则制定的规范，是各类会计主体进行会计工作所应遵循的规则、方法、程序的总称，目前我国现有多数社会团体的性质为民间非营利性组织单位，须按照《民间非营利组织会计制度》及《〈民间非营利组织会计制度〉若干问题的解释》的规定开展会计核算。

通解：使用会计制度的正确性直接影响到社会团体财务数据的信息质量。实践中，有相当一部分社会团体将基础会计事项委托给代理记账公司、会计师事务所或兼职会计人员，这不失为一种折中过渡的有效方法。但是，大多数中介机构没有专门的社会组织记账部门、记账会计也不熟悉或不了解《民间非营利组织会计制度》，用错会计制度，从而导致账务处理有误。因此，要求被委托方按照《民间非营利组织会计制度》开展会计核算是社会团体聘请中介机构代理记账最基础、最核心的要求。

2. 本位币业务

民间非营利组织的本位币业务是指以记账本位币作为计量单位发生的款项收付、往来结算等业务。

通解：本位币是一个国家的法定货币，我国的法定货币是人民币。记账本位币是会计主体在会计核算中统一使用的记账货币，一个会计主体只能以一种货币作为记账本位币。记账本位币一经选定，不得随意变更。我国会计法第十二条规定："会计核算以人民币为记账本位币。业务收支以人民币以外的货币为主的单位，可以选定其中一种货币作为记账本位币，但是编报的财务会计报告应当折算为人民币。"

3. 外币业务

民间非营利组织的外币业务是指以记账本位币以外的货币进行的款项收付、往来结算等业务。

通解：社会团体可以依据重要性、成本效益原则针对频繁发生的外币大额业务采用复币记账方式开展业务核算，在保留外币交易金额的同时，按照发生外币业务当日的即期汇率或当月期初汇率作为近似汇率进行折算核算。会计期末，还应将财务报表中所有外币货币性项目的外币金额统一按期末汇率折算为记账本位币金额进行报表编报，将因外币交易业务初始确认时使用的汇率与期末汇率不同而形成的折算差额计入当期损益。

4. 非货币性交易

民间非营利组织非货币性交易是指交易双方以非货币性资产进行的交换，这种交换不涉及或只涉及少量的货币性资产（即补价）。其中，货币性资产是指持有的现金及将以固定或可确定金额的货币收取的资产；非货币性资产是指货币性资产以外的资产。

通解：货币性资产包括库存现金、银行存款、其他货币资金、应收账款、应收票据和准备持有至到期的债券投资等；非货币性资产包括存货、固定资产、无形资产、股权投资以及不准备持有至到期的债券投资等。非货币性交易可以理解为传统意义上的“易货贸易”“交换股权”等，即交易双方的主要标的皆为非货币性资产。只有当补价的货币性资产价值不高于整体交易价值的25%时，该项交易才能被认定为非货币性交易。

5. 账面余额

账面余额是指资产的入账价值。

通解：对于资产来说，在一般情况下资产的账面余额就是资产的购入价格。比方说，对于固定资产来说，企业购入固定资产的原值，就是固定资产的账面余额。

6. 账面净值

账面净值是指资产原值减去折旧或摊销后的净额。

通解：账面净值通常是指固定资产和无形资产原值减去折旧或摊销后的净值。其实账面净值只是考虑了折旧和摊销的问题，而没有考虑减值的问题。对于资产来说，折旧或摊销肯定是必然发生的，而减值属于特殊情况。

7. 账面价值

账面价值是指资产可以变现的价值。

通解：账面价值就是资产的账面余额减去折旧或摊销，再减去资产减值后的余额。对于资产来说，账面价值就是资产现在的价值。对于固定资产来说，它的账面价值就是现在出售的市场价格。

8. 或有事项

或有事项是指民间非营利组织过去的交易或者事项形成的一种状况，

其结果须通过未来不确定事项的发生或不发生予以证实。

通解："或有"代表着可能"有"、也可能意味着"没有"，表示事项达成条件的因素和结果尚不能完全确定。具体来讲，一是或有事项是否发生具有不确定性；二是或有事项确定发生，但其具体发生的时间或交易金额具有不确定性。

9. 交易的公允价值

公允价值是指在公平交易中，熟悉情况的交易双方，自愿进行资产交换或者债务清偿的金额。

通解：根据《民间非营利组织会计制度》第十七条的规定，交易公允价值的确定顺序如下：（1）如果同类或者类似资产存在活跃市场的，应当按照同类或者类似资产的市场价格确定公允价值；（2）如果同类或类似资产不存在活跃市场，或者无法找到同类或者类似资产的，应当采用合理的计价方法确定资产的公允价值。

10. 资产

民间非营利组织的资产是指过去的交易或者事项形成并由民间非营利组织拥有或者控制的资源，该资源预期会给民间非营利组织带来经济利益或者服务潜力。

通解："资产"简单来说就是民间非营利组织依法拥有或者控制的"可支配、可计价、可流通、可变现"的财产。"过去的交易或者事项"包括购买、研究行为或者其他交易、服务行为；只有过去的交易或者事项才可能导致资产增加，预期在未来发生的交易或者事项不会导致资产增加。资产按照不同的性质可以划分为流动资产、长期投资、固定资产、无形资产和其他资产。

11. 货币资金

货币资金是指民间非营利组织拥有的、以货币形式存在的资产，包括现金、银行存款和其他货币资金。其他货币资金包括外埠存款、银行汇票存款、银行本票存款、信用证保证金存款、信用卡存款、存出投资款等。资产负债表中流动资产下的货币资金项目金额，应根据库存现金、银行存款和其他货币资金三个总账账户的期末余额合计数填列。

通解：货币资金能够准确表现出社会团体的购买能力、支付水平和偿债能力。社会团体应当保持一定数量的货币资金，用于发放工资、缴纳税金、支付利息和项目活动劳务及日常开支。不管何种类型的货币资金皆具备可以立即投入流通的特征，社会团体可以随时使用货币资金进行商品交易、支付劳务和偿还债务。

12. 短期投资

短期投资是指民间非营利组织能够随时变现并且持有时间不准备超过一年（含一年）的投资，包括股票、债券投资等。

通解：短期投资是指社会团体利用闲置资金购入的能随时变现、持有时间不超过一年的各种有价证券，以及不超过一年的其他投资。有价证券包括各种股票和政府发行的各种债券。

13. 应收账款

应收账款是指在民间非营利组织日常运营过程中，因提供服务业务，应向购买或委托方收取的款项，包括应由委托单位或购买服务单位负担的税金、代购买方垫付的各种运杂费等。

通解：应收账款是社会团体在开展业务过程中，已提供服务但没有收到款项的事项。社会团体应当及时收回应收账款，以保证资金的流动性；对预计可能产生的坏账损失的应收账款，应计提坏账准备；对于确实无法收回的应收账款，如果符合坏账条件的，应在确认后做坏账损失处理。

14. 应收股利

应收股利是指民间非营利组织因为进行对外股权投资而发生的应收取

的现金股利及应收其他单位的利润。应收股利包括社会团体购入股票实际支付的款项中所包括的已宣告发放但尚未领取的现金股利和因对外投资应分得的现金股利或利润等，但不包括应收的股票股利。

通解：应收股利是社会团体因对外进行股权投资，而产生的应收但未收的合法收益，即社会团体取得其他单位股东或长期债权人身份而应当获得的财产权益，通常要依据约定执行。

15. 应收利息

应收利息是指民间非营利组织短期债券投资实际支付的价款中，包含的已到付息期但尚未领取的债券利息和分期付息到期还本的债券在持有期间产生的利息。购入短期债券投资时含有的应收利息不计入投资初始投资成本中。

通解：应收利息是社会团体进行短期债券投资产生的孳息收入，主要包括两种情形：一是购入的分期付息到期还本的债券后，在会计结算日按规定所计提的应收利息；二是购入债券时实际支付款项中所包含的已到期而尚未领取的债券利息。

16. 其他应收款

其他应收款是指民间非营利组织除应收票据、应收账款、预付账款、应收股利、应收利息以外的其他各种应收及暂付款项，主要包括应收的各种赔款、罚款、零星备用金，如社会团体财产遭受意外损失而向有关保险公司收取的赔款等。

通解：其他应收款是指社会团体应得但未得的业务活动以外的待结算款项，主要包括：(1) 应收的各种赔款、违约罚款；(2) 应向职工收取的各种垫付款项；(3) 其他各种应收、暂付款项；(4) 备用金；(5) 预付账款转入。

17. 预付账款

预付账款是指民间非营利组织预付给商品供应单位或者服务提供单位

的款项。

通解：预付账款是社会团体在采购商品、货物、服务过程中，按照书面合同或口头协议约定，预先用货币支付给供货单位的款项。对于社会团体来讲，预付账款是流动资产，是因对方单位未交付货物或未提供服务而产生的一种债权。

18. 存货

存货是指民间非营利组织在日常业务活动过程中持有以备出售或捐赠的，或者为了出售或捐赠仍处在生产过程中的，或者将在生产、提供服务或日常管理过程中耗用的材料、物资、商品等。

通解：存货是为保障业务、服务、管理运行而储备的原材料、包装物和低值易耗品等。按照存货的存放地点可分为库存存货、在途存货、加工中存货。

19. 待摊费用

待摊费用是指民间非营利组织已经支出，但应当由本期和以后各期分别负担的、分摊期在一年以内（含一年）的各项费用，如预付保险费、预付租金等。但需要注意的是，待摊费用属于资产性质。

通解：民间非营利组织的待摊费用是指已经支出，但应由本期及一年内其他各期共同负担的费用，如一次支出数额较大的保险费、预付租入固定资产的租金等。

20. 长期投资

长期投资是指民间非营利组织除短期投资以外的投资，包括长期股权投资和长期债权投资等。

通解：长期投资是指不满足短期投资认定条件的其他投资事项，即社会团体长期持有且不准备在一个会计年度内转为现金的投资。长期投资与短期投资的主要区别除了投资持有期限存在差异外，更重要的区别是投资目的不同。社会团体取得长期投资的目的在于持有而不在于出售。长期投资按照性质分为长期股权投资、长期债权投资和其他长期投资。长期投资以现金取得的，按取得时的计价成本，包括买价、佣金和税费等计价；以非现金交易取得时，按照交易或取得资产的公允市场价值计价。

21. 固定资产

固定资产是指同时具有以下特征的有形资产：

（1）为行政管理、提供服务、生产商品或者出租目的而持有的；

（2）预计使用年限超过 1 年；

（3）单位价值较高。

通解：固定资产在取得时，应当按取得时的实际成本入账。取得时的实际成本包括买价、包装费、运输费、交纳的有关税金等相关费用，以及为使固定资产达到预定可使用状态前所必要的支出。

22. 无形资产

无形资产是指民间非营利组织为开展业务活动而持有的、没有实物形态的非货币性长期资产，包括专利权、非专利技术、商标权、著作权、土地使用权等。

通解：无形资产是相对于有形固定资产而言的。无形资产摊销是指将无形资产原价自取得当月起在预计使用年限内分期平均分摊计入当期成本或费用的核算方法。无形资产的摊销有别于固定资产的折旧，是直接进入成本或费用，不是采用备抵法。

23. 资产减值准备

资产减值准备是指由于民间非营利组织资产市价持续下跌，或因为质量、技术性能、损坏、长期闲置等原因导致资产可收回金额低于账面价值的情况，应当将可收回金额低于其账面价值的差额作为减值准备金额。

通解：根据《民间非营利组织会计制度》第十五条规定，民间非营利组织应当定期或者至少于每年年度终了，对短期投资、应收款项、存货、长期投资等资产是否发生了减值进行检查，如果这些资产发生了减值，应当计提减值准备，确认减值损失，并计入当期费用。如果已计提减值准备的资产价值在以后会计期间得以恢复，则应当在该资产已计提减值准备的范围内部分或全部转回已确认的减值损失，冲减当期费用。特别注意，长期投资、固定资产、无形资产的资产减值损失一经确认，在以后会计期间不得转回。民间非营利组织应当在“管理费用”科目下设置“资产减值损失”明细科目，核算因提取资产减值准备而确认的资产减值损失。

24. 受托代理资产

受托代理资产是指民间非营利组织接受委托方委托从事受托代理业务而收到的资产。

通解：《民间非营利组织会计制度》第四十八条规定的“受托代理业务”是指有明确的转赠或者转交协议，或者虽然无协议但同时满足以下条件的业务：（1）民间非营利组织在取得资产的同时即产生了向具体受益人转赠或转交资产的现时义务，不会导致自身净资产的增加。（2）民间非营利组织仅起到中介而非主导发起作用，帮助委托人将资产转赠或转交给指定的受益人，并且没有权利改变受益人，也没有权利改变资产的用途。（3）委托人已明确指出了具体受益人个人的姓名或受益单位的名称，包括从民间非营利组织提供的名单中指定一个或若干个受益人。民间非营利组织应设置“受托代理资产”科目核算从事委托代理业务而收到的资产，同时设置与之相对应的“受托代理负债”科目核算从事委托代理业务而形成的负债。

25. 负债

负债是指民间非营利组织过去的交易或者事项形成的现时义务，履行该义务预期会导致含有经济利益或者服务潜力的资源流出社会团体。负债应当按其流动性分为流动负债、长期负债，同时还包含受托代理负债等。

通解：负债可以说是社会团体依据法律法规或合同约定，所须承担的应负义务，这种义务的履行会将导致现金、资产等财产权益流出社会团体。确认一项负债，除符合负债定义外，还应当同时满足两个条件：（1）与该现时义务有关的财产权益很可能流出；（2）未来流出的财产权益的价值金额能够可靠地计量。

26. 流动负债

流动负债是指民间非营利组织将在一年内（含一年）偿还的负债，包括短期借款、应付款项、应付工资、应交税金、预收账款、预提费用和预计负债等。

通解：流动负债与流动资产相结合，通常能够反映出社会团体的短期偿债能力。流动负债可以进行如下分类：（1）因业务活动形成的流动负债，如应付账款、应付票据、预收账款、应付工资、应付福利费、应交税金等；（2）因经营管理需要合理估计的负债，如预提费用等；（3）根据未来情况方能确认的或有负债，如未决诉讼等。

27. 短期借款

短期借款是指民间非营利组织向银行或其他金融机构等借入的期限在一年以下（含一年）的各种借款。

通解：短期借款是社会团体为维持正常的生产运营、满足短期资金使用需求而向银行或其他金融机构借入的还款期限在一年以下（含一年）的各种借款。短期借款主要包括经营周转借款、临时借款、结算借款、票据贴现借款等类型。

28. 应付账款

应付账款通常是指民间非营利组织因购买材料商品或接受服务等而发生的债务。应付账款是交易双方在购销活动中由于取得货物、获得服务与支付结算款在时间上不一致而产生的负债。

通解：应付账款的内涵与应收账款相对应。通常是社会团体开展业务活动过程中，按照采购或服务合同约定，已经满足付款条件即将支付而尚未支付的款项。某种程度上，应付账款反映了社会团体短期占用其他组织资金的情况。社会团体需要关注应付账款的期限，及时完成款项结算，应在不影响单位赊购信用的前提下合理使用应付账款形成的财务杠杆。

29. 其他应付款

其他应付款是指与民间非营利组织主营业务没有直接关系的应付、暂收其他单位或个人的款项。

通解：其他应付款是指社会团体除应付票据、应付账款、应付工资、应付利润等经营业务资金占用以外的应付、暂收其他单位或个人的款项。如应付租入固定资产的租金及个人借款。

30. 应付工资

应付工资是指民间非营利组织应付未付的员工工资。

通解：应付工资是社会团体对单位员工个人的一种负债，应根据按劳取酬的原则，按照劳动合同和薪资管理制度的约定，对当期（本月）员工付出的知识、技能、时间、精力及取得成果给予的报酬和奖励，并承担单位负担的社会保险及住房公积金。应付工资应采用先提取后支付的方式，在社会团体支付给员工工资、社保以后，本科目应无余额。

31. 应交税金

应交税金是指民间非营利组织根据税法规定，应交未交的各种税费。

通解：社会团体在一定周期内，取得业务收入，应按照权责发生制的原则，将税法规定的应当向税务机关缴纳的各种税金进行预提处理。这些应交税金在尚未缴纳之前应反映在社会团体的账户上，处于“应交未交”的状态，属于负债的一种。

32. 预收账款

预收账款是指民间非营利组织向服务和商品购买单位预先收取的各种款项。

通解：预收账款是社会团体在为老年人办理入住手续的过程中，需要根据老年人及其代理人所选择的住宿条件、照料护理等级及服务项目预先收取的当月或当季度养老服务总费用。养老服务总费用通常包括每月的床位费、日常起居服务费、膳食费、其他服务费用。

33. 预提费用

预提费用是指民间非营利组织预先提取的已经发生但尚未支付的费用，如预提的租金、保险费等。

通解：预提费用是按照合同约定，确定在未来支出的各项费用，需要在成本费用中预先列支，付款期限在一年以内的流动负债。预提费用的特点是按照受益原则计提。

34. 长期负债

长期负债是指偿还期限在一年以上（不含一年）的负债，包括长期借款、长期应付款和其他长期负债。

通解：长期负债与流动负债相比，具有金额大、偿还期限长的特点。因此，社会团体一方面长期负债的成本是较高的；另一方面通常还需要提供其他形式的偿还保证。

35. 长期借款

长期借款是指民间非营利组织向银行或其他金融机构等借入的期限在一年以上（不含一年）的各种借款。

通解：长期借款是社会团体从银行取得的贷款或向金融机构借入的款项。长期借款具有申请条件高、财务风险大、使用限制多的特点。长期借款可以按照有无担保、借款币种、偿款方式、用途进行分类。

36. 长期应付款

长期应付款主要是指民间非营利组织融资租入固定资产发生的应付租赁款。

通解：根据《民间非营利组织会计制度》第五十三条规定，长期应付款是在较长时间内应付的款项，主要是指社会团体融资租入固定资产而产生的长期应付租赁费用。融资租入固定资产本质上是一种分期付款购入固定资产的方式，使用资产的单位不需要预先支付或只需要分期支付货币资金就可以取得所需固定资产。

37. 受托代理负债

受托代理负债是指民间非营利组织因从事受托代理业务、接受受托代理资产而产生的负债。受托代理负债应当按照相对应的受托代理资产的金额予以确认和计量。

通解：受托代理负债与受托代理资产对应，同时使用同时存在同时消失，不存在单独存在的情形。

38. 净资产

民间非营利组织的净资产是指资产减去负债后的余额。净资产应当按照其是否受到限制，分为限定性净资产和非限定性净资产等。

通解：净资产体现了社会团体以全部资产扣除负债总额后的剩余数额，一般应大于社会团体注册时的开办资金。净资产主要由两部分组成，一部分是社会团体举办者出资形成的开办资金；另一部分是在业务服务中形成的、接受捐赠取得的结余。

39. 非限定性净资产

除限定性净资产以外的其他净资产，即为非限定性净资产。

通解：非限定性净资产是相对于限定性净资产而言的。非限定净资产主要来源于社会团体提供服务、销售商品、完成政府购买项目，以及收到的非限定性捐赠和进行对外投资收到的股利或利息。一般等于上述收入扣除相应发生的业务活动成本及期间费用而产生的净增加额。

40. 限定性净资产

《民间非营利组织会计制度》第五十六条规定的限定性净资产中所称的“限制”，是指由民间非营利组织之外的资产提供者或者国家有关法律、行政法规所设置的。该限制只有在比民间非营利组织的宗旨、目的或章程等关于资产使用的要求更为具体明确时，才能成为《民间非营利组织会计制度》所称的“限制”。

通解：依据资产提供者的要求或者国家有关法律行政法规的规定，资产及其收益的使用权受到时间、用途的限制。其中，时间限制意味着资产只能在特定时间内或特定日期后方可使用；用途限制意味着资产的用途特定，只能用于特定目的。

41. 收入

收入是指民间非营利组织开展业务活动取得的、导致本期净资产增加的经济利益或者服务潜力的流入，收入应当按照其来源分为捐赠收入、提供服务收入、商品销售收入、政府补助收入、投资收益、总部拨款收入和其他收入。

42. 捐赠收入

捐赠收入是指民间非营利组织接受其他单位或者个人捐赠所取得的收入。

通解：“捐赠”某种程度上相当于“赠予”。也就是不用通过对价交易，只是根据捐赠方的意愿而产生的交易。捐赠人必须对其所捐赠的财产具有合法的处置权。在捐赠事项中，捐赠人可以无条件捐赠，也可以指定日期或用途进行附加条件捐赠。通常捐赠人与受赠人就捐赠财产的种类、质量、数量和用途等内容达成一致意见，并签订书面捐赠协议。

43. 会费收入

会费收入是指民间非营利组织根据章程等相关文件规定向会员收取的会费。社会团体会费标准的制定或修改须经会员大会（会员代表大会）讨论，其决议须经到会会员（或会员代表）半数以上表决通过方能生效。不得采用除会员大会（会员代表大会）以外任何其他形式制定或修改会费标准。

通解：会费是社会团体的重要收入来源之一，其收取标准要符合相关行政法规、内部管理要求和章程相关规定。会费收入通常为非限定性收入，除非章程或其他决议有明确的规定。会费收入通常也属于非交换交易收入。当然，会费的交纳收取情况，一般与会员资格、会员的权利义务及其接受的服务相关联。收取会费的社会团体有责任和义务定期向全体会员公布会费的收取及使用情况。

44. 提供服务收入

提供服务收入是指民间非营利组织根据章程等的规定向其服务对象提供服务取得的收入，包括服务费收入、医疗费收入等。

通解：社会团体应当按月在当期履约完成服务活动后，月末从预收服务费中确认本期实现的提供服务收入额。包括居住费收入、护理费收入、膳食费收入。

45. 商品销售收入

商品销售收入是指民间非营利组织销售商品所形成的收入。

通解：社会团体为了方便入住老人的生活和个性化需要，一般会开设小规模的商品超市，提供常规生活用品等商品的销售服务。提供的销售商品形成的收入即为商品销售收入。

46. 政府补助收入

政府补助收入是指民间非营利组织接受政府拨款或者政府机构给予的补助而取得的收入。

通解：社会团体收到运营资助补贴款时属于政府补助收入，应区别于政府购买服务收入。

47. 投资收益

投资收益是指民间非营利组织因对外投资取得的投资净损益。

通解：投资收益是指社会团体对外投资所取得的股利收入、债券利息收入以及与其他单位联营取得的投资收益。

48. 总部拨款收入

执行《民间非营利组织会计制度》的境外非政府组织代表机构应当增设“总部拨款收入”科目，核算从其总部取得的拨款收入。

通解：境外非政府组织代表机构应当在业务活动表收入部分“投资收益”项目与“其他收入”项目之间增加“总部拨款收入”项目。本项目应当根据“总部拨款收入”科目的本期发生额填列。

49. 其他收入

其他收入是指民间非营利组织除上述主要业务活动收入以外的其他收入，如固定资产处置净收入、无形资产处置净收入、个人所得税返还收入、利息收入等。

通解：其他收入是社会团体取得的除捐赠收入、提供服务收入、政府补助收入、商品销售收入、投资收益之外的收入。除资产处置净收入和无形资产处置净收入外，还应当包括偶发性的收入，如确实无法偿付的应付款项、已作坏账损失处理后又收回的应收款项、违约金收入、废品处置净收入等。

50. 费用

费用是指民间非营利组织为开展业务活动所发生的、导致本期净资产减少的经济利益或者服务潜力的流出。

通解：社会团体的费用应当按照其功能分为业务活动成本、管理费用、筹资费用和其他费用等。

51. 财务会计报告

财务会计报告由会计报表、会计报表附注和财务情况说明书组成。民间非营利组织对外提供的财务会计报告的内容、会计报表的种类和格式、会计报表附注应予披露的主要内容等，由本制度规定；民间非营利组织内部管理需要的会计报表由单位自行规定。

通解：民间非营利组织在编制中期财务会计报告时，应当采用与年度会计报表相一致的确认与计量原则。中期财务会计报告的内容相对于年度财务会计报告而言可以适当简化，但是，它仍然应当保证包括了与理解中期期末财务状况和中期业务活动情况及其现金流量相关的重要财务信息。

第七章　看明财务报表

引言

根据《民间非营利组织会计制度》及《〈民间非营利组织会计制度〉若干问题的解释》规定，民间非营利组织提交或披露的财务会计报告应由财务报表、财务报表附注和财务情况说明书组成。其中财务报表至少应当包括资产负债表、业务活动表和现金流量表，看懂这三张报表对于社会团体的负责人是非常重要的。

1. 财务会计报告中的“三张表”

通解：社会团体的“三张表”包括《资产负债表》《业务活动表》《现金流量表》。

2. 资产负债表的作用

通解：资产负债表，全面反映社会团体在某一特定日期（通常为各会计期末）的财务状况，包括资产、负债和净资产的结构及其数据。资产负债表利用会计平衡原理，将资产、负债、净资产科目分为“资产”和“负债和净资产”分别列示。资产负债表可以让社会团体负责人在最短时间内了解机构的财务状况。

3. 资产负债表的主要内容

通解：资产负债表是反映社会团体在某一特定时点（如月末、季末、年末）现有全部资产、负债和净资产情况的静态报表，平衡公式为“资产=负债+净资产”。

示例：

资产负债表

单位：元

资产	年初数	期末数	负债和净资产	年初数	期末数
流动资产：	—	—	流动负债：	—	—
货币资金			短期借款		
短期投资			应付款项		
应收款项			应付工资		
预付账款			应交税金		
存货			预收账款		
待摊费用			预提费用		
一年内到期的长期债权投资			预计负债		
其他流动资产			一年内到期的长期负债		
流动资产合计	—	—	其他流动负债		
			流动负债合计	—	—
长期投资：	—	—			
长期股权投资			长期负债：	—	—
长期债权投资			长期借款		
长期投资合计	—	—	长期应付款		
			其他长期负债		
固定资产：	—	—	长期负债合计	—	—
固定资产原价					
减：累计折旧			受托代理负债：	—	—
固定资产净值	—	—	受托代理负债		
在建工程					
文物文化资产			负债合计	—	—
固定资产清理					
固定资产合计	—	—			

续表

资产	年初数	期末数	负债和净资产	年初数	期末数
无形资产：	—	—			
无形资产			净资产：	—	—
			非限定性净资产		
受托代理资产：	—	—	限定性净资产		
受托代理资产			净资产合计	—	—
资产总计	—	—	负债和净资产总计	—	—

4. 资产负债表的核心数据含义

通解：

（1）资产负债表是一张平衡报表，“资产总计” = “负债和净资产总计”；

（2）资产负债表是一张比较报表，通过每个科目的期初数与期末数的比较，可以看出资产负债的增减趋势和变动金额；

（3）资产负债表是一张分类报表，可以分类反映资产或负债及净资产的构成、增减变动情况。

5. 业务活动表的作用

通解：业务活动表，全面反映社会团体在某一特定期间（通常为月度、季度、年度）的经营成果。业务活动表反映社会团体的业务活动收入情况、成本费用情况。业务活动表可以让社会团体负责人在最短时间内了解机构的经营成果。

6. 业务活动表的主要内容

通解：业务活动表是反映社会团体在月度、季度、年度业务活动成果的财务报表，具体表现为净资产的变动。

示例：

业务活动表

单位：元

项 目	上年累计数			本年累计数		
	非限定性	限定性	合计	非限定性	限定性	合计
一、收入	—	—	—	—	—	—
其中：捐赠收入			—			—
会费收入			—			—
提供服务收入			—			—
商品销售收入			—			—
政府补助收入			—			—
投资收益			—			—
其他收入			—			—
收入合计						
二、费用	—	—	—	—	—	—
（一）业务活动成本			—			—
其中：人员费用			—			—
日常费用			—			—
固定资产折旧						
税费			—			—
（二）管理费用			—			—
（三）筹资费用			—			—
（四）其他费用			—			—
费用合计						
三、限定性净资产转为非限定性净资产			—			—
四、净资产变动额（若为净资产减少额，以“—”号填列）	—	—	—	—	—	—

7. 业务活动表的核心数据含义

通解：业务活动表分项列主要反映社会团体当期因提供服务、商品销售、政府补助和对外投资、捐赠等取得的各种收入及与其相对应的业务活动成本及三项费用。编制该报表是为了反映社会团体在特定期间进行的业务活动。收入一般区分为“限定性收入”和“非限定性收入”；费用不区分限定性和非限定性，全部为非限定性。

通过业务活动表数据结构分析，可以掌握一定会计期间社会团体的收入情况，包括捐赠收入、提供服务收入、商品销售收入、政府补助收入、总部拨款收入、投资收益、其他收入；可以了解业务活动成本、管理费用、筹资费用和其他费用的情况。

8. 现金流量表的作用

通解：现金流量表是反映社会团体在一定会计期间（月度、季度、年度）经营活动、投资活动和筹资活动导致现金及现金等价物增减变动情况的报表。划分为业务活动产生的现金净流量、投资活动产生的现金净流量、筹资活动产生的现金净流量及汇率变动对现金的影响。

9. 现金流量表的主要内容

通解：现金流量表反映社会团体业务活动、投资活动、筹资活动导致的现金流入、流出情况；对于评价社会团体取得业务收入、一定期间现金流量情况。

示例：

现 金 流 量 表

编制单位：年度　　　　单位：元

项　　目	行次	金额
一、业务活动产生的现金流量：		
接受捐赠收到的现金	1	

续表

项　　目	行次	金额
收取会费收到的现金	2	
提供服务收到的现金	3	
销售商品收到的现金	4	
政府补助收到的现金	5	
收到的其他与业务活动有关的现金	8	
现金流入小计	13	—
提供捐赠或者资助支付的现金	14	
支付给员工以及为员工支付的现金	15	
购买商品、接受服务支付的现金	16	
支付其他与业务活动有关的现金	19	
现金流出小计	23	—
业务活动产生的现金流量净量	24	—
二、投资活动产生的现金流量:		
收回投资所收到的现金	25	
取得投资收益所收到的现金	26	
处置固定资产和无形资产所收回的现金	27	
收到的其他与投资活动有关的现金	30	
现金流入小计	34	—
购建固定资产和无形资产所支付的现金	35	
对外投资所支付的现金	36	
支付的其他与投资活动有关的现金	39	
现金流出小计	43	—
投资活动产生的现金流量净额	44	—
三、筹资活动产生的现金流量:		
借款所收到的现金	45	
收到的其他与筹资活动有关的现金	48	
现金流入小计	50	—
偿还借款所支付的现金	51	

续表

项　　目	行次	金额
偿付利息所支付的现金	52	
支付的其他与筹资活动有关的现金	55	
现金流出小计	58	—
筹资活动产生的现金流量净额	59	—
四、汇率变动对现金的影响额	60	
五、现金及现金等价物净增加额	61	—

单位负责人：　　　　主管会计工作负责人：　　　　会计机构负责人（会计主管人员）：

10. 现金流量表的核心数据含义

通解：通过现金流量表的数据可以了解社会团体的现金从哪里来、到哪里去，结合资产负债表和业务活动表对社会团体的财务状况和经营成果进行更加全面的了解。

通过对现金流量表的梳理、分析，能够反映社会团体财务状况变动的成因、后果及趋势，可作为社会团体开展业务活动决策之用。

第八章　读懂审计报告

引言

审计报告是注册会计师对社会团体财务报表的合法性、公允性发表审计意见。审计报告的类型分为无保留意见与非无保留意见。社会团体如果获得的审计报告是非无保留意见，可能会影响到年检结果，严重时可能会导致年检不通过。

1. 审计报告的主要类型

社会团体的审计主要包括对社会团体编制的财务报告进行审计，以及对社会团体特定事项进行专项审计。

（1）社会团体年度专项审计

社会团体年度专项审计是指注册会计师接受委托，按照中国注册会计师审计准则和相关规定的要求，对年度财务报表实施必要的审计程序，获得充分、适当的审计证据并对社会团体的年度财务报表是否在所有重大方面按照《民间非营利组织会计制度》及有关规定编制，公允反映资产负债表日的财务状况和年度业务活动成果及现金流量发表审计意见。

（2）社会团体特定事项专项审计

①社会团体换届审计。注册会计师接受委托，对社会团体理事会任期内财务收支及相关业务活动进行审计。注册会计师出具对理事会任期内财务收支真实、合法和效益等情况作出审计评价并对存在问题提出审计意见和建议的审计报告。社会团体在理事会换届时，应提供理事会工作总结，应当向登记管理机关报送换届审计报告，并按照登记管理机关的要求向社会公布。

②社会团体法定代表人离任审计。注册会计师出具对法定代表人任职期间经济责任的履行情况作出审计评价并提出审计建议的审计报告。社会团体在法定代表人变更时，应提供法定代表人述职报告，并向登记管理机关报送离任审计报告，同时按照登记管理机关的要求向社会公布。离任审计重点关注：一是任期内业务活动的开展情况；二是任期内财务收支的真实性、合法性、效益性；三是内部控制制度的建立和执行情况；四是社会团体两个重要指标的完成情况；五是是否发现法定代表人违反法律法规情况等。通过实施相关审计程序，对上述审计情况进行客观、独立、公正的评价，对存在的问题提出意见和建议。

2. 社会团体年度专项审计的定义

通解：社会团体年度专项审计审计报告，是指注册会计师根据独立审计准则，在实施必要的审计程序的基础上出具的，对社会团体年度财务报表发表审计意见的书面鉴证文件，注册会计师对其承担相应的法律责任。

3. 年审报告的构成

通解：社会团体的年度审计报告由审计报告和财务相关情况专项说明的审核报告组成。

社会团体的年度审计报告一般由正文和已审财务报告组成。其中：已审财务报告应包含资产负债表、业务活动表、现金流量表以及财务报表附注。财务相关情况专项说明的审核报告是在年度审计报告的基础上对年度财务相关情况进行专项说明，对公示收费信息的有关数据实施复核，以及与财务报表相关内容进行核对。

4. 年审报告的格式

通解：社会团体年度专项审计报告通常包括标题、收件人、意见段、形成审计意见的基础说明段、管理层和治理层对财务报表的责任段、注册会计师对财务报表审计的责任段、注册会计师的签名及印章、会计师事务所的名称、地址及盖章和报告日期组成。

示例：

审计报告

（适用于北京市行业协会、商会和中关村社团）

＊＊＊社字（2022）第××××-1号

XXXXXXXXXXXX（社团单位名称）：

一、审计意见

我们审计了XXXXXXXXXXXX（社团单位名称）（以下简称YYYY）的财务报表，包括2021年12月31日的资产负债表，2021年度的业务活动表、现金流量表以及相关财务报表附注。

我们认为，后附的财务报表在所有重大方面按照《民间非营利组织会计制度》的规定编制，公允反映了YYYY2021年12月31日的财务状况以及2021年度的业务活动情况和现金流量。

二、形成审计意见的基础

我们按照中国注册会计师审计准则的规定执行了审计工作。审计报告的“注册会计师对财务报表审计的责任”部分进一步阐述了我们在这些准则下的责任。按照中国注册会计师职业道德守则，我们独立于YYYY，并履行了职业道德方面的其他责任。我们相信，我们获取的审计证据是充分、适当的，为发表审计意见提供了基础。

三、管理层和治理层对财务报表的责任

YYYY管理层（以下简称管理层）负责按照《民间非营利组织会计制度》的规定编制财务报表，使其实现公允反映，并设计、执行和维护必要的内部控制，以使财务报表不存在由于舞弊或错误导致的重大错报。

在编制财务报表时，管理层负责评估YYYY的持续经营能力，披露与持续经营相关的事项（如适用），并运用持续经营假设，除非管理层计划清算YYYY、终止运营或别无其他现实的选择。

YYYY治理层（以下简称治理层）负责监督YYYY的财务报告过程（如果治理层全部参与管理，此段可以删除）。

四、注册会计师对财务报表审计的责任

我们的目标是对财务报表整体是否不存在由于舞弊或错误导致的重大错报获取合理保证，并出具包含审计意见的审计报告。合理保证是高水平的保证，但并不能保证按照审计准则执行的审计在某一重大错报存在时总能发现。错报可能由舞弊或错误所导致，如果合理预期错报单独或汇总起来可能影响财务报表使用者依据财务报表作出的经济决策，则通常认为错报是重大的。

在按照审计准则执行审计的过程中，我们运用职业判断，并保持职业怀疑。同时，我们也执行以下工作：

（1）识别和评估由于舞弊或错误导致的财务报表重大错报风险；设计和实施审计程序以应对这些风险，并获取充分、适当的审计证据，作为发表审计意见的基础。由于舞弊可能涉及串通、伪造、故意遗漏、虚假陈述或凌驾于内部控制之上，未能发现由于舞弊导致的重大错报的风险高于未能发现由于错误导致的重大错报的风险。

（2）了解与审计相关的内部控制，以设计恰当的审计程序，但目的并非对内部控制的有效性发表意见。

（3）评价管理层选用会计政策的恰当性和作出会计估计及相关披露的合理性。

（4）对管理层使用持续经营假设的恰当性得出结论。同时，根据获取的审计证据，就可能导致对YYYY持续经营能力产生重大疑虑的事项或情况是否存在重大不确定性得出结论。如果我们得出结论认为存在重大不确定性，审计准则要求我们在审计报告中提请报表使用者注意财务报表中的相关披露；如果披露不充分，我们应当发表非无保留意见。我们的结论基于截至审计报告日可获得的信息。然而，未来的事项或情况可能导致YYYY不能持续经营。

（5）评价财务报表的总体列报、结构和内容（包括披露），并评价财务报表是否公允反映相关交易和事项。

我们与治理层就计划的审计范围、时间安排和重大审计发现等事项进行沟通，包括沟通我们在审计中识别出的值得关注的内部控制缺陷。

＊＊＊会计师事务所有限责任公司　　　　中国注册会计师：

中国·北京

二〇二二年　月　日　　　　　　中国注册会计师：

（社会团体名称）
2021 年度
财务相关情况专项说明的审核报告
（适用于北京市行业协会、商会和中关村社团）

＊＊＊社字（2022）第××××−2 号

XXXXXXXXXXXX（社团单位名称）：

我们按照中国注册会计师审计准则审计了（社会团体名称）（以下简称 XXXX）财务报表，包括 2021 年 12 月 31 日的资产负债表，2021 年度的业务活动表、现金流量表以及财务报表附注，并于 2021 年×月××日出具了第××××−1 号 XXXX 意见的审计报告。

根据《社会团体登记管理条例》《北京市社会团体年度检查办法（试行）》（京民社发〔2014〕112 号）及相关规定的要求，XXXX 编制了后附的 2021 年度财务相关情况专项说明，以及在“行业协会商会收费信息公示系统”中公示并定期更新收费项目、收费性质、服务内容、收费标准及依据等信息（以下简称公示收费信息）。

按照相关要求如实编制和披露 2021 年度财务相关情况专项说明，以及公示收费信息并确保其真实性、合法性及完整性是 XXXX 社会团体管理层的责任。我们的责任是在实施审核工作的基础上提出审核结论。

我们按照中国注册会计师执业准则的规定执行了审核业务。执业准则要求我们遵守职业道德规范、计划和实施审核工作，以对 2021 年度财务相关情况专项说明及公示收费信息是否不存在重大错报发表审核意见。我们的审核工作主要限于询问单位有关人员和对 2021 年度财务相关情况专项说明，对公示收费信息的有关数据实施复核，以及与财务报表相关内容进行核对。

根据我们的审核，我们没有发现XXXX2021年度财务相关情况专项说明，以及公示收费信息所载财务信息与我们审计XXXX2021年度财务报表时所审核的会计资料及财务报表中所披露的相关内容在所有重大方面不一致。

本审核报告仅供XXXX向北京市民政局报送2021年度年检报告时使用，未经本事务所书面同意，不得用于其他用途。

＊＊＊会计师事务所有限责任公司　　　　中国注册会计师：

中国·北京

二〇二二年　月　日　　　　中国注册会计师：

5. 年审报告意见段的主要内容

通解：意见段是社会团体年度审计报告的核心内容。意见段应当说明如下内容：社会团体财务报表的编制是否符合《民间非营利组织会计制度》及国家其他有关财务相关法规的规定；财务报表在所有重大方面是否公允反映社会团体特定时点的财务状况、业务活动成果、现金流量情况。

6. 年审报告说明段的主要内容

通解：当注册会计师在年度审计报告的意见段中出具保留意见、否定意见或无法表示意见的审计报告时，应在意见段中增加情况说明段，说明所持意见的理由，并在可能情况下，指出其对财务报表的影响程度。当注册会计师出具无保留意见审计报告时，如果认为有必要，可以增加对强调事项段的说明，以提示社会团体负责人及其他人员重点关注。

7. 年审报告审计意见的类型

通解：注册会计师对社会团体出具下列审计意见之一的审计报告：无保留意见；非无保留意见。其中，非无保留意见包括保留意见、否定意见、无法表示意见。社会团体如果获得的审计报告是非无保留意见可能会影响到年检结果，严重时可能会导致年检不通过。

8. 出具无保留意见的情形

通解：无保留意见的审计报告常使用“我们认为”作意见段的开头，并使用“在所有重大方面公允地反映了”等专业术语。所包含的信息为注册会计师经过审计后，认为被审计社会团体的财务报表的编制同时符合下述情况：（1）财务报表的编制符合《民间非营利组织会计制度》及国家其他有关财务会计法规的规定；（2）财务报表在所有重大方面公允地反映了被审计单位的财务状况以及业务活动成果和现金流量情况。

9. 出具保留意见的情形

通解：保留意见的审计报告常用于意见段中使用“除存在上述意见以外”、“除上述问题造成的影响以外”或“除上述情况待定以外”等专业术语。所包含的信息为注册会计师经过审计后，认为社会团体财务报表的反映就其整体而言是公允的，但还存在下述情况之一：（1）个别重要财务会计事项的处理或个别重要财务报表项目的编制不符合《民间非营利组织会计制度》及国家有关法规的规定，社会团体拒绝进行调整；（2）因审计范围受到限制，无法按照独立审计准则的要求取得适当的审计证据；（3）个别重要会计处理方法的选用不符合一贯性原则。

10. 出具否定意见的情形

通解：否定意见的审计报告常于意见段中另设说明段，说明所持否定意见的理由，并在意见段之中使用“由于上述问题造成的重大影响”“由于受到前段所述事项的影响”等专业术语。所包含的信息为注册会计师经过审计后，认为社会团体财务报表存在下述问题之一：（1）会计处理方法的选用严重违反《民间非营利组织会计制度》及其他有关法规的规定，且社会团体拒绝进行调整；（2）财务报表严重歪曲了社会团体的财务状况、业务活动成果和现金流量情况，且社会团体拒绝进行调整。

11. 出具无法表示意见的情形

通解：无法表示意见的审计报告常于意见段中另设说明段，以说明所持无法表示意见的理由，并在意见段中使用“由于审计范围受到严重限制”“由于无法实施必要的审计程序”“由于无法获取实施必要的审计证据”“我们无法对上述财务报表整体反映发表意见”等专业术语。包含信息为注册会计师在审计过程中，由于审计范围受到社会团体或客观环境的严重限制，不能获取必要的审计证据，以致无法对财务报表整体反映发表审计意见。

12. 注册会计师的责任

通解：注册会计师的责任是对社会团体财务报表的真实性、合法性和公允性发表意见。其中，注册会计师的审计责任是指注册会计师应对其出具的审计报告的真实性、合法性负责；审计报告的真实性是指审计报告应如实反映注册会计师的审计范围、审计依据、已实施的审计程序和应发表的审计意见；审计报告的合法性是指审计报告的编制和出具必须符合《中华人民共和国注册会计师法》和《中国注册会计师审计准则》的规定。

第九章　制度制定要点

引言

社会团体内部控制建设建议参照行政事业单位内部控制规范，将内部控制制度分为单位层面和业务层面。其中单位层面包括：决策管理、机构岗位、人员管理、信息技术、风险评估、监督评价；业务层面包括：预算管理、收支管理、采购管理、资产管理、建设项目管理、合同管理。下面举以下 23 个示例，仅供参考。

一、单位层面

1. “三重一大”政策

示例：

“三重一大”事项决策制度实施办法（试行）

为落实党中央关于凡属重大决策、重要人事任免、重大项目安排和大额资金运作（简称“三重一大”）事项必须由领导班子集体作出决定的要求，规范社会团体决策行为，提高决策水平，防范决策风险，加强廉洁从业，促进健康发展，根据有关法规，结合单位工作实际，制定本办法。

第一章　总则

社会团体凡属“三重一大”事项要坚持集体决策原则。要集体讨论决定“三重一大”事项，防止个人或少数人专断；要坚持务实高效，保证决策的科学性；要充分发扬民主，广泛听取意见，保证决策的民主性；要遵守国家法律法规、党内法规和有关政策，保证决策合法合规。

“三重一大”事项实行群众参与、专家咨询和集体决定相结合的决策机制。

第二章　“三重一大”事项的主要内容

一、重大决策事项

1. 社会团体贯彻执行党和国家的路线方针政策、法律法规和学校重要决定的重大措施。

2. 社会团体定位、发展战略，涉及社会团体全局的重大规章制度、改革方案和措施。

3. 党的建设和思想政治工作、党风廉政建设、文化建设、安全稳定、群众工作中的重大事项。

4. 对外投资设立社会团体、兼并重组、改制等事项。

二、重要人事任免事项

1. 社会团体聘任或解聘高级管理人员、中层管理人员。

2. 其他重要人事任免事项。

三、重大项目安排事项，是指对社会团体资产规模、资本结构等产生重要影响的项目的设立和安排。

1. 社会团体年度投资计划。

2. 单项金额××万元以上的设备或技术、物资、软件、服务采购项目。

3. 单项金额××万元以上办公楼、土建、修缮、信息化等工程建设项目。

4. 未列入社会团体年度预算但因特殊原因需要立即实施的单项金额N万元以上项目。

5. 其他重大项目安排事项。

四、大额资金运作事项

1. 社会团体年度财务预算和决算方案。

2. 社会团体单笔金额××万元以上的年度预算内支出。

3. 社会团体单笔金额××万元以上的预算外支出。

4. 其他大额资金运作事项。

第三章　“三重一大”事项决策的基本程序

一、社会团体“三重一大”事项提交会议集体决策前，由社会团体分管领导牵头，组织相关经办部门，认真开展调查研究，经过必要的研究论证程序，充分听取吸收各方面意见。

二、“三重一大”事项决策会议应当提前告知所有参与决策人员，并为所有参与决策人员提供相关材料。必要时，可事先听取反馈意见。

三、社会团体党委、董事会、主管领导办公会应当对职责权限内的“三重一大”事项以会议的形式作出集体决策，不得以个别征求意见等方式作出决策。

四、“三重一大”事项决策应按照有关法规文件执行回避规定。

第四章　组织实施和监督检查

一、社会团体党委书记、董事长为社会团体实施“三重一大”决策制度的主要责任人，社会团体党委会、董事会、主管领导办公会负责“三重一大”事项的组织实施、监督执行。

二、社会团体监事会是“三重一大”决策制度实施的监督检查机构，应强化监督检查和问责，督促“三重一大”决策事项的贯彻落实。

三、“三重一大”决策制度的执行情况，应当作为社会团体领导班子成员民主生活会、述职述廉的重要内容。

四、社会团体领导班子成员违反“三重一大”决策制度的，应当依照相关文件规定给予相应的处罚，情节严重、性质恶劣的应及时上报上级部门处理。

第五章　附　则

本办法由社会团体×××机构负责解释。

2. 党组织对重大财务事项的领导办法

一是前置程序。应具体包括：须明确已建立党组织的社会团体，应将党组织研究讨论作为理事会（常务理事会）、理事长（会长）办公会、秘书长办公会决策重大财务事项的前置程序。但应明确界定重大财务事项的范围和标准。

二是补充措施。应具体包括：社会团体党组织书记同时兼任理事长（会长）的前置程序可以适当简化；对于无党组织但有党员的社会团体，按照监事的选任标准和监事会的议事规则，尽量由党员担任监事长；对于无党组织、无党员的社会团体，可由群团组织的负责人行使相关职能。

3. 治理机构参与财务决策办法

一是会员（代表）大会。应具体包括：须会员（代表）大会参与财务决策的内容、会员（代表）大会参与财务决策的流程、会员（代表）大会参与财务决策的议事规则和会员（代表）大会参与财务决策的监督等。其中，会员会费标准的制定和修改应由会员（代表）大会决策。

二是理事会（常务理事会）。应具体包括：由会员（代表）大会授权或根据章程规定，应当由理事会（常务理事会）参与财务决策的内容、理事会（常务理事会）参与财务决策的流程、理事会（常务理事会）参与财务决策的议事规则、理事会（常务理事会）参与财务决策的监督，以及社会团体章程中规定的其他应由理事会（常务理事会）决策的其他财务事项等。特别要厘清理事会（常务理事会）财务决策与会员（代表）大会财务事项决议和执行机构执行财务决策之间的关系和界限。其中，财务决策管理制度的制定和修改、工资总额预算一般应由理事会（常务理事会）决策；如确有必要也可由会员（代表）大会决策。重要财务管理制度的制定和修改，薪酬管理制度的制定和修改，接受大额捐赠，大额资产租赁、购置、出租、出借和处置，年度预算、年度财务报告审定，对外投资，对外财务信息披露等重大财务事项由理事会（常务理事会）决策即可。

三是监事会。应具体包括：监事会（监事）应列席理事会（常务理事会）重大财务决策的事项清单、提升财务管理水平建议的流程、开展日常财务监督与审查的流程、对理事会（常务理事会）财务决策事项的论证与反馈流程、筛查财务管理盲点弱项及提出意见的流程、发现重大风险事项或违规事项的报告与风险控制流程等。

4. 财务决策管理办法

一是构建制衡体系。应具体包括：明确理事会决策职责、办事机构执行职责和监事会（监事）监督职责；监事会（监事）应列席重大财务事项决策，定期检查财务管理情况；执行机构办公会应按照民主集中制原则，对重要财务事项实行集体领导、集体决策。

二是明确议事规则。应具体包括：重要财务管理制度的制定和修改，薪酬管理制度的制定和修改，接受大额捐赠，大额资产租赁、购置、出租、出借和处置，年度预算、年度财务报告审定，对外投资，对外财务信息披露等重大财务事项应由理事会决策。

三是完善信息公开。应具体包括：建立完善财务信息公开制度；通过特定的媒介或方式，主动定期向社会公开财务信息，不得有虚假记载、误导性陈述或重大遗漏，保证信息公开真实、准确、完整、及时；定期向理事会、监事会（监事）报告财务状况。

5. 财务部门工作职责

一是职责范围。应具体包括：预算管理、收入管理、投资管理、财政资金管理、涉企收费管理、支出管理、票据管理、税务管理、资产管理、项目管理、档案管理等日常工作内容；财务绩效管理、岗位职责管理、教育培训、信息化等部门内部管理工作内容。

二是任职管理。应具体包括：会计不得兼任出纳，出纳不得兼管稽核、会计档案保管和收入、支出、费用、债权债务账目的登记工作；理事会（常务理事会）、监事会成员及其直系亲属不得担任或兼任本社会团体会计人员；办事机构负责人及其直系亲属不得担任或兼任本社会团体会计人员；会计机构负责人、会计主管人员的直系亲属不得在本社会团体担任出纳。

三是信息化管理。应具体包括：将财务管理信息化纳入工作规划，积极配合主管部门全面推进社会团体财务管理信息化建设；已建设各类财务信息系统，须制定系统操作规范，明确系统使用权限和数据管理流程，建立信息备份和数据安全管理机制。

四是培训管理。应具体包括：把财务管理培训作为基础性工作常抓不懈，积极组织财务人员轮训，促进社会团体财务人员业务能力提升；为财务人员参加业务培训、继续教育等提供更加便利的条件，支持财务人员参加主管部门举办的各类业务培训。

五是监督管理。应具体包括：积极配合主管部门定期组织的财务内控风险防控专项检查，对发现问题进行认真整改；坚决落实中央八项规定精神；对涉及违规违纪的人员，按照相关规定移交纪检监察部门处理；构成违法犯罪的，按照有关法律规定移交司法机关处理。

6. 财务负责人岗位职责

一是职责描述。应具体包括：在社会团体理事会和主管领导的领导下，负责社会团体整体的财务会计工作；严格遵守有关纪律法规；协助社会团体主管领导做好财务内控工作。

二是职责内容。应具体包括：组织制定和实施财务制度和相应的细则；对其中出现的问题及时制止、纠正；发现严重违规行为应及时向主管领导汇报；负责监督、检查各项财务计划执行情况，提出财务分析报告，并提出加强运营管理和财务管理的建议；参与审查、拟订重要业务合同、协议；掌握税收政策，负责与税务机关的协调；负责指导、管理、监督下属人员的日常工作，提高工作质量和服务意识，端正服务态度，做好绩效考核和奖励惩罚工作；负责项目成本核算与控制；向主管领导提供财务报告和必要的财务分析；负责保管和使用财务印章。

三是管理权限。应具体包括：经授权后负责各部门的经费支出有总体控制权；对本部门有业务指导权和考核权；对各部门财务计划的执行情况有检查和考核权；对违反财经纪律、不符合财务制度的费用开支有权拒绝支付。

7. 财务会计岗位职责

一是职责描述。应具体包括：根据相关法律法规、会计基础工作规范和内部财务管理控制的要求，负责财务会计的核算工作；总体设计会计核算科目，强化内部会计核算。

二是职责内容。应具体包括：负责管理会计信息化系统，对账务数据定期进行备份，确保财务数据的安全；定期对系统进行病毒检测，及时有效地采取防范措施，保证系统的正常运行；每日及时把好会计凭证审核关；在审核中如发现口径有不一致的事项，要及时予以提出和纠正；做好财产物资、债权债务的对账工作，保证账证相符、账账相符和账实相符，确保会计记录的正确无误。

三是职责权限。应具体包括：定期检查分析单位预算执行情况；定期提出资金活动情况分析和改进财务工作的建议措施；参与社会团体经济管理和重大经济项目论证、决策工作；定期检查社会团体预算执行情况；按月核定人员、工资基数，按程序进行预算调整；加强社会团体票据管理，建立健全票据发放、缴销工作制度，严格按核算内容使用票据；认真做好社会团体日常会计核算工作，做好总账、往来账、收入和支出明细账、固定资产账等登记工作；指导、督促、检查出纳人员办理日常会计事务；严格执行财务制度规定的各项开支范围和开支标准，履行会计监督职能；对不真实，不合法的原始凭证不予受理，对违反财务制度的收支活动不予办理；按月编制财务报表及年度决算报表，做到数字真实、计算准确、内容完整、印章齐全、报送及时；妥善保管会计凭证、账簿、报表、印鉴、票据等资料，按规定要求及时归档。

8. 出纳岗位职责

一是职责描述。应具体包括：认真学习和贯彻执行国家有关的法律法规、政策规范；遵守《中华人民共和国会计法》的规定；严格执行《民间非营利组织会计制度》《会计基础工作规范》等有关财务会计工作的各项制度。

二是库存现金职责内容。应具体包括：按规定设置现金日记账，收付现金须及时逐笔登记，做到账款相符；现金开支需符合规定范围，不属于现金开支范围的业务应通过银行办理转账结算；严格执行库存现金限额管理规定，超过库存限额的现金应及时存入银行。

三是银行存款职责内容。应具体包括：按规定设置银行存款日记账，做好银行存款、取款和结算工作，并及时逐笔登记；熟悉银行各种付款方式和凭证填制，严格按照银行管理规定办理银行结算业务；按月核对银行账户及存款余额，编制银行存款余额调节表，使银行存款账面余额与银行对账单调节相符。

四是票据职责内容。应具体包括：按规定做好银行结算票据的登记、领购、填制、保管、回收、缴销工作；防止丢失或长期不办理报账手续。

五是账簿职责内容。应具体包括：严格执行《会计档案管理办法》，妥善保管银行存款日记账簿、现金日记账簿等会计档案资料，并在工作调动、岗位调整时按规定办理交接手续。

六是印章职责内容。应具体包括：严格按规定管理财务印章，妥善保管财务专用章和现金收讫、现金付讫、转账收讫、转账付讫等相关印章。

七是职责权限。积极宣传、执行相关制度和纪律；预防违法违纪行为发生；拒绝办理违反财务规定的各种结算、报销业务，如严禁挪用公款和白条抵库。

9. 审计岗位职责

一是职责描述。应具体包括：在社会团体治理机构的直接领导下，负责社会团体、分支机构和控股公司的审计工作；按照规定，审计报送的财务收支计划、资金计划、财务预算、财务决算、账目、凭证、账簿、报表等资料；检查资金、资产管理及使用等情况。

二是职责内容。应具体包括：负责社会团体常规年度财务审计管理工作；根据治理机构要求，开展过程审计或专项审计；向治理机构提交审计工作计划和审计报告；对审计报告的正确性、可靠性、合理性负责，按时完成审计工作任务；对被审计对象提供的有关资料负有保密责任。

三是职责权限。应具体包括：评审社会团体内部控制制度的健全性和有效性以及风险管理；检查企业内部控制制度的执行情况，并对其有效性、合理性、经济性进行评价；为社会团体优化财务管理提出审计意见和建议；跟踪社会团体的业务活动情况，防错纠弊；对社会团体的重大项目、重大支出、对外投资等业务活动和重要的业务合同等进行审计监督；对审计中有关事项及审计中发现的问题召开调查会，并索取证明材料，及时提出制止、纠正违反社会团体制度规定等事项的意见，及提出改进的工作建议；对阻挠、拒绝审计和弄虚作假、破坏审计工作的被审计对象，提请治理机构批准后，采取必要的临时措施，提出追究被审计对象责任的建议；协助监事会工作；负责组织、联系、协调、外部审计资源服务等管理工作；制定审计管理制度；对本部门内部档案资料的安全、完整、保密负责。

二、业务层面

10. 预算管理办法

一是预算审批。应具体包括：年度预算应由理事会批准或确认，并严格执行；将全部收支纳入年度预算。

二是预算调整。应具体包括：明确年度预算调整程序和权限；年度预算内调整可由执行机构集体决策；年度预算之外的支出事项，由执行机构集体研究提出，并经理事会确认后补充编入年度预算。

三是执行报告。应具体包括：年度预算执行情况向理事会报告的频次和期限；年度预算执行情况向监事会（监事）报告的频次和期限；年度预算执行中超预算支出等情况。

11. 收入管理办法

一是管理目标。应具体包括：收入应符合章程规定的宗旨和业务范围；将全部收入纳入法定账户统一管理，严格执行“收支两条线”政策；严禁账外建账或坐收坐支，杜绝“小金库”；不得以任何方式强制企业或者个人入会、摊派会费、派捐索捐、强拉赞助。

二是用途约束。应具体包括：收入必须全部用于章程规定的非营利性事业；除列支经营管理、开展业务活动等必要成本及与社会团体有关的其他合理支出外，盈余不得分配。

三是核算要求。应具体包括：按《民间非营利组织会计制度》正确核算收入；按类别及时、完整、准确核算各类收入；准确区分政府补助收入和提供服务收入；该结转收入结转收入，不得长期挂账。

四是会费收入。应具体包括：会员会费标准的制定或修改应由社会团体会员（代表）大会表决通过；会员会费标准的额度应当明确，不得具有浮动性。

五是捐赠收入。应具体包括：接受捐赠应坚持自愿和无偿原则，且须符合本章程规定的宗旨和业务范围；须向捐赠人出具合法有效的公益事业捐赠票据；接受大额捐赠时，须与捐赠人订立捐赠合同，捐赠合同约定的用途应当符合章程规定的业务范围；接受捐赠情况应主动定期向社会公开。

六是提供服务收入。应具体包括：经营服务性收费应遵循自愿、公平、公开的原则；不得具有强制性、垄断性；不得转包或委托与社会团体负责人、分支机构负责人有直接利益关系的个人或组织实施；收费标准应向社会公示。

七是涉企收入。应具体包括：不得违规向企业收费；向企业收取单位会员会费的，应遵循自愿原则；不得强制企业入会、摊派会费；接受企业捐赠的，应遵循自愿、无偿原则；不得向企业派捐索捐；向企业收取经营服务性收费的，应遵循自愿、公平、公开原则；不得向企业强拉赞助。

八是经费收入。应具体包括：经费收入不得与行政机关及企事业单位混管；收入不得用于弥补其他行政事业单位经费不足；不得发放其他行政事业单位工作人员各项补贴。

九是禁止规定。应具体包括：不得利用行政机关影响或行政资源牟利；不得借行政机关的登记、验证、年检等行政行为搭车收费；不得利用所掌握的会员信息、行业数据、捐赠人和受赠人信息等不当牟利。

12. 薪酬管理办法

一是管理内容。应具体包括：对社会团体工作人员薪酬支付原则、薪酬水平、薪酬结构、薪酬构成进行确定、分配和调整；薪酬管理制度的制定和修改列为理事会（常务理事会）决策事项；薪酬管理情况应定期向会员（代表）大会报告。

二是管理原则。应具体包括：按有关规定自主制定社会团体工作人员薪酬标准，充分体现社会团体的非营利性；在社会团体工作的劳务派遣人员、纳入行政事业编制人员的薪酬按照国家相关规定执行；薪酬水平应与办事机构所在地的经济发展水平相协调、与社会团体事业发展相适应；根据办事机构所在地上一年度城镇单位就业人员平均工资水平确定社会团体专职工作人员起薪水平。

三是预算管理。应具体包括：将工资总额预算纳入年度预算，经会员（代表）大会或理事会批准后严格执行，不得超提超发薪酬；专职工作人员平均工资水平，一般不宜超过办事机构所在地上一年度同行业同类组织平均工资水平的 2 倍。

四是绩效管理。应具体包括：专职人员的薪酬一般由基础工资、绩效工资、津贴和补贴等部分构成；绩效工资与其个人业绩紧密挂钩；科学评价不同岗位人员的贡献，合理拉开收入差距，做到收入能增能减和奖惩分明。

五是岗位管理。应具体包括：合理设置不同岗位、不同层级之间的薪酬结构；对关键岗位和核心人才，以及有突出贡献的社会团体工作人员加大激励力度。

六是核算管理。应具体包括：行政管理人员的薪酬应列入管理费用，不得列入业务活动成本；向工作人员支付工资时，应提供工资清单。

七是工资管理。应具体包括：选聘和管理的社会团体办事机构负责人、引进的急需紧缺专业人才的薪酬水平，可结合社会团体自身发展实际，参照市场的人力资源部门公布的薪酬水平或双方协商确定。

八是险金管理。应具体包括：按规定为社会团体专职工作人员缴存社会保险和住房公积金；可为社会团体专职工作人员建立企业年金及其他补充保险。

九是加班管理。应具体包括：严格执行国家规定的劳动定额标准；安排工作人员加班的，应当给予相应的补休；不能补休的应按照国家有关规定支付加班费。

十是兼职管理。应具体包括：兼任理事长（会长）、副理事长（副会长）、监事长、监事、秘书长、副秘书长的人员，且无限制性规定的，可按规定标准领取薪酬；未领取薪酬的，可适当安排工作经费，但不得超过规定标准。

十一是干部管理。应具体包括：党政机关领导干部、退（离）休领导干部、公务员和国有独资企业、国有控股企业（含国有独资金融企业和国有控股金融企业）及其分支机构的领导班子成员，在社会团体兼任高级管理职务的，不得领取任何报酬；确需社会团体安排工作经费的，应向批准兼职的有关机关报备，且不得超过规定标准和实际支出；退（离）休领导干部兼职不得领取薪酬、奖金、津贴等兼职报酬和获取其他额外利益，也不得领取各种名目的补贴等；确需安排工作经费的，应从严控制，且不得超过规定标准。

13. 劳务费支出管理办法

一是费用类型。应具体包括：咨询费、学术专题报告费、讲课费、评审费、材料撰写费、翻译费、编辑费、编审费、调研费等。

二是支付对象。应具体包括：劳务费发放对象为向本社会团体提供服务且与本社会团体未订立劳动合同的专家、在读研究生、访问学者、项目临时人员等；与社会团体订立劳动合同的专（兼）职人员，不应以任何形式在本社会团体领取劳务费，但稿酬（稿费）不在此限。

三是支付标准。应具体包括：按规定计入政府补助收入科目的财政项目资金，在支付劳务费时，应按照国家有关规定和财政项目委托单位制定的劳务支出标准执行；按规定计入政府补助收入科目之外的财政项目资金，财政项目委托单位有明确约定的，应按其约定执行，没有明确约定的，可按照自主制定的劳务支出标准执行。向诺贝尔奖得主，或者相当于诺贝尔奖的国际知名科技大奖（如菲尔兹奖、图灵奖、狄拉克奖等）得主，国际知名学者、专家等发放劳务费的，应“一事一议”，严格按照本社会团体财务决策程序报批后执行。

四是支付途径。应具体包括：支付境内人员劳务费的，应通过本社会团体银行账户转账；支付境外人员劳务费的，应通过本社会团体银行账户外汇专户办理境外汇款。

五是禁止规定。在社会团体兼任理事长（会长）、副理事长（副会长）、监事长、监事、秘书长、副秘书长的人员，已在本社会团体领取薪酬的，不得以任何形式领取劳务费，稿酬（稿费）不在此限；没有在本社会团体领取薪酬的，也不得以所兼任职务为由领取劳务费，但以专家身份为社会团体提供兼任职务之外的专业技术或学术交流服务时，可以按规定标准据实领取劳务费；内部兼职人员领取劳务费的情况应向会员（代表）大会公开。党政机关领导干部、退（离）休领导干部、公务员和国有独资企业、国有控股企业（含国有独资金融企业和国有控股金融企业）及其分支机构的领导班子成员，在社会团体兼任社会团体内部职务的，按规定不得领取任何报酬。

六是稿酬稿费。应具体包括：专指新闻、出版机构在文稿、书稿、译稿采用后付给著译者的劳动报酬；社会团体支付稿酬（稿费）的，按国家有关规定执行。

14. 培训费支出管理办法

一是管理标准。应具体包括：业务技能培训、职业道德培训等社会团体内部培训，涉及的住宿、餐饮、场地租赁等有市场公开报价的采购事项，采购价格一般不宜超过公开报价。

二是管理范围。应具体包括：支出范围必须是开展培训直接发生的各项费用支出，包括师资费、住宿费、伙食费、场地费、资料费、交通费以及其他费用；讲师职称须与讲课费标准匹配。

三是禁止管理。应具体包括：严禁使用培训费购置电脑、复印机、打印机、传真机等固定资产以及开支与培训无关的其他费用；严禁在培训费中列支公务接待费、会议费；严禁用虚假发票或业务不真实的发票报销培训费用。

15. 会议费支出管理办法

一是管理标准。应具体包括：会员（代表）大会、全体理事会议、常务理事会议等，涉及的住宿、餐饮、场地租赁等有市场公开报价的采购事项，采购价格一般不宜超过公开报价。

二是管理要求。应具体包括：所有会议必须纳入社会团体的年度会议计划；会议费纳入部门预算单独列示，并要求会议费预算细化到具体会议项目；严格会议费报销和支付管理；建立会议费公示制度和会议年度报告制度；尽可能压缩会期、控制参会人员数量；提倡充分运用电视电话、网络视频等现代信息技术手段召开会议；不得组织会议代表旅游及与会议无关的参观；严禁组织高消费娱乐和健身活动等。

三是管理内容。应具体包括：会议费预算要细化到具体项目或管理活动中，并单独列示；编制会议费预算时，将可能发生的住宿费、伙食费、场地租金、交通费、印刷费、医药费等列入；会议费由会议召开单位承担，不得向参会人员收取，不得以任何方式向下属机构、企事业单位、地方转嫁或摊派；会议费报销时应当提供会议审批文件、会议通知及实际参会人员签到表、饭店等会议服务单位提供的费用原始明细单据、电子结算单等凭证。

四是禁止管理。应具体包括：严禁使用会议费购置电脑、复印机、打印机、传真机等固定资产以及开支与本次会议无关的其他费用；严禁在会议费、培训费、接待费中列支风景名胜区等各类旅游景点门票费、导游费、景区内设施使用费、往返景区交通费等应由个人承担的费用。

16. 报销管理办法

一是管理目的。应具体包括：规范费用报销行为；减少不必要的开支；有效利用和控制资金；明确每笔支出的授权方式、审批权限、程序、责任和相关控制措施；对经办人、支出审批人的职责和工作要求进行规定。

二是管理内容。应具体包括：差旅费报销管理、车辆使用费报销管理、交通费报销管理、业务费报销管理、通信费报销管理、办公费报销管理等内容。

三是管理禁止。应具体包括：严禁未经请款审批的报销；严禁与审批用途不符的报销；严禁用虚假发票或业务不真实的发票报销；严禁超出支出标准的报销。

17. 差旅费支出管理办法

一是管理标准。应具体包括：城际交通费应参照《中央国家机关差旅费管理办法》规定的交通工具等级确定；住宿费应参照中央和国家机关工作人员赴地方差旅住宿费标准执行，工作人员出差期间，可按每人每天××元领取伙食补助；市内交通费可据实报销。

二是管理内容。应具体包括：出差人员应当按规定等级乘坐交通工具，未按规定等级乘坐交通工具的，超支部分由个人自理；出差人员应当在职务级别对应的住宿费标准限额内，选择安全、经济、便捷的宾馆住宿；伙食补助费按出差自然（日历）天数计算，按规定标准包干使用。

三是禁止管理。应具体包括：出差人员应当严格按规定开支差旅费，费用由所在单位承担，实际发生住宿而无住宿费发票的，不得报销。严禁变相旅游，不得接受礼品；严禁无实质内容、无明确目的的差旅活动。

18. 发票和财政票据管理办法

一是管理内容。应具体包括：依据国家有关规定，规范各类发票和财政票据领购、发放、使用、保管、核销、销毁等行为；建立发票和财政票据使用登记制度，设置票据管理台账，按规定向财税部门报送票据使用情况。

二是开具管理。应具体包括：开展经营服务取得的收入，在增值税纳税义务发生时，应开具增值税发票；暂收、代收性质的财政资金，以及社会团体内部资金往来结算时，应开具资金往来结算票据；依法接受公益性捐赠的，应在收款时开具公益事业捐赠票据。

三是禁止管理。应具体包括：公益事业捐赠票据不得用于其他用途，只能用于收取捐赠物资及资金。

19. 财政项目管理办法

一是管理目标。严格执行项目进度安排，严格专款专用和专账管理，不得挤占、挪用、截留和滞留财政项目资金。

二是管理对象。应具体包括：中央财政安排中央和国家有关部门完成公共服务和事业发展目标的项目，不含基本建设类、转移支付类项目；从主管部门机关各部门、各直属事业单位承接的项目均为财政项目，应准确区分为资助类项目和采购类项目并分别进行管理。资助类项目是指主管部门项目实施部门（单位）主要通过申报评审等方式，支持社会团体等相关单位开展相关业务活动、提供公共服务等事项的财政项目，该类项目事权是以受资助单位为主的共同事权。

三是资金管理。应具体包括：收到资助项目资金时应按规定计入政府补助收入科目，无须开具发票；项目内容发生重大调整的，应向主管部门项目实施部门（单位）履行报批手续；项目内预算调整的，应报经主管部门项目实施部门（单位）同意，在结项验收时作出说明；项目资金需要结转的，应向主管部门项目实施部门（单位）履行报批手续；项目资金结余的，应按规定及时交由主管部门上缴国库；按照国家和主管部门有关项目管理规定，以项目任务书为依据，接受主管部门项目实施部门（单位）对项目实施成果、项目资金使用情况进行的“双验收”。项目资金中不得列支：应纳入财政预算单位基本支出预算开支的各项费用；主管部门机关各部门、各直属事业单位在职的编制内人员的劳务费（不含稿酬、讲课费）；罚款、还贷、捐赠、赞助、对外投资等费用；应列支基建支出的费用；与项目实施无关的费用；国家财政财务规定不能列支的其他费用。

四是管理要求。应具体包括：采购类项目，收到项目资金时应按规定计入提供服务收入科目（或商品销售收入科目等），且须开具相应发票；按照国家和主管部门有关项目管理规定，以项目合同书为依据，接受主管部门项目实施部门（单位）对社会团体交付货物、提供服务、完成施工等相关履约情况进行验收。

20. 对外投资管理办法

一是管理对象。应具体包括：以货币资金、实物资产、无形资产等方式或以购买股票、债券等有价证券的方式，向其他经济实体进行的投资行为。对于社会团体而言，还包括《〈民间非营利组织会计制度〉若干问题的解释》规定的因接受股权捐赠形成的表决权、分红权与股权比例不一致的长期股权投资。

二是程序管理。应具体包括：将对外投资纳入年度预算管理；将投资项目可行性研究或专家论证作为前置程序；将对外投资情况定期向理事会（常务理事会）、监事会（监事）报告，并主动向社会公开。

三是核算管理。按《民间非营利组织会计制度》规定的核算要求进行准确核算；建立对外投资项目档案，加强跟踪管理，及时掌握被投资单位的经营状况、财务状况等；社会团体对被投资单位有控制权或者有实质上的控制权的，应当视管理需要编制合并会计报表。

四是资产管理。应具体包括：及时收回或处置到期投资资产；到期不能收回的投资资产，在经过理事会（常务理事会）批准后，按《民间非营利组织会计制度》核算要求进行账务处理。

21. 分支机构财务管理办法

一是管理对象。应具体包括：根据开展活动的需要，依据业务范围划分或者会员组成的特点而设立的专门从事某项活动的机构；不包括按规定不得设立的地域性分支机构和在分支机构下再设立的分支机构。

二是管理要求。应具体包括：开展活动应当符合章程规定的宗旨和业务范围；不得以分支机构名义签订任何形式的经济合同；未经社会团体授权或批准，分支机构不得与其他民事主体开展合作活动；分支机构开展活动需要签订经济合同的，应由社会团体统一签署并加盖社会团体公章（或合同专用章）。

三是收支管理。应具体包括：分支机构全部收支纳入社会团体账户统一管理、统一核算，不得记入其他单位、组织或个人账户。分支机构不得开设独立的银行账户，不得单独制定会费标准，不得自行接受捐赠收入，不得截留会费收入和捐赠收入。

四是规范管理。应具体包括：鼓励和指导分支机构制订年度活动计划、编制年度预算；不得向其分支机构收取或变相收取管理费用，不得将分支机构委托其他组织运营。

22. 大型学术交流活动财务管理办法

一是管理目标。应具体包括：举办大型学术交流活动应符合章程规定的宗旨和业务范围；严格贯彻落实中央八项规定精神；厉行节约，勤俭办事，不得铺张浪费；应提前制订活动计划，合理确定活动规模；从严控制活动成本，努力提高活动资金使用效益。

二是管理要求。应具体包括：活动有多个主办、承办单位的，应以书面协议方式确定相关权利义务；社会团体如作为主办单位应当对活动收入如实入账，不得向承办方或协办方以任何形式收取费用；活动的收支核算应符合会计制度和账户管理规定，严格执行“收支两条线”规定，不得坐收坐支，不得账外核算，杜绝“小金库”；在举办大型学术交流活动前，公开活动收费范围、标准，且不得随意更改，活动期间不得以任何形式强制服务和强制收费。

三是采购管理。应具体包括：涉及的采购事项，可采取竞争性方式确定供应商，其中技术复杂的应引入专家论证、第三方评估等机制；对采购金额较大的，可参考政府采购规定的公开招标、邀请招标、竞争性磋商、竞争性谈判、询价、单一来源等采购方式，简化操作程序、优化内部流程，自主制定本社会团体采购操作规程，并严格依据采购操作规程自行组织实施；对采购金额较小的，可按照“事前授权、事后报告”的原则进行授权管理；涉及的住宿、餐饮、场地租赁等有市场公开报价的采购事项，采购价格一般不宜超过公开报价。

四是合同管理。应具体包括：涉及的合同事项，原则上应在活动开始前协商签订；明确双方权利义务关系，约定收付款方式、条件、时间和金额；可提前制定大型学术交流活动主要收支事项的合同范本，规范合同管理。

五是支出管理。应具体包括：据实报销各类费用，不得列支与活动无关支出，不得超预算支出；活动期间遇到计划外的特殊支出事项，应严格履行内部审批或授权程序。

六是禁止管理。应具体包括：举办评比达标表彰活动一般应在会员范围内开展，坚持“谁举办、谁出钱”的原则，不得以营利为目的，不得将活动委托营利机构主办或承办；不得收取任何费用或变相收取费用，不得在事后组织要求参与对象出钱出物的活动；不得面向基层政府主办，不得超出登记的活动地域、活动领域和业务范围举办。委托其他组织承办或者协办的，应加强对活动的主导和监督，不得向承办方或者协办方收取任何费用或变相收取费用。不得利用党政机关名义举办，不得进行与收费挂钩的品牌推介、成果发布、论文发表等活动，不得借机变相公款消费、旅游，不得发放礼金、礼品、贵重纪念品和各种有价证券、支付凭证。

23. 会计档案管理办法

一是管理对象。应具体包括：会计凭证（包括原始凭证、记账凭证）、会计账簿（包括总账、明细账、日记账、固定资产卡片及其他辅助性账簿）、财务会计报告（包括月度、季度、半年度、年度财务会计报告）、其他会计资料（包括银行存款余额调节表、银行对账单、纳税申报表、会计档案移交清册、会计档案保管清册、会计档案销毁清册、会计档案鉴定意见书及其他具有保存价值的会计资料）和满足规定条件的电子会计资料必须归档管理。

二是年限管理。应具体包括：永久保管的会计档案包括年度财务会计报告、会计档案保管清册、会计档案销毁清册、会计档案鉴定意见书；保管30年的会计档案包括原始凭证、记账凭证、总账、明细账、日记账、银行对账单、纳税申报表、其他辅助性账簿、会计档案移交清册；保管10年的会计档案包括月度、季度、半年度财务会计报告，银行存款余额调节表。

三是处置管理。应具体包括：会计档案查阅、复制、借出时须严格履行登记手续，严禁篡改和损坏，一般不得对外借出，不得交由社会团体工作人员放在家中保管；定期对已到保管期限的会计档案进行鉴定，并形成会计档案鉴定意见；经鉴定可以销毁的会计档案，应按规定程序销毁。

第十章　常用政策法规

引言

政府对社会团体财务管理的引导和规范，必须在一定的制度背景和政策空间中进行，政府对社会团体财务管理的制度，直接影响着社会团体的生存、发展和壮大。

为了维护社会团体的合法权益，规范社会团体的财务行为，加强社会团体的财务管理，推动社会团体健康有序发展，编者根据社会团体工作实际，汇编了相关社会团体财务管理政策法规，供广大社会团体负责人和工作人员在日常学习和工作中使用，也方便社会团体迅速、全面、准确地了解财务管理政策，从而更好地执行国家的财务管理政策。

本章共三部分，第一部分为社会团体登记成立阶段的政策；第二部分为社会团体持续经营阶段的政策；第三部分为关于社会团体免税和公益性捐赠税前扣除政策，三部分共30个文件。

本章收集社会团体财务管理政策的截止日期为2022年12月，如遇国家社会团体财务管理政策调整，按调整后的政策执行。

一、社会团体登记成立阶段

1. 社会团体登记管理条例（中华人民共和国国务院令第250号发布，2016年修订）

第一章　总　则

第一条　为了保障公民的结社自由，维护社会团体的合法权益，加强对社会团体的登记管理，促进社会主义物质文明、精神文明建设，制定本条例。

第二条　本条例所称社会团体，是指中国公民自愿组成，为实现会员共同意愿，按照其章程开展活动的非营利性社会组织。

国家机关以外的组织可以作为单位会员加入社会团体。

第三条　成立社会团体，应当经其业务主管单位审查同意，并依照本条例的规定进行登记。

社会团体应当具备法人条件。

下列团体不属于本条例规定登记的范围：

（一）参加中国人民政治协商会议的人民团体；

（二）由国务院机构编制管理机关核定，并经国务院批准免于登记的团体；

（三）机关、团体、企业事业单位内部经本单位批准成立、在本单位内部活动的团体。

第四条　社会团体必须遵守宪法、法律、法规和国家政策，不得反对宪法确定的基本原则，不得危害国家的统一、安全和民族的团结，不得损害国家利益、社会公共利益以及其他组织和公民的合法权益，不得违背社会道德风尚。

社会团体不得从事营利性经营活动。

第五条　国家保护社会团体依照法律、法规及其章程开展活动，任何组织和个人不得非法干涉。

第六条　国务院民政部门和县级以上地方各级人民政府民政部门是本级人民政府的社会团体登记管理机关（以下简称登记管理机关）。

国务院有关部门和县级以上地方各级人民政府有关部门、国务院或者县级以上地方各级人民政府授权的组织，是有关行业、学科或者业务范围内社会团体的业务主管单位（以下简称业务主管单位）。

法律、行政法规对社会团体的监督管理另有规定的，依照有关法律、行政法规的规定执行。

第二章　管辖

第七条　全国性的社会团体，由国务院的登记管理机关负责登记管理；地方性的社会团体，由所在地人民政府的登记管理机关负责登记管理；跨行政区域的社会团体，由所跨行政区域的共同上一级人民政府的登记管理机关负责登记管理。

第八条　登记管理机关、业务主管单位与其管辖的社会团体的住所不在一地的，可以委托社会团体住所地的登记管理机关、业务主管单位负责委托范围内的监督管理工作。

第三章　成立登记

第九条　申请成立社会团体，应当经其业务主管单位审查同意，由发起人向登记管理机关申请登记。

筹备期间不得开展筹备以外的活动。

第十条　成立社会团体，应当具备下列条件：

（一）有 50 个以上的个人会员或者 30 个以上的单位会员；个人会员、单位会员混合组成的，会员总数不得少于 50 个；

（二）有规范的名称和相应的组织机构；

（三）有固定的住所；

（四）有与其业务活动相适应的专职工作人员；

（五）有合法的资产和经费来源，全国性的社会团体有 10 万元以上活动资金，地方性的社会团体和跨行政区域的社会团体有 3 万元以上活动资金；

（六）有独立承担民事责任的能力。

社会团体的名称应当符合法律、法规的规定，不得违背社会道德风尚。社会团体的名称应当与其业务范围、成员分布、活动地域相一致，准确反映其特征。全国性的社会团体的名称冠以“中国”、“全国”、“中华”等字样的，应当按照国家有关规定经过批准，地方性的社会团体的名称不得冠以“中国”、“全国”、“中华”等字样。

第十一条　申请登记社会团体，发起人应当向登记管理机关提交下列文件：

（一）登记申请书；

（二）业务主管单位的批准文件；

（三）验资报告、场所使用权证明；

（四）发起人和拟任负责人的基本情况、身份证明；

（五）章程草案。

第十二条　登记管理机关应当自收到本条例第十一条所列全部有效文件之日起60日内，作出准予或者不予登记的决定。准予登记的，发给《社会团体法人登记证书》；不予登记的，应当向发起人说明理由。

社会团体登记事项包括：名称、住所、宗旨、业务范围、活动地域、法定代表人、活动资金和业务主管单位。

社会团体的法定代表人，不得同时担任其他社会团体的法定代表人。

第十三条　有下列情形之一的，登记管理机关不予登记：

（一）有根据证明申请筹备的社会团体的宗旨、业务范围不符合本条例第四条的规定的；

（二）在同一行政区域内已有业务范围相同或者相似的社会团体，没有必要成立的；

（三）发起人、拟任负责人正在或者曾经受到剥夺政治权利的刑事处罚，或者不具有完全民事行为能力的；

（四）在申请登记时弄虚作假的；

（五）有法律、行政法规禁止的其他情形的。

第十四条　社会团体的章程应当包括下列事项：

（一）名称、住所；

（二）宗旨、业务范围和活动地域；

（三）会员资格及其权利、义务；

（四）民主的组织管理制度，执行机构的产生程序；

（五）负责人的条件和产生、罢免的程序；

（六）资产管理和使用的原则；

（七）章程的修改程序；

（八）终止程序和终止后资产的处理；

（九）应当由章程规定的其他事项。

第十五条　依照法律规定，自批准成立之日起即具有法人资格的社会团体，应当自批准成立之日起60日内向登记管理机关提交批准文件，申领《社会团体法人登记证书》。登记管理机关自收到文件之日起30日内发给《社会团体法人登记证书》。

第十六条　社会团体凭《社会团体法人登记证书》申请刻制印章，开立银行账户。社会团体应当将印章式样和银行账号报登记管理机关备案。

第十七条　社会团体的分支机构、代表机构是社会团体的组成部分，不具有法人资格，应当按照其所属于的社会团体的章程所规定的宗旨和业务范围，在该社会团体授权的范围内开展活动、发展会员。社会团体的分支机构不得再设立分支机构。

社会团体不得设立地域性的分支机构。

第四章　变更登记、注销登记

第十八条　社会团体的登记事项需要变更的，应当自业务主管单位审查同意之日起30日内，向登记管理机关申请变更登记。

社会团体修改章程，应当自业务主管单位审查同意之日起30日内，报登记管理机关核准。

第十九条　社会团体有下列情形之一的，应当在业务主管单位审查同意后，向登记管理机关申请注销登记：

（一）完成社会团体章程规定的宗旨的；

（二）自行解散的；

（三）分立、合并的；

（四）由于其他原因终止的。

第二十条　社会团体在办理注销登记前，应当在业务主管单位及其他有关机关的指导下，成立清算组织，完成清算工作。清算期间，社会团体不得开展清算以外的活动。

第二十一条　社会团体应当自清算结束之日起15日内向登记管理机关办理注销登记。办理注销登记，应当提交法定代表人签署的注销登记申请书、业务主管单位的审查文件和清算报告书。

登记管理机关准予注销登记的，发给注销证明文件，收缴该社会团体的登记证书、印章和财务凭证。

第二十二条　社会团体处分注销后的剩余财产，按照国家有关规定办理。

第二十三条　社会团体成立、注销或者变更名称、住所、法定代表人，由登记管理机关予以公告。

第五章　监督管理

第二十四条　登记管理机关履行下列监督管理职责：

（一）负责社会团体的成立、变更、注销的登记；

（二）对社会团体实施年度检查；

（三）对社会团体违反本条例的问题进行监督检查，对社会团体违反本条例的行为给予行政处罚。

第二十五条　业务主管单位履行下列监督管理职责：

（一）负责社会团体成立登记、变更登记、注销登记前的审查；

（二）监督、指导社会团体遵守宪法、法律、法规和国家政策，依据其章程开展活动；

（三）负责社会团体年度检查的初审；

（四）协助登记管理机关和其他有关部门查处社会团体的违法行为；

（五）会同有关机关指导社会团体的清算事宜。

业务主管单位履行前款规定的职责，不得向社会团体收取费用。

第二十六条　社会团体的资产来源必须合法，任何单位和个人不得侵占、私分或者挪用社会团体的资产。

社会团体的经费，以及开展章程规定的活动按照国家有关规定所取得的合法收入，必须用于章程规定的业务活动，不得在会员中分配。

社会团体接受捐赠、资助，必须符合章程规定的宗旨和业务范围，必须根据与捐赠人、资助人约定的期限、方式和合法用途使用。社会团体应当向业务主管单位报告接受、使用捐赠、资助的有关情况，并应当将有关情况以适当方式向社会公布。

社会团体专职工作人员的工资和保险福利待遇，参照国家对事业单位的有关规定执行。

第二十七条　社会团体必须执行国家规定的财务管理制度，接受财政部门的监督；资产来源属于国家拨款或者社会捐赠、资助的，还应当接受审计机关的监督。

社会团体在换届或者更换法定代表人之前，登记管理机关、业务主管单位应当组织对其进行财务审计。

第二十八条　社会团体应当于每年3月31日前向业务主管单位报送上一年度的工作报告，经业务主管单位初审同意后，于5月31日前报送登记管理机关，接受年度检查。工作报告的内容包括：本社会团体遵守法律法规和国家政策的情况、依照本条例履行登记手续的情况、按照章程开展活动的情况、人员和机构变动的情况以及财务管理的情况。

对于依照本条例第十七条的规定发给《社会团体法人登记证书》的社会团体，登记管理机关对其应当简化年度检查的内容。

第六章　罚　则

第二十九条　社会团体在申请登记时弄虚作假，骗取登记的，或者自取得《社会团体法人登记证书》之日起1年未开展活动的，由登记管理机关予以撤销登记。

第三十条　社会团体有下列情形之一的，由登记管理机关给予警告，责令改正，可以限期停止活动，并可以责令撤换直接负责的主管人员；情节严重的，予以撤销登记；构成犯罪的，依法追究刑事责任：

（一）涂改、出租、出借《社会团体法人登记证书》，或者出租、出借社会团体印章的；

（二）超出章程规定的宗旨和业务范围进行活动的；

（三）拒不接受或者不按照规定接受监督检查的；

（四）不按照规定办理变更登记的；

（五）违反规定设立分支机构、代表机构，或者对分支机构、代表机构疏于管理，造成严重后果的；

（六）从事营利性的经营活动的；

（七）侵占、私分、挪用社会团体资产或者所接受的捐赠、资助的；

（八）违反国家有关规定收取费用、筹集资金或者接受、使用捐赠、资助的。

前款规定的行为有违法经营额或者违法所得的，予以没收，可以并处违法经营额1倍以上3倍以下或者违法所得3倍以上5倍以下的罚款。

第三十一条　社会团体的活动违反其他法律、法规的，由有关国家机关依法处理；有关国家机关认为应当撤销登记的，由登记管理机关撤销登记。

第三十二条　筹备期间开展筹备以外的活动，或者未经登记，擅自以社会团体名义进行活动，以及被撤销登记的社会团体继续以社会团体名义进行活动的，由登记管理机关予以取缔，没收非法财产；构成犯罪的，依法追究刑事责任；尚不构成犯罪的，依法给予治安管理处罚。

第三十三条　社会团体被责令限期停止活动的，由登记管理机关封存《社会团体法人登记证书》、印章和财务凭证。

社会团体被撤销登记的，由登记管理机关收缴《社会团体法人登记证书》和印章。

第三十四条　登记管理机关、业务主管单位的工作人员滥用职权、徇私舞弊、玩忽职守构成犯罪的，依法追究刑事责任；尚不构成犯罪的，依法给予行政处分。

第七章　附　则

第三十五条　《社会团体法人登记证书》的式样由国务院民政部门制定。

对社会团体进行年度检查不得收取费用。

第三十六条　本条例施行前已经成立的社会团体，应当自本条例施行之日起 1 年内依照本条例有关规定申请重新登记。

第三十七条　本条例自发布之日起施行。1989 年 10 月 25 日国务院发布的《社会团体登记管理条例》同时废止。

2. 社会团体印章管理规定（民政部、公安部令第 1 号　1993 年 10 月 18 日）

为了保障社会团体的合法权益，加强对社会团体印章的管理，根据《社会团体登记管理条例》和《国务院关于国家行政机关和企业、事业单位印章的规定》（国发〔1993〕21 号），现对社会团体印章的规格、制发和管理办法规定如下：

一、印章的规格、式样和制发

（一）社会团体的印章为圆形。

（二）全国性社会团体的印章，直径四点五厘米，中央刊五角星，五角星外刊社会团体的名称，自左而右环行，由社团登记管理机关出具证明，经该社团总部所在地的公安机关办理备案手续后，由社团登记管理机关制发。

（三）地方性社会团体的印章，直径四点二厘米，中央刊五角星，五角星外刊社会团体名称，自左而右环行。由地方社团登记管理机关出具证明，经该社团总部所在地的公安机关办理备案手续后，由地方社团登记管理机关制发。

（四）社会团体的办事机构和分支机构印章的尺寸式样及制发与其总部印章相同。社会团体的办事机构和分支机构印章名称前应冠其总部名称，前段自左而右环行，后段可以自左而右横行。

（五）社会团体主办的具有法人资格的实体单位按其登记注册或批准的名称刻制印章。

二、印章的名称、文字、字体和质料

（一）印章所刊名称，应为社会团体的法定名称。印章所刊名称字数过多，不易刻印清晰时，可以适当采用通用的简称。

（二）民族自治地方社会团体的印章，应当并列刊汉文和当地通用的民族文字。

（三）有国际交往的社会团体印章，需标有英文名称的，应当并列刊汉文和英文。

（四）印章印文中的汉字，使用宋体字并应用国务院公布实行的简化字。

（五）印章质料，由制发机关自定。

三、专用印章的制发

（一）钢印直径最大不得超过四点二厘米，最小不得小于三点五厘米，中央刊五角星，五角星外刊社会团体名称，自左而右环行，经社团登记管理机关和公安机关备案后刻制。

（二）其他专用章，在名称、式样上应与正式印章有所区别，经社团登记管理机关和公安机关备案后刻制。

四、印章的管理和缴销

（一）社会团体的印章经社团登记管理机关和有关业务主管部门备案后，方可启用。

（二）对社会团体非法刻制印章的，由公安机关视其情节轻重，对其直接责任者予以500元以下罚款或警告；造成严重后果的，对其主管负责人或直接责任人追究法律责任。

（三）社会团体应建立健全印章管理制度，印章应有专人保管，对于违反规定使用印章造成严重后果的追究保管人和责任人的行政或法律责任。

（四）社会团体变更需要更换印章时，应到社会团体登记管理机关交回原印章，并按本规定重新刻制印章。

（五）社会团体办理注销登记，应将全部印章交回社团登记管理机关封存。

（六）社会团体被撤销，由社团登记管理机关收缴其印章。

（七）社会团体印章丢失，经声明作废后，可按本规定程序申请重新刻制。

（八）对于收缴和社会团体交回的印章，由社团登记管理机关登记造册，定期销毁，并将销毁印章的名册送公安机关备案。

五、本规定自发布之日起施行。

一九九一年一月十二日发布的《社会团体印章管理的暂行规定》同时废止。

二、社会团体持续经营阶段

3. 中共中央组织部关于规范退（离）休领导干部在社会团体兼职问题的通知（中组发〔2014〕11号）

各省、自治区、直辖市党委组织部，中央和国家机关各部委、各人民团体组织人事部门，新疆生产建设兵团党委组织部，各中管金融企业党委，部分国有重要骨干企业党组（党委），部分高等学校党委：

当前，领导干部退（离）休后在各类社会团体兼职，或参与成立新的社会团体的情况有所增多。大多数退（离）休领导干部热心参与社会公益事业，积极发挥个人业务专长和经验优势，不求回报，无私奉献，为促进社会团体健康有序发展、推动和谐社会建设作出了贡献。但也有一些退（离）休领导干部以兼职为名，利用个人影响找地方、部门和企事业单位要钱要车要办公场所，甚至领取较高薪酬，造成了不好的社会影响，干部群众对此多有反映。为认真贯彻执行中央八项规定和从严管理干部的精神，对退（离）休领导干部在社会团体兼职行为要进一步从严规范，引导和发挥好他们的作用。经中央批准，现就有关问题通知如下。

一、退（离）休领导干部在社会团体兼任职务（包括领导职务和名誉职务、常务理事、理事等），须按干部管理权限审批或备案后方可兼职。确因工作需要，本人又无其他兼职，且所兼职社会团体的业务与原工作业务或特长相关的，经批准可兼任1个社会团体职务；任期届满拟连任的，必须重新履行有关审批手续，兼职不超过两届；兼职的任职年龄界限为70周岁。

除工作特殊需要外，不得兼任社会团体法定代表人，不得牵头成立新的社会团体或兼任境外社会团体职务。

二、经批准兼任社会团体职务的，兼职期间要发挥好政治把关、经验指导、业务传授等方面的作用，促进社会团体健康有序发展。不得利用个人影响要求党政机关、企事业单位提供办公用房、车辆、资金等，不得以社会团体名义违规从事营利性活动；不得强行要求入会或违规收费、摊派、强制服务、干预会员单位生产经营活动等。

三、兼职不得领取社会团体的薪酬、奖金、津贴等报酬和获取其他额外利益，也不得领取各种名目的补贴等，确属需要的工作经费，要从严控制，不得超过规定标准和实际支出。

四、兼职期间的履职情况、是否取酬和报销有关工作费用等，干部本人应每年年底以书面形式报所在单位党委（党组）。对领取报酬，或履行职责不当的，干部所在单位应责令其辞去社会团体职务。兼职期间违规领取的报酬，应按中央纪委有关规定执行。

五、中央管理的干部退（离）休后兼任社会团体职务，须由干部所在单位党委（党组）审批并报中央组织部备案同意后方可兼职。确需由中央管理的干部兼任职务的社会团体，必须在国家、地区、行业和经济、政治、社会生活中起重要作用，在国内外有一定影响。

备案报告应在社会团体召开有关会议进行选举或决定任命前30日报中央组织部，需说明以下情况：（1）社会团体的基本情况，包括登记事项、宗旨、业务范围和成立时间等内容。（2）领导干部原任职务，兼职的理由，是否兼任法定代表人；本人是否已在其他社会团体中兼职；社会团体召开有关会议进行选举或决定任命的时间。兼职须由社会团体出具邀请函；所兼职的社会团体有业务主管单位的，须有业务主管单位的书面意见。（3）如领导干部已兼任社会团体职务，任期届满拟连任的，需说明干部本人已兼职的时间和任期；如领导干部属新兼任社会团体会长（理事长）职务，需说明原任会长（理事长）不再担任的原因。（4）附拟兼职干部的《干部任免审批表》和社会团体现任领导干部名单一式三份，社会团体章程和社会团体登记书副本复印件各一份。

六、各地区各部门各单位要根据本通知精神制定相应的管理和审批办法，并对退（离）休领导干部在社会团体兼职情况进行摸底和清理规范。凡未经批准在社会团体兼任职务的，符合规定的，须在本通知下发后半年内履行有关审批手续；不符合规定的，应由本人在半年内辞去所兼任的职务。经批准已在社会团体兼任职务的，应对兼职任期、年龄、履职情况以及是否取酬等情况进行审核并予以规范。

七、本通知适用于各级党政机关退（离）休干部。国有企事业单位退（离）休领导人员，参照本通知有关规定执行。

八、本通知自发布之日起施行。以往规定与本通知不一致的，按照本规定执行。

中共中央组织部

2014 年 6 月 25 日

4. 民间非营利组织会计制度（财会〔2004〕7 号）

第一章　总　则

第一条　为了规范民间非营利组织的会计核算，保证会计信息的真实、完整，根据《中华人民共和国会计法》及国家其他有关法律、行政法规的规定，制定本制度。

第二条　本制度适用于在中华人民共和国境内依法设立的符合本制度规定特征的民间非营利组织。民间非营利组织包括依照国家法律、行政法规登记的社会团体、基金会、民办非企业单位和寺院、宫观、清真寺、教堂等。

适用本制度的民间非营利组织应当同时具备以下特征：

（一）该组织不以营利为宗旨和目的；

（二）资源提供者向该组织投入资源不取得经济回报；

（三）资源提供者不享有该组织的所有权。

第三条　会计核算应当以民间非营利组织的交易或者事项为对象，记录和反映该组织本身的各项业务活动。

第四条　会计核算应当以民间非营利组织的持续经营为前提。

第五条　会计核算应当划分会计期间，分期结算账目和编制财务会计报告。

第六条　会计核算应当以人民币作为记账本位币。业务收支以人民币以外的货币为主的民间非营利组织，可以选定其中一种货币作为记账本位币，但是编制的财务会计报告应当折算为人民币。

民间非营利组织在核算外币业务时，应当设置相应的外币账户。外币账户包括外币现金、外币银行存款、以外币结算的债权和债务账户等，这些账户应当与非外币的各该相同账户分别设置，并分别核算。

民间非营利组织发生外币业务时，应当将有关外币金额折算为记账本位币金额记账。除另有规定外，所有与外币业务有关的账户，应当采用业务发生时的汇率。当汇率波动较小时，也可以采用业务发生当期期初的汇率进行折算。

各种外币账户的外币余额，期末时应当按照期末汇率折合为记账本位币。按照期末汇率折合的记账本位币金额与账面记账本位币金额之间的差额，作为汇兑损益计入当期费用。但是，属于在借款费用应予资本化的期间内发生的与购建固定资产有关的外币专门借款本金及其利息所产生的汇兑差额，应当予以资本化，计入固定资产成本。借款费用应予资本化的期间依照本制度第三十五条加以确定。

本制度所称外币业务是指以记账本位币以外的货币进行的款项收付、往来结算等业务。

本制度所称的专门借款是指为购建固定资产而专门借入的款项。

第七条　会计核算应当以权责发生制为基础。

第八条　民间非营利组织在会计核算时，应当遵循以下基本原则：

（一）会计核算应当以实际发生的交易或者事项为依据，如实反映民间非营利组织的财务状况、业务活动情况和现金流量等信息。

（二）会计核算所提供的信息应当能够满足会计信息使用者（如捐赠

人、会员、监管者等）的需要。

（三）会计核算应当按照交易或者事项的实质进行，而不应当仅仅按照它们的法律形式作为其依据。

（四）会计政策前后各期应当保持一致，不得随意变更。如有必要变更，应当在会计报表附注中披露变更的内容和理由、变更的累积影响数，以及累积影响数不能合理确定的理由等。

（五）会计核算应当按照规定的会计处理方法进行，会计信息应当口径一致、相互可比。

（六）会计核算应当及时进行，不得提前或延后。

（七）会计核算和编制的财务会计报告应当清晰明了，便于理解和使用。

（八）在会计核算中，所发生的费用应当与其相关的收入相配比，同一会计期间内的各项收入和与其相关的费用，应当在该会计期间内确认。

（九）资产在取得时应当按照实际成本计量，但本制度有特别规定的，按照特别规定的计量基础进行计量。其后，资产账面价值的调整，应当按照本制度的规定执行；除法律、行政法规和国家统一的会计制度另有规定外，民间非营利组织一律不得自行调整资产账面价值。

（十）会计核算应当遵循谨慎性原则。

（十一）会计核算应当合理划分应当计入当期费用的支出和应当予以资本化的支出。

（十二）会计核算应当遵循重要性原则，对资产、负债、净资产、收入、费用等有较大影响，并进而影响财务会计报告使用者据以做出合理判断的重要会计事项，必须按照规定的会计方法和程序进行处理，并在财务会计报告中予以充分披露；对于非重要的会计事项，在不影响会计信息真实性和不至于误导会计信息使用者做出正确判断的前提下，可适当简化处理。

第九条　会计记账应当采用借贷记账法。

第十条　会计记录的文字应当使用中文。在民族自治地区，会计记录可以同时使用当地通用的一种民族文字。境外民间非营利组织在中华人民共和国境内设立的代表处、办事处等机构，也可以同时使用一种外国文字记账。

第十一条　民间非营利组织应当根据有关会计法律、行政法规和本制度的规定，在不违反本制度的前提下，结合其具体情况，制定会计核算办法。

第十二条　民间非营利组织填制会计凭证、登记会计账簿、管理会计档案等，按照《中华人民共和国会计法》、《会计基础工作规范》和《会计档案管理办法》等规定执行。

第十三条　民间非营利组织应当根据国家有关法律、行政法规和内部会计控制规范，结合本单位的业务活动特点，制定相适应的内部会计控制制度，以加强内部会计监督，提高会计信息质量和管理水平。

第二章　资　产

第十四条　资产是指过去的交易或者事项形成并由民间非营利组织拥有或者控制的资源，该资源预期会给民间非营利组织带来经济利益或者服务潜力。资产应当按其流动性分为流动资产、长期投资、固定资产、无形资产和受托代理资产等。

第十五条　民间非营利组织应当定期或者至少于每年年度终了，对短期投资、应收款项、存货、长期投资等资产是否发生了减值进行检查，如果这些资产发生了减值，应当计提减值准备，确认减值损失，并计入当期费用。对于固定资产、无形资产等其他资产，如果发生了重大减值，也应当计提减值准备，确认减值损失，并计入当期费用。如果已计提减值准备的资产价值在以后会计期间得以恢复，则应当在该资产已计提减值准备的范围内部分或全部转回已确认的减值损失，冲减当期费用。

第十六条　对于民间非营利组织接受捐赠的现金资产，应当按照实际收到的金额入账。对于民间非营利组织接受捐赠的非现金资产，如接受捐赠的短期投资、存货、长期投资、固定资产和无形资产等，应当按照以下方法确定其入账价值：

（一）如果捐赠方提供了有关凭据（如发票、报关单、有关协议等）的，应当按照凭据上标明的金额作为入账价值。如果凭据上标明的金额与受赠资产公允价值相差较大，受赠资产应当以其公允价值作为其入账价值。

（二）如果捐赠方没有提供有关凭据的，受赠资产应当以其公允价值作为入账价值。

对于民间非营利组织接受的劳务捐赠，不予确认，但应当在会计报表附注中作相关披露。

第十七条 本制度中所称的公允价值是指在公平交易中，熟悉情况的交易双方自愿进行资产交换或者债务清偿的金额。公允价值的确定顺序如下：

（一）如果同类或者类似资产存在活跃市场的，应当按照同类或者类似资产的市场价格确定公允价值。

（二）如果同类或类似资产不存在活跃市场，或者无法找到同类或者类似资产的，应当采用合理的计价方法确定资产的公允价值。

在本制度规定应当采用公允价值的情况下，如果有确凿的证据表明资产的公允价值确实无法可靠计量，则民间非营利组织应当设置辅助账，单独登记所取得资产的名称、数量、来源、用途等情况，并在会计报表附注中作相关披露。在以后会计期间，如果该资产的公允价值能够可靠计量，民间非营利组织应当在其能够可靠计量的会计期间予以确认，并以公允价值计量。

第十八条 民间非营利组织如发生非货币性交易，应当按照以下原则处理：

（一）以换出资产的账面价值，加上应支付的相关税费，作为换入资产的入账价值。

（二）非货币性交易中如果发生补价，应区别不同情况处理：

1. 支付补价的民间非营利组织，应以换出资产的账面价值加上补价和应支付的相关税费，作为换入资产的入账价值。

2. 收到补价的民间非营利组织，应按以下公式确定换入资产的入账价值和应确认的收入或费用：

换入资产入账价值=换出资产账面价值-（补价÷换出资产公允价值）×换出资产账面价值-（补价÷换出资产公允价值）×应交税金+应支付的相关税费

应确认的收入或费用=补价×［1-（换出资产账面价值+应交税金）÷换出资产公允价值］

（三）在非货币性交易中，如果同时换入多项资产，应按换入各项资产的公允价值占换入资产公允价值总额的比例，对换出资产的账面价值总额和应支付的相关税费进行分配，以确定各项换入资产的入账价值。

本制度所称非货币性交易是指交易双方以非货币性资产进行的交换，这种交换不涉及或只涉及少量的货币性资产（即补价）。其中，货币性资产是指持有的现金及将以固定或可确定金额的货币收取的资产；非货币性资产是指货币性资产以外的资产。

第一节　流动资产

第十九条　流动资产是指预期可在1年内（含1年）变现或者耗用的资产，主要包括现金、银行存款、短期投资、应收款项、预付账款、存货、待摊费用等。

第二十条　民间非营利组织应当设置现金和银行存款日记账，按照业务发生顺序逐日逐笔登记。有外币现金和存款的民间非营利组织，还应当分别按人民币和外币进行明细核算。

现金的核算应当做到日清月结，其账面余额必须与库存数相符；银行存款的账面余额应当与银行对账单定期核对，并与按月编制的银行存款余额调节表调节相符。

本制度所称的账面余额是指会计科目的账面实际余额，不扣除作为该科目备抵的项目（如累计折旧、资产减值准备等）。

第二十一条　短期投资是指能够随时变现并且持有时间不准备超过1年（含1年）的投资，包括股票、债券投资等。

（一）短期投资在取得时应当按照投资成本计量。短期投资取得时的投资成本按以下方法确定：

1. 以现金购入的短期投资，按照实际支付的全部价款，包括税金、手续费等相关税费作为其投资成本。实际支付的价款中包含的已宣告但尚未领取的现金股利或已到付息期但尚未领取的债券利息，应当作为应收款项单独核算，不构成短期投资成本。

2. 接受捐赠的短期投资，按照本制度第十六条的规定确定其投资成本。

3. 通过非货币性交易换入的短期投资，按照本制度第十八条的规定确定其投资成本。

（二）短期投资的利息或现金股利应当于实际收到时冲减投资的账面价值，但在购买时已计入应收款项的现金股利或者利息除外。

（三）期末，民间非营利组织应当按照本制度第十五条的规定对短期投资是否发生了减值进行检查。如果短期投资的市价低于其账面价值，应当按照市价低于账面价值的差额计提短期投资跌价准备，确认短期投资跌价损失并计入当期费用。如果短期投资的市价高于其账面价值，应当在该短期投资期初已计提跌价准备的范围内转回市价高于账面价值的差额，冲减当期费用。

（四）处置短期投资时，应当将实际取得价款与短期投资账面价值的差额确认为当期投资损益。

本制度所称的账面价值是指某会计科目的账面余额减去相关的备抵项目后的净额。

民间非营利组织的委托贷款和委托投资（包括委托理财）应当区分期限长短，分别作为短期投资和长期投资核算和列报。

第二十二条　应收款项是指民间非营利组织在日常业务活动过程中发生的各项应收未收债权，包括应收票据、应收账款和其他应收款等。

（一）应收款项应当按照实际发生额入账，并按照往来单位或个人等设置明细账，进行明细核算。

（二）期末，应当分析应收款项的可收回性，对预计可能产生的坏账损失计提坏账准备，确认坏账损失并计入当期费用。

第二十三条　预付账款是指民间非营利组织预付给商品供应单位或者服务提供单位的款项。

预付账款应当按照实际发生额入账，并按照往来单位或个人等设置明细账，进行明细核算。

第二十四条　存货是指民间非营利组织在日常业务活动中持有以备出售或捐赠的，或者为了出售或捐赠仍处在生产过程中的，或者将在生产、提供服务或日常管理过程中耗用的材料、物资、商品等。

（一）存货在取得时，应当以其实际成本入账。存货成本包括采购成本、加工成本和其他成本。其中，采购成本一般包括实际支付的采购价款、相关税费、运输费、装卸费、保险费以及其他可直接归属于存货采购的费用。加工成本包括直接人工以及按照合理方法分配的与存货加工有关的间接费用。其他成本是指除采购成本、加工成本以外的，使存货达到目前场所和状态所发生的其他支出。接受捐赠的存货，按照本制度第十六条的规定确定其成本。通过非货币性交易换入的存货，按照本制度第十八条的规定确定其成本。

（二）存货在发出时，应当根据实际情况采用个别计价法、先进先出法或者加权平均法，确定发出存货的实际成本。

（三）存货应当定期进行清查盘点，每年至少盘点一次。对于发生的盘盈、盘亏以及变质、毁损等存货，应当及时查明原因，并根据民间非营利组织的管理权限，经理事会、董事会或类似权力机构批准后，在期末结账前处理完毕。对于盘盈的存货，应当按照其公允价值入账，并确认为当期收入；对于盘亏或者毁损的存货，应先扣除残料价值、可以收回的保险赔偿和过失人的赔偿等，将净损失确认为当期费用。

（四）期末，民间非营利组织应当按照本制度第十五条的规定对存货是否发生了减值进行检查。如果存货的可变现净值低于其账面价值，应当按照可变现净值低于账面价值的差额计提存货跌价准备，确认存货跌价损失并计入当期费用。如果存货的可变现净值高于其账面价值，应当在该存货期初已计提跌价准备的范围内转回可变现净值高于账面价值的差额，冲减当期费用。

本制度所称的可变现净值是指在正常业务活动中，以存货的估计售价减去至完工将要发生的成本以及销售所必需的费用后的金额。

第二十五条　待摊费用是指民间非营利组织已经支出，但应当由本期和以后各期分别负担的、分摊期在 1 年以内（含 1 年）的各项费用，如预付保险费、预付租金等。

待摊费用应当按其受益期限在 1 年内分期平均摊销，计入有关费用。

第二节　长期投资

第二十六条　长期投资，是指除短期投资以外的投资，包括长期股权投资和长期债权投资等。

第二十七条　长期股权投资应当按照以下原则核算。

（一）长期股权投资在取得时，应当按取得时的实际成本作为初始投资成本。初始投资成本按以下方法确定：

1. 以现金购入的长期股权投资，按照实际支付的全部价款，包括税金、手续费等相关费用，作为初始投资成本。实际支付的价款中包含的已宣告但尚未领取的现金股利，应当作为应收款项单独核算，不构成初始投资成本。

2. 接受捐赠的长期股权投资，按照本制度第十六条的规定，确定其初始投资成本。

3. 通过非货币性交易换入的长期股权投资，按照本制度第十八条的规定确定其初始投资成本。

（二）长期股权投资应当区别不同情况，分别采用成本法或者权益法核算。如果民间非营利组织对被投资单位无控制、无共同控制且无重大影响，长期股权投资应当采用成本法进行核算；如果民间非营利组织对被投资单位具有控制、共同控制或重大影响，长期股权投资应当采用权益法进行核算。

采用成本法核算时，被投资单位经股东大会或者类似权力机构批准宣告发放的利润或现金股利，作为当期投资收益。

采用权益法核算时，按应当享有或应当分担的被投资单位当年实现的净利润或发生的净亏损的份额调整投资账面价值，并作为当期投资损益。按被投资单位宣告分派的利润或现金股利计算分得的部分，减少投资账面价值。

被投资单位宣告分派的股票股利不作账务处理，但应当设置辅助账进行数量登记。

本制度所称的控制是指有权决定被投资单位的财务和经营政策，并能据以从该单位的经营活动中获得利益；本制度所称的共同控制，是指按合同约定对某项经济活动所共有的控制；本制度所称的重大影响，是指对被投资单位的财务和经营政策有参与决策的权力，但并不决定这些政策。

（三）处置长期股权投资时，应当将实际取得价款与投资账面价值的差额确认为当期投资损益。

第二十八条　长期债权投资应当按照以下原则核算。

（一）长期债权投资在取得时，应当按取得时的实际成本作为初始投资成本。初始投资成本按以下方法确定：

1. 以现金购入的长期债权投资，按照实际支付的全部价款，包括税金、手续费等相关费用，作为初始投资成本。实际支付的价款中包含的已到付息期但尚未领取的债券利息，应当作为应收款项单独核算，不构成初始投资成本。

2. 接受捐赠取得的长期债权投资，按照本制度第十六条的规定确定其初始投资成本。

3. 通过非货币性交易换入的长期债权投资，按照本制度第十八条的规定确定其初始投资成本。

（二）长期债权投资应当按照票面价值与票面利率按期计算确认利息收入。长期债券投资的初始投资成本与债券面值之间的差额，应当在债券存续期间，按照直线法于确认相关债券利息收入时予以摊销。

（三）持有可转换公司债券的民间非营利组织，可转换公司债券在转换为股份之前，应当按一般债券投资进行处理。当民间非营利组织行使转换权利，将其持有的债券投资转换为股份时，应当按其账面价值减去收到的现金后的余额，作为股权投资的初始投资成本。

（四）处置长期债权投资时，应当将实际取得价款与投资账面价值的差额，确认为当期投资损益。

第二十九条　民间非营利组织改变投资目的，将短期投资划转为长期投资，应当按短期投资的成本与市价孰低结转。

第三十条　期末，民间非营利组织应当按照本制度第十五条的规定对长期投资是否发生了减值进行检查。如果长期投资的可收回金额低于其账面价值，应当按照可收回金额低于账面价值的差额计提长期投资减值准备，确认长期投资减值损失并计入当期费用。如果长期投资的可收回金额高于其账面价值，应当在该长期投资期初已计提减值准备的范围内转回可收回金额高于账面价值的差额，冲减当期费用。

本制度所称可收回金额是指资产的销售净价与预期从该资产的持续使用和使用寿命结束时的处置中形成的预计未来现金流量的现值两者之中的较高者，其中销售净价是指销售价值减资产处置费用后的余额。

第三节　固定资产

第三十一条　固定资产，是指同时具有以下特征的有形资产：

（一）为行政管理、提供服务、生产商品或者出租目的而持有的；

（二）预计使用年限超过 1 年；

（三）单位价值较高。

第三十二条　固定资产在取得时，应当按取得时的实际成本入账。取得时的实际成本包括买价、包装费、运输费、交纳的有关税金等相关费用，以及为使固定资产达到预定可使用状态前所必要的支出。固定资产取得时的实际成本应当根据具体情况分别确定：

（一）外购的固定资产，按照实际支付的买价、相关税费以及为使固定资产达到预定可使用状态前所发生的可直接归属于该固定资产的其他支出（如运输费、安装费、装卸费等）确定其成本。

如果以一笔款项购入多项没有单独标价的固定资产，按各项固定资产公允价值的比例对总成本进行分配，分别确定各项固定资产的成本。

（二）自行建造的固定资产，按照建造该项资产达到预定可使用状态前所发生的全部必要支出确定其成本。

（三）接受捐赠的固定资产，应当按照本制度第十六条的规定确定其成本。

（四）通过非货币性交易换入的固定资产，按照本制度第十八条的规定确定其成本。

（五）融资租入的固定资产，按照租赁协议或者合同确定的价款、运输款、途中保险费、安装调试费以及融资租入固定资产达到预定可使用状态前发生的借款费用等确定其成本。

第三十三条　在建工程，包括施工前期准备、正在施工中的建筑工程、安装工程、技术改造工程等。工程项目较多且工程支出较大的，应当按照工程项目的性质分项核算。

第三十四条　在建工程应当按照所建造工程达到预定可使用状态前实际发生的全部必要支出确定其工程成本，并单独核算。在建工程的工程成本应当根据以下具体情况分别确定：

（一）对于自营工程，按照直接材料、直接人工、直接机械使用费等确定其成本。

（二）对于出包工程，按照应支付的工程价款等确定其成本。

第三十五条　为购建固定资产而发生的专门借款的借款费用在规定的允许资本化的期间内，应当按照专门借款的借款费用的实际发生额予以资本化，计入在建工程成本。这里的借款费用包括因借款而发生的利息、辅助费用以及因外币借款而发生的汇兑差额。

只有在以下三个条件同时具备时，因专门借款所发生的借款费用才允许开始资本化：

（一）资产支出已经发生；

（二）借款费用已经发生；

（三）为使资产达到预定可使用状态所必要的购建活动已经开始。

如果固定资产的购建活动发生非正常中断，并且中断时间连续超过3个月（含3个月），应当暂停借款费用的资本化，将中断期间内所发生的借款费用确认为当期费用，直至资产的购建活动重新开始。但是，如果中断是使购建的固定资产达到预定可使用状态所必要的程序，则借款费用的资本化应当继续进行。

当所购建的固定资产达到预定可使用状态时，应当停止借款费用的资本化，之后所发生的借款费用应当于发生时计入当期费用。通常所购建的固定资产达到以下状态时，应当视为所购建的固定资产已经达到预定可使用状态：

（一）固定资产的实体建造（包括安装）工作已经全部完成或者实质上已经完成；

（二）所购建的固定资产与设计要求或者合同要求相符或者基本相符，即使有极个别与设计或者合同要求不相符的地方，也不影响其正常使用；

（三）继续发生在所购建固定资产上的支出金额很少或者几乎不再发生。

第三十六条　所购建的固定资产已达到预定可使用状态时，应当自达到预定可使用状态之日起，将在建工程成本转入固定资产核算。

第三十七条　民间非营利组织应当对固定资产计提折旧，在固定资产的预计使用寿命内系统地分摊固定资产的成本。

民间非营利组织应当根据固定资产的性质和消耗方式，合理地确定固定资产的预计使用年限和预计净残值。

民间非营利组织应当按照固定资产所含经济利益或者服务潜力的预期实现方式选择折旧方法，可选用的折旧方法包括年限平均法、工作量法、双倍余额递减法和年数总和法。折旧方法一经确定，不得随意变更。如果由于固定资产所含经济利益或者服务潜力预期实现方式发生重大改变而确实需要变更的，应当在会计报表附注中披露相关信息。

第三十八条　民间非营利组织应当按月提取折旧，当月增加的固定资产，当月不提折旧，从下月起计提折旧；当月减少的固定资产，当月照提折旧，从下月起不提折旧。

第三十九条　与固定资产有关的后续支出，如果使可能流入民间非营利组织的经济利益或者服务潜力超过了原先的估计，如延长了固定资产的使用寿命，或者使服务质量实质性提高，或者使商品成本实质性降低，则应当计入固定资产账面价值，但其增计后的金额不应当超过该固定资产的可收回金额。其他后续支出，应当计入当期费用。

第四十条　民间非营利组织由于出售、报废或者毁损等原因而发生的固定资产清理净损益，应当计入当期收入或者费用。

第四十一条　用于展览、教育或研究等目的的历史文物、艺术品以及其他具有文化或者历史价值并作长期或者永久保存的典藏等，作为固定资产核算，但不必计提折旧。在资产负债表中，应当单列“文物文化资产”项目予以单独反映。

第四十二条　民间非营利组织对固定资产应当定期或者至少每年实地盘点一次。对盘盈、盘亏的固定资产，应当及时查明原因，写出书面报告，并根据管理权限经董事会、理事会或类似权力机构批准后，在期末结账前处理完毕。盘盈的固定资产应当按照其公允价值入账，并计入当期收入；盘亏的固定资产在减去过失人或者保险公司等赔款和残料价值之后计入当期费用。

第四十三条　民间非营利组织对固定资产的购建、出售、清理、报废和内部转移等都应当办理会计手续，并应当设置固定资产明细账（或者固定资产卡片）进行明细核算。

第四节　无形资产

第四十四条　无形资产是指民间非营利组织为开展业务活动、出租给他人或为管理目的而持有的且没有实物形态的非货币性长期资产，包括专利权、非专利技术、商标权、著作权、土地使用权等。

第四十五条　无形资产在取得时，应当按照取得时的实际成本入账。

(一) 购入的无形资产，按照实际支付的价款确定其实际成本。

(二) 自行开发并按法律程序申请取得的无形资产，按依法取得时发生的注册费、聘请律师费等费用，作为无形资产的实际成本。依法取得前，在研究与开发过程中发生的材料费用、直接参与开发人员的工资及福利费、开发过程中发生的租金、借款费用等直接计入当期费用。

(三) 接受捐赠的无形资产，按照本制度第十六条的规定确定其实际成本。

(四) 通过非货币性交易换入的无形资产，按照本制度第十八条的规定确定其实际成本。

第四十六条　无形资产应当自取得当月起在预计使用年限内分期平均摊销，计入当期费用。如预计使用年限超过了相关合同规定的受益年限或法律规定的有效年限，该无形资产的摊销年限按如下原则确定：

(一) 合同规定了受益年限但法律没有规定有效年限的，摊销期不应超过合同规定的受益年限；

(二) 合同没有规定受益年限但法律规定了有效年限的，摊销期不应超过法律规定的有效年限；

(三) 合同规定了受益年限，法律也规定了有效年限的，摊销期不应超过受益年限和有效年限两者之中较短者。

如果合同没有规定受益年限，法律也没有规定有效年限的，摊销期不应超过 10 年。

第四十七条　民间非营利组织处置无形资产，应当将实际取得的价款与该项无形资产的账面价值之间的差额，计入当期收入或者费用。

第五节　受托代理资产

第四十八条　受托代理资产是指民间非营利组织接受委托方委托从事受托代理业务而收到的资产。在受托代理过程中，民间非营利组织通常只是从委托方收到受托资产，并按照委托人的意愿将资产转赠给指定的其他组织或者个人。民间非营利组织本身只是在委托代理过程中起中介作用，无权改变受托代理资产的用途或者变更受益人。

民间非营利组织应当对受托代理资产比照接受捐赠资产的原则进行确认和计量，但在确认一项受托代理资产时，应当同时确认一项受托代理负债。

第三章 负 债

第四十九条 负债是指过去的交易或者事项形成的现时义务，履行该义务预期会导致含有经济利益或者服务潜力的资源流出民间非营利组织。负债应当按其流动性分为流动负债、长期负债和受托代理负债等。

第五十条 或有事项是指过去的交易或者事项形成的一种状况，其结果须通过未来不确定事项的发生或不发生予以证实。

如果与或有事项相关的义务同时符合以下条件，应当将其确认为负债，以清偿该负债所需支出的最佳估计数予以计量，并在资产负债表中单列项目予以反映：

（一）该义务是民间非营利组织承担的现时义务；

（二）该义务的履行很可能导致含有经济利益或者服务潜力的资源流出民间非营利组织；

（三）该义务的金额能够可靠地计量。

第五十一条 流动负债是指将在 1 年内（含 1 年）偿还的负债，包括短期借款、应付款项、应付工资、应交税金、预收账款、预提费用和预计负债等。

（一）短期借款是指民间非营利组织向银行或其他金融机构等借入的期限在 1 年以下（含 1 年）的各种借款。

（二）应付款项是指民间非营利组织在日常业务活动过程中发生的各项应付票据、应付账款和其他应付款等应付未付款项。

（三）应付工资是指民间非营利组织应付未付的员工工资。

（四）应交税金是指民间非营利组织应交未交的各种税费。

（五）预收账款是指民间非营利组织向服务和商品购买单位预收的各种款项。

（六）预提费用是指民间非营利组织预先提取的已经发生但尚未支付

的费用，如预提的租金、保险费、借款利息等。

（七）预计负债是指民间非营利组织对因或有事项所产生的现时义务而确认的负债。

第五十二条　各项流动负债应当按实际发生额入账。

短期借款应当按照借款本金和确定的利率按期计提利息，计入当期费用。

第五十三条　长期负债是指偿还期限在 1 年以上（不含 1 年）的负债，包括长期借款、长期应付款和其他长期负债。

（一）长期借款是指民间非营利组织向银行或其他金融机构等借入的期限在 1 年以上（不含 1 年）的各种借款。

（二）长期应付款主要是指民间非营利组织融资租入固定资产发生的应付租赁款。

（三）其他长期负债是指除长期借款和长期应付款外的长期负债。

第五十四条　各项长期负债应当按实际发生额入账。

第五十五条　受托代理负债是指民间非营利组织因从事受托代理交易、接受受托代理资产而产生的负债。受托代理负债应当按照相对应的受托代理资产的金额予以确认和计量。

第四章　净资产

第五十六条　民间非营利组织的净资产是指资产减去负债后的余额。净资产应当按照其是否受到限制，分为限定性净资产和非限定性净资产等。

如果资产或者资产所产生的经济利益（如资产的投资收益和利息等）的使用受到资产提供者或者国家有关法律、行政法规所设置的时间限制或（和）用途限制，则由此形成的净资产即为限定性净资产，国家有关法律、行政法规对净资产的使用直接设置限制的，该受限制的净资产亦为限定性净资产；除此之外的其他净资产，即为非限定性净资产。

本制度所称的时间限制，是指资产提供者或者国家有关法律、行政法规要求民间非营利组织在收到资产后的特定时期之内或特定日期之后使用该项资产，或者对资产的使用设置了永久限制。

本制度所称的用途限制，是指资产提供者或者国家有关法律、行政法规要求民间非营利组织将收到的资产用于某一特定的用途。

民间非营利组织的董事会、理事会或类似权力机构对净资产的使用所作的限定性决策、决议或拨款限额等，属于民间非营利组织内部管理上对资产使用所作的限制，不属于本制度所界定的限定性净资产。

第五十七条　如果限定性净资产的限制已经解除，应当对净资产进行重新分类，将限定性净资产转为非限定性净资产。

当存在下列情况之一时，可以认为限定性净资产的限制已经解除：

（一）所限定净资产的限制时间已经到期；

（二）所限定净资产规定的用途已经实现（或者目的已经达到）；

（三）资产提供者或者国家有关法律、行政法规撤销了所设置的限制。

如果限定性净资产受到两项或两项以上的限制，应当在最后一项限制解除时，才能认为该项限定性净资产的限制已经解除。

第五章　收　入

第五十八条　收入是指民间非营利组织开展业务活动取得的、导致本期净资产增加的经济利益或者服务潜力的流入。收入应当按其来源分为捐赠收入、会费收入、提供服务收入、政府补助收入、投资收益、商品销售收入等主要业务活动收入和其他收入等。

（一）捐赠收入是指民间非营利组织接受其他单位或者个人捐赠所取得的收入。

（二）会费收入是指民间非营利组织根据章程等的规定向会员收取的会费。

（三）提供服务收入是指民间非营利组织根据章程等的规定向其服务对象提供服务取得的收入，包括学费收入、医疗费收入、培训收入等。

（四）政府补助收入是指民间非营利组织接受政府拨款或者政府机构给予的补助而取得的收入。

（五）商品销售收入是指民间非营利组织销售商品（如出版物、药品等）等所形成的收入。

（六）投资收益是指民间非营利组织因对外投资取得的投资净损益。

民间非营利组织如果有除上述捐赠收入、会费收入、提供服务收入、政府补助收入、商品销售收入、投资收益之外的其他主要业务活动收入，也应当单独核算。

（七）其他收入，是指除上述主要业务活动收入以外的其他收入，如固定资产处置净收入、无形资产处置净收入等。

对于民间非营利组织接受的劳务捐赠，不予确认，但应当在会计报表附注中作相关披露。

第五十九条　民间非营利组织在确认收入时，应当区分交换交易所形成的收入和非交换交易所形成的收入。

（一）交换交易是指按照等价交换原则所从事的交易，即当某一主体取得资产、获得服务或者解除债务时，需要向交易对方支付等值或者大致等值的现金，或者提供等值或者大致等值的货物、服务等的交易。如按照等价交换原则销售商品、提供劳务等均属于交换交易。

对于因交换交易所形成的商品销售收入，应当在下列条件下同时满足时予以确认：

1. 已将商品所有权上的主要风险和报酬转移给购货方；

2. 既没有保留通常与所有权相联系的继续管理权，也没有对已售出的商品实施控制；

3. 与交易相关的经济利益能够流入民间非营利组织；

4. 相关的收入和成本能够可靠地计量。

对于因交换交易所形成的提供劳务收入，应当按以下规定予以确认：

1. 在同一会计年度内开始并完成的劳务，应当在完成劳务时确认收入；

2. 如果劳务的开始和完成分属不同的会计年度，可以按完工进度或完成的工作量确认收入。

对于因交换交易所形成的因让渡资产使用权而发生的收入应当在下列

条件同时满足时予以确认：

1. 与交易相关的经济利益能够流入民间非营利组织；

2. 收入的金额能够可靠地计量。

（二）非交换交易是指除交换交易之外的交易。在非交换交易中，某一主体取得资产、获得服务或者解除债务时，不必向交易对方支付等值或者大致等值的现金，或者提供等值或者大致等值的货物、服务等；或者某一主体在对外提供货物、服务等时，没有收到等值或者大致等值的现金、货物等。如捐赠、政府补助等均属于非交换交易。

对于因非交换交易所形成的收入，应当在同时满足下列条件时予以确认：

1. 与交易相关的含有经济利益或者服务潜力的资源能够流入民间非营利组织并为其所控制，或者相关的债务能够得到解除；

2. 交易能够引起净资产的增加；

3. 收入的金额能够可靠地计量。

一般情况下，对于无条件的捐赠或政府补助，应当在捐赠或政府补助收到时确认收入；对于附条件的捐赠或政府补助，应当在取得捐赠资产或政府补助资产控制权时确认收入，但当民间非营利组织存在需要偿还全部或部分捐赠资产（或者政府补助资产）或者相应金额的现时义务时，应当根据需要偿还的金额同时确认一项负债和费用。

第六十条　民间非营利组织对于各项收入应当按是否存在限定区分为非限定性收入和限定性收入进行核算。

如果资产提供者对资产的使用设置了时间限制或者（和）用途限制，则所确认的相关收入为限定性收入；除此之外的其他收入，为非限定性收入。

民间非营利组织的会费收入、提供服务收入、商品销售收入和投资收益等一般为非限定性收入，除非相关资产提供者对资产的使用设置了限制。民间非营利组织的捐赠收入和政府补助收入，应当视相关资产提供者对资产的使用是否设置了限制，分别限定性收入和非限定性收入进行核算。

第六十一条　期末，民间非营利组织应当将本期限定性收入和非限定性收入分别结转至净资产项下的限定性净资产和非限定性净资产。

第六章　费　用

第六十二条　费用是指民间非营利组织为开展业务活动所发生的、导致本期净资产减少的经济利益或者服务潜力的流出。费用应当按照其功能分为业务活动成本、管理费用、筹资费用和其他费用等。

（一）业务活动成本，是指民间非营利组织为了实现其业务活动目标、开展其项目活动或者提供服务所发生的费用。如果民间非营利组织从事的项目、提供的服务或者开展的业务比较单一，可以将相关费用全部归集在“业务活动成本”项目下进行核算和列报；如果民间非营利组织从事的项目、提供的服务或者开展的业务种类较多，民间非营利组织应当在“业务活动成本”项目下分别项目、服务或者业务大类进行核算和列报。

（二）管理费用，是指民间非营利组织为组织和管理其业务活动所发生的各项费用，包括民间非营利组织董事会（或者理事会或者类似权力机构）经费和行政管理人员的工资、奖金、福利费、住房公积金、住房补贴、社会保障费、离退休人员工资及补助，以及办公费、水电费、邮电费、物业管理费、差旅费、折旧费、修理费、租赁费、无形资产摊销费、资产盘亏损失、资产减值损失、因预计负债所产生的损失、聘请中介机构费和应偿还的受赠资产等。其中，福利费应当依法根据民间非营利组织的管理权限，按照董事会、理事会或类似权力机构等的规定据实列支。

（三）筹资费用，是指民间非营利组织为筹集业务活动所需资金而发生的费用，它包括民间非营利组织为了获得捐赠资产而发生的费用以及应当计入当期费用的借款费用、汇兑损失（减汇兑收益）等。民间非营利组织为了获得捐赠资产而发生的费用包括举办募款活动费、准备、印刷和发放募款宣传资料费以及其他与募款或者争取捐赠资产有关的费用。

（四）其他费用，是指民间非营利组织发生的、无法归属到上述业务活动成本、管理费用或者筹资费用中的费用，包括固定资产处置净损失、无形资产处置净损失等。

民间非营利组织的某些费用如果属于多项业务活动或者属于业务活动、管理活动和筹资活动等共同发生的，而且不能直接归属于某一类活动，应当将这些费用按照合理的方法在各项活动中进行分配。

第六十三条　民间非营利组织发生的业务活动成本、管理费用、筹资费用和其他费用，应当在发生时按其发生额计入当期费用。

第六十四条　期末，民间非营利组织应当将本期发生的各项费用结转至净资产项下的非限定性净资产，作为非限定性净资产的减项。

第七章　财务会计报告

第六十五条　财务会计报告是反映民间非营利组织财务状况、业务活动情况和现金流量等的书面文件。

第六十六条　财务会计报告分为年度财务会计报告和中期财务会计报告。以短于一个完整的会计年度的期间（如半年度、季度和月度）编制的财务会计报告称为中期财务会计报告。年度财务会计报告则是以整个会计年度为基础编制的财务会计报告。

第六十七条　财务会计报告由会计报表、会计报表附注和财务情况说明书组成。民间非营利组织对外提供的财务会计报告的内容、会计报表的种类和格式、会计报表附注应予披露的主要内容等，由本制度规定；民间非营利组织内部管理需要的会计报表由单位自行规定。

民间非营利组织在编制中期财务会计报告时，应当采用与年度会计报表相一致的确认与计量原则。中期财务会计报告的内容相对于年度财务会计报告而言可以适当简化，但仍应保证包括与理解中期期末财务状况和中期业务活动情况及其现金流量相关的重要财务信息。

第六十八条　民间非营利组织采用的会计政策前后各期应当保持一致，不得随意变更，除非符合下列条件之一：

（一）法律或会计制度等行政法规、规章的要求；

（二）这种变更能够提供有关民间非营利组织财务状况、业务活动情况和现金流量等更可靠、更相关的会计信息。

民间非营利组织应当采用追溯调整法核算会计政策的变更，如果追溯调整法不可行，则应当采用未来适用法核算；如果相关法律或会计制度等另有规定，则应当按照相关规定进行核算。

本制度中所称追溯调整法，是指对某项交易或者事项变更会计政策时，如同该交易或者事项初次发生时就开始采用新的会计政策，并以此对相关项目进行调整的方法。本制度所称未来适用法，是指对某项交易或者事项变更会计政策时，新的会计政策适用于变更当期及未来期间发生的交易或者事项的方法。

第六十九条 资产负债表日至财务会计报告批准报出日之间发生的需要调整或说明的有利或不利事项，属于资产负债表日后事项。对于资产负债表日后事项，应当区分调整事项和非调整事项进行处理。

调整事项，是指资产负债表日后至财务会计报告批准报出日之间发生的，为资产负债表日已经存在的情况提供了新的或进一步证据，有助于对资产负债表日存在情况有关的金额作出重新估计的事项。民间非营利组织应当就调整事项，对资产负债表日所确认的相关资产、负债和净资产，以及资产负债表日所属期间的相关收入、费用等进行调整。

非调整事项，是指资产负债表日后至财务会计报告批准报出日之间才发生的，不影响资产负债表日的存在情况，但不加以说明将会影响财务会计报告使用者作出正确估计和决策的事项。民间非营利组织应当在会计报表附注中披露非调整事项的性质、内容，以及对财务状况和业务活动情况的影响。如无法估计其影响，应当说明理由。

第七十条 财务会计报告中的会计报表至少应当包括以下三张报表：

（一）资产负债表；

（二）业务活动表；

（三）现金流量表。

第七十一条 会计报表附注至少应当包括下列内容：

（一）重要会计政策及其变更情况的说明；

（二）董事会（或者理事会或者类似权力机构）成员和员工的数量、变动情况以及获得的薪金等报酬情况的说明；

（三）会计报表重要项目及其增减变动情况的说明；

（四）资产提供者设置了时间或用途限制的相关资产情况的说明；

（五）受托代理交易情况的说明，包括受托代理资产的构成、计价基础和依据、用途等；

（六）重大资产减值情况的说明；

（七）公允价值无法可靠取得的受赠资产和其他资产的名称、数量、来源和用途等情况的说明；

（八）对外承诺和或有事项情况的说明；

（九）接受劳务捐赠情况的说明；

（十）资产负债表日后非调整事项的说明；

（十一）有助于理解和分析会计报表需要说明的其他事项。

第七十二条　财务情况说明书至少应当对下列情况作出说明：

（一）民间非营利组织的宗旨、组织结构以及人员配备等情况；

（二）民间非营利组织业务活动基本情况，年度计划和预算完成情况，产生差异的原因分析，下一会计期间业务活动计划和预算等；

（三）对民间非营利组织业务活动有重大影响的其他事项。

第七十三条　民间非营利组织对外投资，而且占对被投资单位资本总额50%以上（不含50%），或者虽然占该单位资本总额不足50%但具有实质上的控制权的，或者对被投资单位具有控制权的，应当编制合并会计报表。

第七十四条　民间非营利组织的年度财务会计报告至少应当于年度终了后4个月内对外提供。如果民间非营利组织被要求对外提供中期财务会计报告的，应当在规定的时间内对外提供。

会计报表的填列，以人民币“元”为金额单位，“元”以下填至“分”。

第七十五条　民间非营利组织对外提供的财务会计报告应当依次编定

页数，加具封面，装订成册，加盖公章。封面上应当注明：组织名称、组织登记证号、组织形式、地址、报表所属年度或者中期、报出日期，并由单位负责人和主管会计工作的负责人、会计机构负责人（会计主管人员）签名并盖章；设置总会计师的单位，还应当由总会计师签名并盖章。

第八章　附　则

第七十六条　本制度自2005年1月1日起施行。

5. 财政部关于企业公益性捐赠股权有关财务问题的通知（财企〔2009〕213号）

党中央有关部门，国务院各部委、各直属机构，全国人大常委会办公厅，全国政协办公厅，解放军总后勤部、武警总部，各省、自治区、直辖市、计划单列市财政厅（局），新疆生产建设兵团财务局，各中央管理企业：

《财政部关于加强企业对外捐赠财务管理的通知》（财企〔2003〕95号）印发后，为规范境内企业的对外捐赠行为，维护所有者权益，促进社会公益事业的发展，发挥了积极作用。随着我国资本市场的不断完善和社会公益意识的增强，企业对外捐赠出现了新的情况。为了进一步推进社会公益事业的发展，引导企业规范开展公益性捐赠，现就企业以持有的股权（含企业产权、公司股份，下同）进行公益性捐赠有关财务问题通知如下：

一、由自然人、非国有的法人及其他经济组织投资控股的企业，依法履行内部决策程序，由投资者审议决定后，其持有的股权可以用于公益性捐赠。

二、企业以持有的股权进行公益性捐赠，应当以不影响企业债务清偿能力为前提，且受赠对象应当是依法设立的公益性社会团体和公益性非营利的事业单位。企业捐赠后，必须办理股权变更手续，不再对已捐赠股权行使股东权利，并不得要求受赠单位予以经济回报。

三、公益性捐赠涉及上市公司股权的，捐赠方和受赠方应当遵照《证券法》及有关证券监管的其他规定，履行相关承诺和信息披露义务。

四、本通知自印发之日起执行。财政部原有关财务规定与本通知不符的，以本通知规定为准。

财政部

2009 年 10 月 20 日

6. 财政部 民政部关于印发《中央财政支持社会组织参与社会服务项目资金使用管理办法》的通知（财社〔2012〕138 号）

各省、自治区、直辖市、计划单列市财政厅（局）、民政厅（局），新疆生产建设兵团财务局、民政局：

为加强和规范中央财政支持社会组织参与社会服务项目资金的使用管理，提高资金使用效益，特制定《中央财政支持社会组织参与社会服务项目资金使用管理办法》。现印发给你们，请遵照执行。

财务部　民政部

2012 年 9 月 7 日

中央财政支持社会组织参与社会服务项目资金使用管理办法

第一条　为了加强中央财政支持社会组织参与社会服务项目资金的使用管理，提高资金的使用效益，根据财政专项资金管理的有关规定和部门预算管理的相关要求，制定本办法。

第二条　本办法所称社会组织是指在各级民政部门登记成立的社会团体、基金会和民办非企业单位。

第三条　本办法所称中央财政支持社会组织参与社会服务项目资金（以下简称项目资金）是指中央财政通过民政部部门预算安排的专项用于支持社会组织参与社会服务的补助资金。

第四条　项目资金用于以下方面：

（一）发展示范项目：资助西部地区困难社会组织必要的服务设备购置和服务设施完善等，支持其提高经费保障水平，改善服务条件，增强开展公益慈善项目的能力。

（二）承接社会服务试点项目：资助规模较大、职能重要的全国性社会组织和具有较强区域辐射功能的社会组织承接社会救助、扶贫救灾、社会福利、社区服务等方面的社会服务。

（三）社会工作服务示范项目：资助符合条件的社会组织重点围绕城市流动人口、农村留守儿童、社区老年人、社区矫正人员、受灾群众等特殊群体的需求，开展困难救助、心理辅导、综合性社会支持网络构建等社会服务。

（四）人员培训示范项目：对社会组织负责人、业务工作人员进行法律法规、项目运作、业务技能、专业知识等方面的培训。

（五）根据社会管理工作需要，财政部、民政部确定的其他示范项目。

（六）项目评审、招投标、宣传、评估、研讨等方面支出。

第五条　民政部会同财政部根据中央财政当年社会组织参与社会服务项目预算安排、上年度项目进展等情况，研究制定项目年度实施方案，明确项目申报条件、资助标准、评审规程、资金拨付以及项目实施和监管要求等内容。项目年度实施方案应当向社会公布。

第六条　符合条件的社会组织可以按照项目年度实施方案要求申报相关项目。全国性社会组织应当直接向民政部提出申请。

地方性社会组织应当向登记注册所在地民政部门提出申请，由地方各级民政部门逐级上报省、自治区、直辖市、计划单列市民政部门。各省、自治区、直辖市、计划单列市民政部门对申报材料的真实性、合规性、可行性进行初审后，统一汇总报送民政部。

第七条　申报项目资金应当提供以下材料：

（一）项目申请报告。主要内容包括：社会组织基本信息、从事社会服务工作的情况、项目实施方案、项目预算安排以及当年申请中央财政补助资金规模等。

（二）经本级民政部门年检合格的登记证书、荣誉证书、评估等级证明等材料的复印件。

（三）民政部要求提供的其他材料。

第八条　民政部负责对各地报送的申请报告进行审核，并组织专家进行评审，确定中央财政支持的项目名单和补助金额，并按照部门预算管理规程及时拨付项目资金。

第九条　中央财政对有地方政府投入和社会资金资助的项目优先给予支持。

第十条　各项目单位应当按照“专款专用、单独核算、注重绩效”的原则，及时建立健全内控制度，加强对项目资金的管理，严格按照申报用途使用资金，加快项目预算执行进度，提高资金使用效益。

第十一条　民政部负责组织或委托有关机构对项目实施情况进行绩效考评，绩效考评结果作为以后年度项目评审和资金安排的参考因素。

第十二条　各项目单位应当自觉接受社会各界的监督，并积极配合有关部门做好审计、稽查等工作。

地方各级民政部门应当加强对本地区项目资金使用的监管，建立追踪问效机制，保证项目资金科学、合理、有效使用。

财政部、民政部应当不定期地对各地项目资金使用管理等情况进行检查。

第十三条　任何单位和个人不得骗取、截留、挤占、挪用项目资金。对违反规定使用项目资金的，依据《财政违法行为处罚处分条例》（国务院令第427号）等有关规定追究责任。

第十四条　本办法由财政部、民政部负责解释。

第十五条　本办法自发布之日起执行。

7. 民政部关于印发《关于规范社会团体开展合作活动若干问题的规定》的通知（民发〔2012〕166号）

各省、自治区、直辖市民政厅（局），各计划单列市民政局，新疆生产建设兵团民政局：

根据《社会团体登记管理条例》等有关法规和政策规定，我部制定了《关于规范社会团体开展合作活动若干问题的规定》，现印发给你们，请遵照执行。

民政部

2012年9月27日

关于规范社会团体开展合作活动若干问题的规定

第一条 为了进一步加强社会团体行为规范，维护社会团体正常活动秩序，规范社会团体开展合作活动，保护社会团体合法权益，制定本规定。

第二条 社会团体开展合作活动，是指社会团体作为独立法人与其他民事主体联合开展业务活动的行为。

第三条 社会团体开展合作活动，应当遵守相关法律法规和政策规定，符合章程规定的宗旨和业务范围，自觉接受登记管理机关、行业主管部门、有关职能部门的监督检查和社会监督。

第四条 社会团体开展合作活动，应当履行内部民主议事程序，根据章程规定和合作事项重要程度，分别提交会员大会（会员代表大会）、理事会（常务理事会）、会长办公会等讨论决定。

第五条 社会团体开展合作活动，应当签订书面合作协议，明确各方权利、义务，并切实履行职责。

第六条 社会团体开展合作活动，应当对合作方的资质、能力、信用等进行甄别考察，对合作协议内容认真审核，对合作项目全程监督。

第七条 社会团体开展合作活动，涉及使用本组织名称、标志的，应当在合作前对合作方进行必要的调查了解，并对合作内容做好风险评估。

社会团体同意合作方使用本组织名称、标志的，应当与对方签订授权使用协议，明确各方权利、义务和法律责任。

社会团体以“主办单位”“协办单位”“支持单位”“参与单位”“指导单位”等方式开展合作活动的，应当切实履行相关职责，加强对活动全程监管，不得以挂名方式参与合作。

社会团体将自身业务活动委托其他组织承办或者协办的，应当加强对所开展活动的主导和监督，不得向承办方或者协办方以任何形式收取费用。

第八条 社会团体不得将自身开展的经营服务性活动转包或者委托与

社会团体负责人、分支机构负责人有直接利益关系的个人或者组织实施。

第九条 社会团体合作举办经济实体，应当经理事会研究讨论后提请会员大会（会员代表大会）表决通过，其经营范围应当与社会团体章程规定的宗旨和业务范围相适应。

社会团体应当在资产、机构、人员等方面与所举办经济实体分开，不得利用所举办经济实体向会员或者服务对象强制服务、强制收费。

社会团体和所举办经济实体之间发生经济往来，应当按照等价交换的原则收取价款、支付费用。

社会团体应当加强对所举办经济实体财务情况的监督，并定期向会员大会（会员代表大会）、理事会报告相关情况。

第十条 未经社会团体授权或者批准，社会团体分支机构（代表机构）、专项基金管理机构不得与其他民事主体开展合作活动。经授权或者批准开展合作活动的，应当使用冠有所属社会团体名称的规范全称。

社会团体不得将其分支机构（代表机构）、专项基金管理机构委托其他组织运营。

社会团体不得向其分支机构（代表机构）、专项基金管理机构收取或者变相收取管理费用。

第十一条 社会团体与境外组织或者个人进行合作，应当遵守有关法律法规和外事管理规定。

第十二条 社会团体应当加强合作活动的财务管理，严格按照《中华人民共和国会计法》等法律法规以及《民间非营利组织会计制度》等规定，如实进行会计核算，将全部收支纳入单位法定账册。

第十三条 社会团体开展合作活动，还应当遵守以下规定：

（一）不得超出章程规定的宗旨和业务范围开展活动；

（二）不得以任何形式或者名义强制其他组织或者个人参加，不得强制收取相关费用；

（三）未经批准，不得举办评比达标表彰活动；

（四）与党政机关或者其他组织举办合作项目，应当事先征得合作方同意；

（五）利用党政机关领导干部个人名义进行宣传，应当征得本人同意。

第十四条　社会团体在接受年度检查时，应当向登记管理机关报告上一年度开展合作活动的情况。

8. 国务院办公厅关于政府向社会力量购买服务的指导意见（国办发〔2013〕96号）

各省、自治区、直辖市人民政府，国务院各部委、各直属机构：

党的十八大强调，要加强和创新社会管理，改进政府提供公共服务方式。新一届国务院对进一步转变政府职能、改善公共服务作出重大部署，明确要求在公共服务领域更多利用社会力量，加大政府购买服务力度。经国务院同意，现就政府向社会力量购买服务提出以下指导意见。

一、充分认识政府向社会力量购买服务的重要性

改革开放以来，我国公共服务体系和制度建设不断推进，公共服务提供主体和提供方式逐步多样化，初步形成了政府主导、社会参与、公办民办并举的公共服务供给模式。同时，与人民群众日益增长的公共服务需求相比，不少领域的公共服务存在质量效率不高、规模不足和发展不平衡等突出问题，迫切需要政府进一步强化公共服务职能，创新公共服务供给模式，有效动员社会力量，构建多层次、多方式的公共服务供给体系，提供更加方便、快捷、优质、高效的公共服务。政府向社会力量购买服务，就是通过发挥市场机制作用，把政府直接向社会公众提供的一部分公共服务事项，按照一定的方式和程序，交由具备条件的社会力量承担，并由政府根据服务数量和质量向其支付费用。近年来，一些地方立足实际，积极开展向社会力量购买服务的探索，取得了良好效果，在政策指导、经费保障、工作机制等方面积累了不少好的做法和经验。

实践证明，推行政府向社会力量购买服务是创新公共服务提供方式、加快服务业发展、引导有效需求的重要途径，对于深化社会领域改革，推动政府职能转变，整合利用社会资源，增强公众参与意识，激发经济社会活力，增加公共服务供给，提高公共服务水平和效率，都具有重要意义。

地方各级人民政府要结合当地经济社会发展状况和人民群众的实际需求，因地制宜、积极稳妥地推进政府向社会力量购买服务工作，不断创新和完善公共服务供给模式，加快建设服务型政府。

二、正确把握政府向社会力量购买服务的总体方向

（一）指导思想。

以邓小平理论、“三个代表”重要思想、科学发展观为指导，深入贯彻落实党的十八大精神，牢牢把握加快转变政府职能、推进政事分开和政社分开、在改善民生和创新管理中加强社会建设的要求，进一步放开公共服务市场准入，改革创新公共服务提供机制和方式，推动中国特色公共服务体系建设和发展，努力为广大人民群众提供优质高效的公共服务。

（二）基本原则。

——积极稳妥，有序实施。立足社会主义初级阶段基本国情，从各地实际出发，准确把握社会公共服务需求，充分发挥政府主导作用，有序引导社会力量参与服务供给，形成改善公共服务的合力。

——科学安排，注重实效。坚持精打细算，明确权利义务，切实提高财政资金使用效率，把有限的资金用在刀刃上，用到人民群众最需要的地方，确保取得实实在在的成效。

——公开择优，以事定费。按照公开、公平、公正原则，坚持费随事转，通过竞争择优的方式选择承接政府购买服务的社会力量，确保具备条件的社会力量平等参与竞争。加强监督检查和科学评估，建立优胜劣汰的动态调整机制。

——改革创新，完善机制。坚持与事业单位改革相衔接，推进政事分开、政社分开，放开市场准入，释放改革红利，凡社会能办好的，尽可能交给社会力量承担，有效解决一些领域公共服务产品短缺、质量和效率不高等问题。及时总结改革实践经验，借鉴国外有益成果，积极推动政府向社会力量购买服务的健康发展，加快形成公共服务提供新机制。

（三）目标任务。

“十二五”时期，政府向社会力量购买服务工作在各地逐步推开，统一有效的购买服务平台和机制初步形成，相关制度法规建设取得明显进展。到2020年，在全国基本建立比较完善的政府向社会力量购买服务制度，形成与经济社会发展相适应、高效合理的公共服务资源配置体系和供给体系，公共服务水平和质量显著提高。

三、规范有序开展政府向社会力量购买服务工作

（一）购买主体。

政府向社会力量购买服务的主体是各级行政机关和参照公务员法管理、具有行政管理职能的事业单位。纳入行政编制管理且经费由财政负担的群团组织，也可根据实际需要，通过购买服务方式提供公共服务。

（二）承接主体。

承接政府购买服务的主体包括依法在民政部门登记成立或经国务院批准免予登记的社会组织，以及依法在工商管理或行业主管部门登记成立的企业、机构等社会力量。承接政府购买服务的主体应具有独立承担民事责任的能力，具备提供服务所必需的设施、人员和专业技术的能力，具有健全的内部治理结构、财务会计和资产管理制度，具有良好的社会和商业信誉，具有依法缴纳税收和社会保险的良好记录，并符合登记管理部门依法认定的其他条件。承接主体的具体条件由购买主体会同财政部门根据购买服务项目的性质和质量要求确定。

（三）购买内容。

政府向社会力量购买服务的内容为适合采取市场化方式提供、社会力量能够承担的公共服务，突出公共性和公益性。教育、就业、社保、医疗卫生、住房保障、文化体育及残疾人服务等基本公共服务领域，要逐步加大政府向社会力量购买服务的力度。非基本公共服务领域，要更多更好地发挥社会力量的作用，凡适合社会力量承担的，都可以通过委托、承包、采购等方式交给社会力量承担。对应当由政府直接提供、不适合社会力量承担的公共服务，以及不属于政府职责范围的服务项目，政府不得向社会力量购买。各地区、各有关部门要按照有利于转变政府职能，有利于降低服务成本，有利于提升服务质量水平和资金效益的原则，在充分听取社会各界意见基础上，研究制定政府向社会力量购买服务的指导性目录，明确政府购买的服务种类、性质和内容，并在总结试点经验基础上，及时进行动态调整。

（四）购买机制。

各地要按照公开、公平、公正原则，建立健全政府向社会力量购买服务机制，及时、充分向社会公布购买的服务项目、内容以及对承接主体的要求和绩效评价标准等信息，建立健全项目申报、预算编报、组织采购、项目监管、绩效评价的规范化流程。购买工作应按照政府采购法的有关规定，采用公开招标、邀请招标、竞争性谈判、单一来源、询价等方式确定承接主体，严禁转包行为。购买主体要按照合同管理要求，与承接主体签订合同，明确所购买服务的范围、标的、数量、质量要求，以及服务期限、资金支付方式、权利义务和违约责任等，按照合同要求支付资金，并加强对服务提供全过程的跟踪监管和对服务成果的检查验收。承接主体要严格履行合同义务，按时完成服务项目任务，保证服务数量、质量和效果。

（五）资金管理。

政府向社会力量购买服务所需资金在既有财政预算安排中统筹考虑。随着政府提供公共服务的发展所需增加的资金，应按照预算管理要求列入财政预算。要严格资金管理，确保公开、透明、规范、有效。

（六）绩效管理。

加强政府向社会力量购买服务的绩效管理，严格绩效评价机制。建立健全由购买主体、服务对象及第三方组成的综合性评审机制，对购买服务项目数量、质量和资金使用绩效等进行考核评价。评价结果向社会公布，并作为以后年度编制政府向社会力量购买服务预算和选择政府购买服务承接主体的重要参考依据。

四、扎实推进政府向社会力量购买服务工作

（一）加强组织领导。

推进政府向社会力量购买服务，事关人民群众切身利益，是保障和改善民生的一项重要工作。地方各级人民政府要把这项工作列入重要议事日程，加强统筹协调，立足当地实际认真制定并逐步完善政府向社会力量购买服务的政策措施和实施办法，并抄送上一级政府财政部门。财政部要会同有关部门加强对各地开展政府向社会力量购买服务工作的指导和监督，总结推广成功经验，积极推动相关制度法规建设。

（二）健全工作机制。

政府向社会力量购买服务，要按照政府主导、部门负责、社会参与、共同监督的要求，确保工作规范有序开展。地方各级人民政府可根据本地区实际情况，建立“政府统一领导，财政部门牵头，民政、工商管理以及行业主管部门协同，职能部门履职，监督部门保障”的工作机制，拟定购买服务目录，确定购买服务计划，指导监督购买服务工作。相关职能部门要加强协调沟通，做到各负其责、齐抓共管。

（三）严格监督管理。

各地区、各部门要严格遵守相关财政财务管理规定，确保政府向社会力量购买服务资金规范管理和使用，不得截留、挪用和滞留资金。购买主体应建立健全内部监督管理制度，按规定公开购买服务相关信息，自觉接受社会监督。承接主体应当健全财务报告制度，并由具有合法资质的注册会计师对财务报告进行审计。财政部门要加强对政府向社会力量购买服务实施工作的组织指导，严格资金监管，监察、审计等部门要加强监督，民政、工商管理以及行业主管部门要按照职能分工将承接政府购买服务行为纳入年检、评估、执法等监管体系。

（四）做好宣传引导。

地方各级人民政府和国务院有关部门要广泛宣传政府向社会力量购买服务工作的目的、意义、目标任务和相关要求，做好政策解读，加强舆论引导，主动回应群众关切，充分调动社会参与的积极性。

国务院办公厅

2013 年 9 月 26 日

9. 财政部关于做好政府购买服务工作有关问题的通知（财综〔2013〕111号）

国务院各部委、直属各机构，各省、自治区、直辖市、计划单列市财政厅(局)，新疆建设兵团财务局，财政部驻各省、自治区、直辖市、计划单列市财政监察专员办事处：

为贯彻落实党的十八届三中全会精神和《国务院办公厅关于政府向社会力量购买服务的指导意见》（国办发〔2013〕96号，以下简称《指导意见》），加快推进政府购买服务工作，现就有关事项通知如下：

一、充分认识推进政府购买服务工作的重要性和紧迫性

推进政府购买服务是新时期全面深化改革的必然要求。当前，我国发展进入新阶段，社会结构、利益格局、思想观念发生了深刻变化，人民群众日益增长的公共服务需求对政府管理和服务模式提出了新要求。在全面深化改革的关键时期，大力推进政府购买服务，逐步建立健全政府购买服务制度，是正确处理政府和市场、社会的关系，建设服务型政府，推进国家治理体系和治理能力现代化的客观要求；是创新公共服务供给方式、提高公共服务供给水平和效率的迫切需要；是培育和引导社会组织、加快服务业发展、扩大服务业开放、引导有效需求的重要举措，对于深化社会领域改革，推动政府职能转变，整合利用社会资源，增强公众参与意识，激发经济社会活力，提高财政资金使用效益，为人民群众提供更加优质的公共服务具有重要意义。

党中央、国务院高度重视政府购买服务工作，作出了一系列部署和要求。党的十八大强调要改进政府提供公共服务方式，新一届国务院明确要求在公共服务领域更多利用社会力量，加大政府购买服务力度，党的十八届三中全会通过的《中共中央关于全面深化改革若干重大问题的决定》明确提出，推广政府购买服务，凡属事务性管理服务，原则上都要引入竞争机制，通过合同、委托等方式向社会购买。国务院领导多次作出重要批示，要求财政部会同有关部门抓紧推进政府购买公共服务改革。

当前和今后一个时期，大力推进政府购买服务是贯彻落实三中全会精神和《指导意见》的一项重要工作任务。《指导意见》是推动我国政府购买服务工作的重要指导性文件，各地区、各部门要认真学习领会、准确把握精神，将思想和行动统一到党中央、国务院的决策部署上来，统一到《指导意见》的精神上来，将推进政府购买服务工作摆在发展改革的重要位置，增强紧迫感、使命感和责任感，按照中央的部署和要求，积极稳妥、扎实有效地开展工作，确保《指导意见》顺利实施。

二、积极有序推进政府购买服务工作

《指导意见》的基本定位是注重原则性、方向性、统筹性和指导性，既鼓励支持地方和部门先行先试，发挥做好政府购买服务工作的主动性、积极性和创新精神，也明确了工作的总体目标和基本要求。根据《指导意见》的精神，目前，为进一步做好顶层设计，财政部正抓紧研究政府购买服务管理办法以及相关预算、政府采购、税收等具体政策措施。各地区、各部门要结合实际，积极行动起来，主动部署开展工作，抓紧制定相关政策文件，尽快形成中央和地方共同推进购买服务工作的氛围和机制。

（一）坚持正确方向，积极探索创新。开展政府购买服务工作要以改革的决心和勇气，正确处理当前和长远、全局和局部的关系，正确对待利益格局调整，不拖不等不靠，积极创新，大胆探索。要根据《指导意见》精神，抓紧制定本地区、本部门政府购买服务的实施意见、办法和具体措施，尽快形成中央与地方衔接配套、操作性强的政府购买服务政策体系。已经出台相关文件的，要对照《指导意见》进一步细化和完善相关政策措施，不断健全与本地经济社会发展相适应的政府购买服务制度体系。尚未出台政策性文件的，要按照《指导意见》要求，结合工作实际，在调查研究基础上，抓紧研究针对性的政策措施和办法，积极探索试点，积累经验，逐步推开。

（二）坚持突出重点，稳妥有序推广。要结合实际，在准确把握公众需求的基础上，全面梳理并主动提出购买服务的内容和事项，精心研究制定指导性目录，明确购买的服务种类、性质和内容。在公共服务需求日趋多样化的形势下，应突出公共性和公益性，重点考虑、优先安排与保障和改善民生密切相关的领域和项目，把有限的财政资金用到人民群众最需要的地方。对于政府新增的或临时性、阶段性的公共服务事项，凡适合社会力量承担的，原则上都按照政府购买服务的方式进行。看得准、拿得稳的先推下去，一时看不准、有疑问的要深入研究，条件成熟了再推进。要通过购买服务，推动政府简政放权，防止“大包大揽”。要确保政府全面正确履行职能，防止“卸包袱”，将应当由政府直接提供、不适合社会力量承担的公共服务事项推向市场。购买服务的范围、内容和目录应倾听群众呼声，反映群众意愿，根据经济社会和政府职能的发展变化，及时进行动态调整。

（三）坚持规范操作，完善购买程序。要按照公开、公平、公正的原则，完善政府购买服务的各项程序规定，建立以项目申报、项目评审、组织采购、资质审核、合同签订、项目监管、绩效评估、经费兑付等为主要内容的规范化购买流程，有序开展工作。要将政府购买服务资金纳入预算，并严格资金管理，加强绩效评价。要及时充分地向社会公开购买服务的项目内容、承接主体条件、绩效评价标准等信息，确保社会力量公平参与竞争，严禁层层转包、豪华购买、暗箱操作等违规违法行为，筑牢预防腐败的制度防线。

（四）坚持政策衔接，注重建章立制。要处理好积极推进和制度建设的关系，做好相关政策的完善和相互衔接。既要考虑当前政府购买服务工作的重点是鼓励和推进改革，在坚持大的原则不变和透明预算的前提下，注重研究解决现行政府采购、预算编制、会计处理等技术性管理难题，必要时可适当做出政策调整，为政府购买服务工作的顺利推进创造条件；又要兼顾长远，在实践中不断总结经验，注重体制机制建设，为将来建立购买服务制度打基础。同时，要做好政府购买服务与事业单位分类改革、行业协会商会脱钩等相关改革的衔接，按照国务院关于“财政供养人员只减不增”的要求，在有效增加公共服务供给的同时，积极研究探索通过政府购买服务方式支持改革的政策措施，实现“费随事转”。要通过政府购买服务，推动公办事业单位与主管部门理顺关系和去行政化，推进有条件的事业单位转为企业或社会组织，坚决防止一边购买服务，一边又养人办事、“两头占”的现象发生。

三、切实加强对政府购买服务工作的组织实施

推广政府购买服务是一项新的综合性改革工作，是全面深化改革的重要举措和方向，政策性强，涉及面广，任务艰巨，要用发展的眼光、改革的理念切实加强对这项工作的组织实施。

（一）加强组织领导。各地区、各部门要按照政府主导、部门负责、社会参与、共同监督的要求，切实加强对政府购买服务的组织和指导。要尽快建立工作机制，制定工作计划和实施方案，扎实推进。同时，加强对下一级政府购买服务的指导，督促其积极开展工作。

（二）发挥牵头作用。各地区、各部门财政（务）部门要切实履行职责，发挥好牵头作用，当好参谋助手，加强沟通协调，形成工作合力。各地财政部门要尽快明确牵头处室，明确分工，落实责任。中央国家机关各部门要尽快明确牵头司局和责任处室，积极支持配合财政部统筹推进政府购买服务工作，并主动做好本部门、本行业、本系统相关工作。

（三）加强培训宣传。各地区、各部门要切实加大宣传和培训力度，确保广大干部群众及相关社会力量负责人、工作人员了解、熟悉和掌握有关背景知识、政策措施及操作规范。要充分利用广播、电视、网络、报刊等媒体，广泛宣传实施政府购买服务工作的重要意义、指导思想、基本原则和主要政策措施，为推进工作营造良好的舆论环境。

各地区、各部门要按照党的群众路线教育实践活动要求，切实加强调查研究，认真总结好经验、好做法，及时发现并解决实施过程中出现的问题，逐步完善政策措施和制度设计，确保近期工作取得实质性进展，中长期形成比较完善的政府购买服务制度体系。各地区、各部门的工作进展情况、工作中遇到的新情况和重大问题，以及有关意见和建议，请及时报财政部，以便统筹研究解决。

财政部

2013 年 12 月 4 日

10. 财政部 民政部关于支持和规范社会组织承接政府购买服务的通知（财综〔2014〕87 号）

各省、自治区、直辖市、计划单列市财政厅（局）、民政厅（局），新疆生产建设兵团财务局、民政局：

为全面贯彻落实党的十八届三中全会精神，加快转变政府职能，推广政府购买服务，激发社会组织活力，根据《中共中央关于全面深化改革若干重大问题的决定》《国务院办公厅关于政府向社会力量购买服务的指导意见》（国办发〔2013〕96 号）有关要求，现就支持和规范社会组织承接政府购买服务有关工作通知如下：

一、充分认识社会组织在政府购买服务中的重要作用

党的十八届三中全会提出，适合由社会组织提供的公共服务和解决的事项，交由社会组织承担，对社会组织承接政府购买服务工作提出了新的更高要求。

改革开放以来，我国社会组织稳步发展，秉持非营利性、公益性和公共性原则，在教育科技、健康卫生、文化体育、社会福利、社会治理等公共服务领域发挥了重要作用，已成为社会治理和社会事业的重要主体。充分发挥社会组织在公共服务供给中的独特功能和积极作用，有利于加快转变政府职能，创新公共服务供给方式，提高公共服务供给水平和效率；有利于培育和引导社会组织，加快形成政社分开、权责明确、依法自治的现代社会组织体制；有利于推动整合利用社会资源，增强公众参与意识，激发社会发展活力。

随着政府购买服务工作的推进，社会组织承接政府公共服务能力不足的问题日益显现。突出表现为，社会组织在数量、规模等方面相对滞后，专业素质不够高，内部治理不健全，政社不分、管办一体、责任不清，独立运作能力较弱，社会公信力偏低，筹集和整合社会资源能力不强，这些问题成为影响社会组织承接政府购买服务工作的重要因素。各地要认真贯彻落实党的十八届三中全会精神，按照国办发〔2013〕96 号文件的要求，在推广政府购买服务改革中，将提升社会组织公共服务能力作为开展政府购买服务的基础性工作，支持和引导社会组织健康有序发展，充分发挥社会组织在承接政府购买服务中的主体作用。

二、加大对社会组织承接政府购买服务的支持力度

（一）加强社会组织培育发展。加快培育一批独立公正、行为规范、运作有序、公信力强、适应社会主义市场经济发展要求的社会组织。重点培育和优先发展行业协会商会类、科技类、公益慈善类、城乡社区服务类社会组织。统筹利用现有公共服务设施，以适当方式为社会组织开展服务创造必要条件，大力支持社会组织积极参与政府购买公共服务活动。各地要根据本地区经济社会发展情况和社会组织需要，为社会组织充分发挥作用给予政策支持和引导，提升社会组织自主发展、自我管理、筹资和社会服务等能力。鼓励采取孵化培育、人员培训、项目指导、公益创投等多种途径和方式，提升社会组织承接政府购买服务的能力。

（二）按照突出公共性和公益性原则，逐步扩大承接政府购买服务的范围和规模。充分发挥社会组织在公共服务供给中的独特功能和作用，在购买民生保障、社会治理、行业管理等公共服务项目时，同等条件下优先向社会组织购买。在民生保障领域，重点购买社会事业、社会福利、社会救助等服务项目。在社会治理领域，重点购买社区服务、社会工作、法律援助、特殊群体服务、矛盾调解等服务项目。在行业管理领域，重点购买行业规范、行业评价、行业统计、行业标准、职业评价、等级评定等服务项目。公平对待社会组织承接政府购买服务，鼓励社会组织进入法律法规未禁入的公共服务行业和领域，形成公共服务供给的多元化发展格局，满足人民群众多样化需求。

（三）探索多种有效方式，加大社会组织承接政府购买服务支持力度。按照政府采购法和国办发〔2013〕96号文件规定，采用公开招标、邀请招标、竞争性谈判、单一来源采购等方式确定承接主体，有针对性地培育和发展一批社会组织，促进社会组织的发展。有条件的地方可推广利用财政资金支持社会组织参与服务示范项目，逐步加大政府向社会组织购买服务的力度，适合采取市场化方式提供、社会组织能够承担的公共服务，都可以由社会组织参与、承接，所需资金按照预算管理要求在财政预算安排中统筹考虑。引导、支持社会组织募集资金参与服务。贯彻落实国家对社会组织各项税收优惠政策，符合条件的社会组织按照有关税收法律法规规定，享受相关税收优惠。

三、进一步建立健全社会组织承接政府购买服务信用记录管理机制

（一）社会组织承接政府购买服务应当具备以下条件：具有独立承担民事责任的能力；具有开展工作所必需的条件，具有固定的办公场所，有必要的专职工作人员；具有健全的法人治理结构，完善的内部管理、信息公开和民主监督制度；有完善的财务核算和资产管理制度，有依法缴纳税收、社会保险费的良好记录；近三年内无重大违法记录；法律、行政法规规定的其他条件。

（二）社会组织在承接政府购买服务时，应当按要求提供登记证书、年检结论、年度报告、财务审计报告、依法缴纳税收和社会保险费，无重大违法记录的声明等相关证明材料，供购买主体审查。购买主体可根据购买内容的特点规定社会组织的特定条件，但不得对承接主体实行歧视性差别待遇。

（三）按照公开、公正、公平原则，推进社会组织登记管理和承接政府购买服务的信息公开和信息共享，加强政府向社会组织购买服务的绩效管理和绩效评价。建立健全由购买主体、服务对象及专业机构组成的综合性评价机制。各级财政部门要配合购买主体及相关机构加强政府购买服务活动的监管和绩效评价，在推广政府购买服务过程中，对守信社会组织予以支持和激励，对失信社会组织予以限制和禁止。各级民政部门要建立完善社会组织信用体系，协助核实社会组织的资质及相关条件，及时收录承接政府购买服务的社会组织绩效评价结果和对违法社会组织的处罚决定等内容，每年按时向社会公布社会组织名录和信用记录。有关部门要将社会组织承接政府购买服务情况纳入年检、评估和执法工作体系，加大对违法违规行为的执法监管力度。

四、切实做好社会组织承接政府购买服务的组织实施

各地要建立健全部门联动机制，统筹规划、协调指导政府向社会组织购买服务工作。及时披露、公开信息，鼓励社会监督，充分调动社会参与的积极性。要结合实际，制定支持和规范社会组织承接政府购买服务的具体政策，确保工作落到实处，取得成效。切实加强调查研究，认真总结好经验、好做法，及时发现并解决政府向社会组织购买服务工作中出现的问题。执行中遇到的新情况和重大问题，以及有关意见和建议，请及时报送财政部、民政部。

财政部　民政部

2014 年 11 月 25 日

11. 财政部 民政部 工商总局关于印发《政府购买服务管理办法（暂行）》的通知（财综〔2014〕96 号）

党中央有关部门，国务院各部委、各直属机构，全国人大常委会办公厅，全国政协办公厅，高法院，高检院，有关人民团体，各民主党派中央，全国工商联，各省、自治区、直辖市、计划单列市财政厅（局）、民政厅（局）、工商行政管理局，新疆生产建设兵团财务局、民政局、工商行政管理局：

根据党的十八届三中全会有关精神和《国务院办公厅关于政府向社会力量购买服务的指导意见》（国办发〔2013〕96 号）部署，为加快推进政府购买服务改革，我们制定了《政府购买服务管理办法（暂行）》。现印发给你们，请认真贯彻执行。

财政部　民政部　工商总局

2014 年 12 月 15 日

政府购买服务管理办法（暂行）

第一章　总　则

第一条　为了进一步转变政府职能，推广和规范政府购买服务，更好发挥市场在资源配置中的决定性作用，根据《中华人民共和国预算法》《中华人民共和国政府采购法》《中共中央关于全面深化改革若干重大问题的决定》《国务院办公厅关于政府向社会力量购买服务的指导意见》（国办发〔2013〕96号）等有关要求和规定，制定本办法。

第二条　本办法所称政府购买服务，是指通过发挥市场机制作用，把政府直接提供的一部分公共服务事项以及政府履职所需服务事项，按照一定的方式和程序，交由具备条件的社会力量和事业单位承担，并由政府根据合同约定向其支付费用。

政府购买服务范围应当根据政府职能性质确定，并与经济社会发展水平相适应。属于事务性管理服务的，应当引入竞争机制，通过政府购买服务方式提供。

第三条　政府购买服务遵循以下基本原则：

（一）积极稳妥，有序实施。从实际出发，准确把握社会公共服务需求，充分发挥政府主导作用，探索多种有效方式，加大社会组织承接政府购买服务支持力度，增强社会组织平等参与承接政府购买公共服务的能力，有序引导社会力量参与服务供给，形成改善公共服务的合力。

（二）科学安排，注重实效。突出公共性和公益性，重点考虑、优先安排与改善民生密切相关、有利于转变政府职能的领域和项目，明确权利义务，切实提高财政资金使用效率。

（三）公开择优，以事定费。按照公开、公平、公正原则，坚持费随事转，通过公平竞争择优选择方式确定政府购买服务的承接主体，建立优胜劣汰的动态调整机制。

（四）改革创新，完善机制。坚持与事业单位改革、社会组织改革相衔接，推进政事分开、政社分开，放宽市场准入，凡是社会能办好的，都交给社会力量承担，不断完善体制机制。

第二章　购买主体和承接主体

第四条　政府购买服务的主体（以下简称购买主体）是各级行政机关和具有行政管理职能的事业单位。

第五条　党的机关、纳入行政编制管理且经费由财政负担的群团组织向社会提供的公共服务以及履职服务，可以根据实际需要，按照本办法规定实施购买服务。

第六条　承接政府购买服务的主体（以下简称承接主体），包括在登记管理部门登记或经国务院批准免予登记的社会组织、按事业单位分类改革应划入公益二类或转为企业的事业单位，依法在工商管理或行业主管部门登记成立的企业、机构等社会力量。

第七条　承接主体应当具备以下条件：

（一）依法设立，具有独立承担民事责任的能力；

（二）治理结构健全，内部管理和监督制度完善；

（三）具有独立、健全的财务管理、会计核算和资产管理制度；

（四）具备提供服务所必需的设施、人员和专业技术能力；

（五）具有依法缴纳税收和社会保障资金的良好记录；

（六）前三年内无重大违法记录，通过年检或按要求履行年度报告公示义务，信用状况良好，未被列入经营异常名录或者严重违法企业名单；

（七）符合国家有关政事分开、政社分开、政企分开的要求；

（八）法律、法规规定以及购买服务项目要求的其他条件。

第八条　承接主体的资质及具体条件，由购买主体根据第六条、第七条规定，结合购买服务内容具体需求确定。

第九条　政府购买服务应当与事业单位改革相结合，推动事业单位与主管部门理顺关系和去行政化，推进有条件的事业单位转为企业或社会组织。

事业单位承接政府购买服务的，应按照“费随事转”原则，相应调整财政预算保障方式，防止出现既通过财政拨款养人办事，同时又花钱购买服务的行为。

第十条　购买主体应当在公平竞争的原则下鼓励行业协会商会参与承接政府购买服务，培育发展社会组织，提升社会组织承担公共服务能力，推动行业协会商会与行政机构脱钩。

第十一条　购买主体应当保障各类承接主体平等竞争，不得以不合理的条件对承接主体实行差别化歧视。

第三章　购买内容及指导目录

第十二条　政府购买服务的内容为适合采取市场化方式提供、社会力量能够承担的服务事项。政府新增或临时性、阶段性的服务事项，适合社会力量承担的，应当按照政府购买服务的方式进行。不属于政府职能范围，以及应当由政府直接提供、不适合社会力量承担的服务事项，不得向社会力量购买。

第十三条　各级财政部门负责制定本级政府购买服务指导性目录，确定政府购买服务的种类、性质和内容。

财政部门制定政府购买服务指导性目录，应当充分征求相关部门意见，并根据经济社会发展变化、政府职能转变及公众需求等情况及时进行动态调整。

第十四条　除法律法规另有规定外，下列服务应当纳入政府购买服务指导性目录：

（一）基本公共服务。公共教育、劳动就业、人才服务、社会保险、社会救助、养老服务、儿童福利服务、残疾人服务、优抚安置、医疗卫生、人口和计划生育、住房保障、公共文化、公共体育、公共安全、公共交通运输、三农服务、环境治理、城市维护等领域适宜由社会力量承担的服务事项。

（二）社会管理性服务。社区建设、社会组织建设与管理、社会工作服务、法律援助、扶贫济困、防灾救灾、人民调解、社区矫正、流动人口管理、安置帮教、志愿服务运营管理、公共公益宣传等领域适宜由社会力量承担的服务事项。

（三）行业管理与协调性服务。行业职业资格和水平测试管理、行业规范、行业投诉等领域适宜由社会力量承担的服务事项。

（四）技术性服务。科研和技术推广、行业规划、行业调查、行业统计分析、检验检疫检测、监测服务、会计审计服务等领域适宜由社会力量承担的服务事项。

（五）政府履职所需辅助性事项。法律服务、课题研究、政策（立法）调研草拟论证、战略和政策研究、综合性规划编制、标准评价指标制定、社会调查、会议经贸活动和展览服务、监督检查、评估、绩效评价、工程服务、项目评审、财务审计、咨询、技术业务培训、信息化建设与管理、后勤管理等领域中适宜由社会力量承担的服务事项。

（六）其他适宜由社会力量承担的服务事项。

第十五条　纳入指导性目录的服务事项，应当实施购买服务。

第四章　购买方式及程序

第十六条　购买主体应当根据购买内容的供求特点、市场发育程度等因素，按照方式灵活、程序简便、公开透明、竞争有序、结果评价的原则组织实施政府购买服务。

第十七条　购买主体应当按照政府采购法的有关规定，采用公开招标、邀请招标、竞争性谈判、单一来源采购等方式确定承接主体。

与政府购买服务相关的采购限额标准、公开招标数额标准、采购方式审核、信息公开、质疑投诉等按照政府采购相关法律制度规定执行。

第十八条　购买主体应当在购买预算下达后，根据政府采购管理要求编制政府采购实施计划，报同级政府采购监管部门备案后开展采购活动。

购买主体应当及时向社会公告购买内容、规模、对承接主体的资质要求和应提交的相关材料等相关信息。

第十九条　按规定程序确定承接主体后，购买主体应当与承接主体签订合同，并可根据服务项目的需求特点，采取购买、委托、租赁、特许经营、战略合作等形式。

合同应当明确购买服务的内容、期限、数量、质量、价格等要求，以及资金结算方式、双方的权利义务事项和违约责任等内容。

第二十条　购买主体应当加强购买合同管理，督促承接主体严格履行合同，及时了解掌握购买项目实施进度，严格按照国库集中支付管理有关规定和合同执行进度支付款项，并根据实际需求和合同规定积极帮助承接主体做好与相关政府部门、服务对象的沟通、协调。

第二十一条　承接主体应当按合同履行提供服务的义务，认真组织实施服务项目，按时完成服务项目任务，保证服务数量、质量和效果，主动接受有关部门、服务对象及社会监督，严禁转包行为。

第二十二条　承接主体完成合同约定的服务事项后，购买主体应当及时组织对履约情况进行检查验收，并依据现行财政财务管理制度加强管理。

第五章　预算及财务管理

第二十三条　政府购买服务所需资金，应当在既有财政预算中统筹安排。购买主体应当在现有财政资金安排的基础上，按规定逐步增加政府购买服务资金比例。对预算已安排资金且明确通过购买方式提供的服务项目，按相关规定执行；对预算已安排资金但尚未明确通过购买方式提供的服务项目，可以根据实际情况转为通过政府购买服务方式实施。

第二十四条　购买主体应当充分发挥行业主管部门、行业组织和专业咨询评估机构、专家等专业优势，结合项目特点和相关经费预算，综合物价、工资、税费等因素，合理测算安排政府购买服务所需支出。

第二十五条　财政部门在布置年度预算编制工作时，应当对购买服务相关预算安排提出明确要求，在预算报表中制定专门的购买服务项目表。

购买主体应当按要求填报购买服务项目表，并将列入集中采购目录或采购限额标准以上的政府购买服务项目同时反映在政府采购预算中，与部门预算一并报送财政部门审核。

第二十六条　财政部门负责政府购买服务管理的机构对购买主体填报的政府购买服务项目表进行审核。

第二十七条　财政部门审核后的购买服务项目表，随部门预算批复一并下达给相关购买主体。购买主体应当按照财政部门下达的购买服务项目表，组织实施购买服务工作。

第二十八条　承接主体应当建立政府购买服务台账，记录相关文件、工作计划方案、项目和资金批复、项目进展和资金支付、工作汇报总结、重大活动和其他有关资料信息，接受和配合相关部门对资金使用情况进行监督检查及绩效评价。

第二十九条　承接主体应当建立健全财务制度，严格遵守相关财政财务规定，对购买服务的项目资金进行规范的财务管理和会计核算，加强自身监督，确保资金规范管理和使用。

第三十条　承接主体应当建立健全财务报告制度，按要求向购买主体提供资金的使用情况、项目执行情况、成果总结等材料。

第六章　绩效和监督管理

第三十一条　财政部门应当按照建立全过程预算绩效管理机制的要求，加强成本效益分析，推进政府购买服务绩效评价工作。

财政部门应当推动建立由购买主体、服务对象及专业机构组成的综合性评价机制，推进第三方评价，按照过程评价与结果评价、短期效果评价与长远效果评价、社会效益评价与经济效益评价相结合的原则，对购买服务项目数量、质量和资金使用绩效等进行考核评价。评价结果作为选择承接主体的重要参考依据。

第三十二条　财政、审计等有关部门应当加强对政府购买服务的监督、审计，确保政府购买服务资金规范管理和合理使用。对截留、挪用和滞留资金以及其他违反本办法规定的行为，依照《中华人民共和国政府采购法》《财政违法行为处罚处分条例》等国家有关规定追究法律责任；涉嫌犯罪的，依法移交司法机关处理。

第三十三条　民政、工商管理及行业主管等部门应当按照职责分工将承接主体承接政府购买服务行为信用记录纳入年检（报）、评估、执法等监管体系，不断健全守信激励和失信惩戒机制。

第三十四条　购买主体应当加强服务项目标准体系建设，科学设定服务需求和目标要求，建立服务项目定价体系和质量标准体系，合理编制规范性服务标准文本。

第三十五条　购买主体应当建立监督检查机制，加强对政府购买服务的全过程监督，积极配合有关部门将承接主体的承接政府购买服务行为纳入年检（报）、评估、执法等监管体系。

第三十六条　财政部门和购买主体应当按照《中华人民共和国政府信息公开条例》《政府采购信息公告管理办法》以及预算公开的相关规定，公开财政预算及部门和单位的政府购买服务活动的相关信息，涉及国家秘密、商业秘密和个人隐私的信息除外。

第三十七条　财政部门应当会同相关部门、购买主体建立承接主体承接政府购买服务行为信用记录，对弄虚作假、冒领财政资金以及有其他违法违规行为的承接主体，依法给予行政处罚，并列入政府购买服务黑名单。

第七章　附　则

第三十八条　本办法由财政部会同有关部门负责解释。

第三十九条　本办法自 2015 年 1 月 1 日起施行。

12. 民政部 财政部关于取消社会团体会费标准备案规范会费管理的通知（民发〔2014〕166 号）

各省、自治区、直辖市民政厅（局）、财政厅（局），各计划单列市民政局、财政局，新疆生产建设兵团民政局、财务局：

为切实转变政府职能，简政放权，推进社会团体依法自治，激发社会团体活力，现就社会团体会费有关事项通知如下：

一、自《通知》发布之日起，社会团体通过的会费标准，不再报送业务主管单位、社会团体登记管理机关和财政部门备案。

二、经社会团体登记管理机关批准成立的社会团体，可以向个人会员和单位会员收取会费。

三、社会团体可以依据章程规定的业务范围、工作成本等因素，合理制定会费标准。

会费标准的额度应当明确，不得具有浮动性。

四、社会团体制定或者修改会费标准，应当召开会员大会或者会员代表大会，应当有 2/3 以上会员或者会员代表出席，并经出席会员或者会员代表 1/2 以上表决通过，表决采取无记名投票方式进行。

除会员大会或者会员代表大会以外，不得采取任何其他形式制定或者修改会费标准。

五、社会团体应当自通过会费标准决议之日起 30 日内，将决议向全体会员公开。

六、社会团体会费应当主要用于为会员提供服务以及按照该社会团体宗旨开展的各项业务活动等支出。

社会团体应当每年向会员公布会费收支情况，定期接受会员大会或者会员代表大会的审查，并在社会团体年检时填报会费收支情况。

七、社会团体收取会费，应当按照规定使用财政部和省（自治区、直辖市）财政部门印（监）制的社会团体会费收据。除会费以外，其他收入不得使用社会团体会费收据。

八、社会团体会费标准的制定、修改，以及会费收取、使用和管理不符合本通知规定的，社会团体登记管理机关可以依据《社会团体登记管理条例》的有关规定，给予相应处罚。

社会团体登记管理机关和财政部门应当对社会团体会费的收支情况进行监督检查，发现问题，及时处理。

九、社会团体收取会费不符合本通知第三条、第四条、第六条规定的，社会团体会员有权拒绝缴纳，并可以向有关部门举报。

《民政部 财政部关于调整社会团体会费政策等有关问题的通知》（民发〔2003〕95号）、《民政部 财政部关于进一步明确社会团体会费政策的通知》（民发〔2006〕123号）自本通知印发之日起同时废止。

民政部　财政部

2014年7月25日

13. 民政部 财政部关于加强社会组织反腐倡廉工作的意见（民发〔2014〕227号）

各省、自治区、直辖市民政厅（局）、财政厅（局），新疆生产建设兵团民政局、财政局：

社会组织是党和政府联系人民群众的桥梁和纽带，是国家治理体系和治理能力现代化的有机组成部分。社会组织反腐倡廉工作，既是改革社会组织管理制度、促进社会组织健康有序发展的必然要求，又是加强和创新社会治理、建立健全覆盖全社会的惩治和预防腐败体系的重要内容。为深入贯彻落实党的十八大，十八届二中、三中、四中全会精神和国务院第二次廉政工作会议要求，现就加强社会组织反腐倡廉工作提出以下意见。

一、健全社会组织民主机制

社会组织要以章程为核心，建立健全现代法人治理结构和运行机制。落实民主选举、差额选举制度，扩大直选范围。规范社会组织民主议事、民主决策的范围、程序和方法。涉及社会组织人、财、物等重大事项的决策，要经过民主程序，不得由个人专断。进行改选换届的会员（代表）大会、理事会须有符合法定人数的会员（代表）、理事出席方能召开，不得以通讯方式召开。会员（代表）大会、理事会民主决议事项，不得以鼓掌方式进行表决。鼓励选举企业家担任行业协会商会理事长（会长）。探索实行行业协会商会理事长（会长）轮值制。社会组织要设立监事会或者监事，建立健全内部监督约束机制。推进社会组织诚信建设，建立社会组织信用体系，提高社会组织自治自律水平。

二、加强社会组织财务管理

社会组织要按照《中华人民共和国会计法》和《民间非营利组织会计制度》（财会〔2004〕7号）等规定，严格财务管理。社会组织财务收支必须全部纳入单位法定账户，不得使用其他单位或个人的银行账户进行账务往来，不得账外建账，不得设立“小金库”。社会组织分支（代表）机构不得开设银行基本账户。以社会组织分支（代表）机构名义举办的会议、展览、培训等各类活动所发生的经费往来，必须纳入社会组织法定账户统一管理，不得进入其他单位或个人账户。社会组织不得将自身经费收支与行政机关及企事业单位经费收支混管，不得将收入用于弥补行政经费不足或发放行政机关工作人员各项补贴。社会组织对承接政府职能转移和政府购买服务的经费，要专款专用，不得违规使用。社会组织各项收入除用于组织管理成本和其他合理支出外，应当全部用于章程规定的非营利性事业，盈余不得分配。社会组织财务人员应持证上岗，会计不得兼任出纳，社会组织负责人直系亲属不得担任会计、出纳。社会组织应定期向会员（代表）大会、理事会报告财务收支情况，自觉接受监督。

三、规范社会组织商业行为

社会组织开展经营服务性收费项目，不得转包或者委托与社会组织负责人、分支（代表）机构负责人有直接利益关系的企事业单位或其他组织实施。社会组织应当在资产、机构、人员等方面与所举办经济实体分开，和所举办经济实体之间发生经济往来，应当按照等价交换的原则收取价款、支付费用。社会团体依法所得不得投入会员企业进行营利。社会团体不得通过转包、承包等方式，向其分支（代表）机构、专项基金管理机构收取或者变相收取管理费用。基金会不得资助以营利为目的开展的活动，不得直接宣传、促销、销售企业的产品和品牌，不得为企业及其产品提供信誉和质量担保。社会组织不得利用业务主管部门影响或者行政资源牟利、不得利用所掌握的会员信息、行业数据、捐赠人和受赠人信息等不当牟利。社会组织不得违反规定设立评比达标表彰项目和进行收费，严禁以各种方式强制企业或者个人入会、摊派会费、派捐索捐、强拉赞助。

四、实行社会组织信息公开制度

基金会要严格按规定向社会公开公益活动和募集资金的详细使用计划，公益资助项目的申请、评审程序，以及年度工作报告和财务审计报告等信息。社会团体要主动向会员公开年度工作报告、财务工作报告、会费收支情况以及经理事会研究认为有必要向会员公开的其他信息，向社会公开登记事项、章程、组织机构、接受捐赠、承接政府转移职能以及政府购买服务事项等信息。民办非企业单位要重点向服务对象公开服务承诺、服务收费标准等信息。各级登记管理机关要制定社会组织信息公开办法，建立或者利用有公信力的公共信息平台，为社会组织发布信息和社会监督创造条件。

五、强化社会组织审计和执法监督

对社会组织使用的财政资金以及接受社会捐赠、资助的资金，审计机关依法加强审计监督。对社会组织依法获取的其他收入，通过社会审计机构依法进行审计监督。社会组织要按规定进行年度审计、换届审计和法定代表人离任审计，并将审计结论向会员（代表）大会或者理事会、监事会

（监事）报告。登记管理机关根据工作需要对社会组织进行专项审计。对于违背注册会计师执业准则，帮助社会组织做假账、假报表和出具虚假审计报告的会计师事务所，登记管理机关一经发现，要通报财政部门和注册会计师行业组织，并由相关部门和单位给予相应处分。加强对社会组织反腐倡廉建设工作的监督检查，加大执法查处力度。完善投诉举报受理机制，畅通社会监督渠道。发现社会组织存在腐败隐患的，及时督促整改；确有违法违纪行为的，交由相关机关依纪依法对直接责任人和相关人员给予相应党纪政纪处分，构成犯罪的，依法追究刑事责任。

六、加强社会组织廉洁自律教育

社会组织要把廉洁自律教育作为一项基础性工作，常抓不懈，着力增强教育的针对性和实效性。社会组织法定代表人为本组织反腐倡廉工作第一责任人。要深入开展中国特色社会主义和中国梦教育、理想信念和宗旨教育、社会主义核心价值体系教育，加强党纪国法、廉政法规和道德教育。社会组织党组织要推动党员干部严格执行廉洁自律规定，落实党内监督制度，充分发挥党员干部的模范引导作用。社会组织要加强廉洁文化建设，将廉洁自律理念融入各项工作中去。

各地、各单位要高度重视，加强组织领导，做好统筹协调，按照本意见要求，落实好加强社会组织反腐倡廉工作的各项任务。各级民政部门要严格按照中央有关文件精神，加强社会组织负责人任（兼）职审核，对未按规定报批的领导干部，不得办理相关手续。各级民政、财政等部门要建立工作联动机制，形成工作合力，加强工作研究，采取有力措施，不断解决社会组织反腐倡廉工作中遇到的新情况、新问题，确保社会组织健康有序发展。

民政部　财政部

2014 年 11 月 6 日

14. 民政部 财政部关于规范全国性社会组织年度财务审计工作的通知（民发〔2015〕47号）

各全国性社会组织、各会计师事务所：

为提高社会组织的财务管理和会计工作水平，增强年度检查的监管效果，根据《社会团体登记管理条例》《基金会管理条例》《民办非企业单位登记管理暂行条例》《国务院办公厅转发财政部关于加快发展我国注册会计师行业若干意见的通知》（国办发〔2009〕56号）和《民间非营利组织会计制度》（财会〔2004〕7号）等法规文件的相关要求，现就在民政部登记的社会团体、基金会、民办非企业单位等社会组织（以下简称社会组织）年度财务审计工作有关事宜通知如下：

一、社会组织在接受年度检查时，应当按照登记管理机关的要求报送会计师事务所出具的年度审计报告。登记管理机关为履行监管职责，可以同时出资委托会计师事务所对社会组织进行年度财务抽审。

二、为营造公平竞争的市场环境，除基金会、境外基金会代表机构和其他具有公益性捐赠税前扣除资格的公益性社会团体应当按照《关于加强和完善基金会注册会计师审计制度的通知》（财会〔2011〕23号）的规定选聘会计师事务所外，其他社会组织可以自主选聘经财政部门批准设立的会计师事务所对本单位的年度财务工作进行审计。

三、各社会组织应当积极配合会计师事务所的审计工作，及时提供审计所需资料，并对所提供资料的真实性、合法性负责。社会组织应当以年度审计工作为契机，加强项目管理、收支管理和成本核算，不断提高财务管理水平和会计工作水平。

四、承接社会组织审计业务的会计师事务所应当按照法律法规和委托方要求，组织具有胜任能力的审计人员开展工作，严格遵守审计准则和职业道德的规定，认真完成年度审计工作，对审计报告的真实性和合法性负责。

五、社会组织年度审计报告应当符合中国注册会计师执业准则和登记管理机关的相关规定。年度审计报告所附财务报告应当包含社会组织自身及所设立的分支（代表）机构的全部收支情况。不符合要求的年度审计报告，登记管理机关不予受理。

六、社会组织审计业务收费实行市场调节价。鼓励会计师事务所对部分确有困难的社会组织适当减免审计费用，提供公益审计服务。

七、登记管理机关为履行监管职责对社会组织进行年度财务抽审时，应当根据政府采购制度有关规定选聘会计师事务所，并按照国库集中支付管理制度和合同约定，将审计费用支付给受托会计师事务所。

八、对在财务审计中发现的社会组织违法违规行为，由登记管理机关和相关部门依法予以查处。对于违背注册会计师执业准则，为社会组织出具虚假审计报告的会计师事务所，由财政部门依法予以处理。

九、本通知自下发之日起执行。

民政部　财政部

2015 年 2 月 25 日

15. 财政部 国家税务总局关于公益股权捐赠企业所得税政策问题的通知（财税〔2016〕45 号）

各省、自治区、直辖市、计划单列市财政厅（局）、国家税务局、地方税务局，新疆生产建设兵团财务局：

为支持和鼓励公益事业发展，根据《中华人民共和国企业所得税法》及其实施条例有关规定，经国务院批准，现将股权捐赠企业所得税政策问题通知如下：

一、企业向公益性社会团体实施的股权捐赠，应按规定视同转让股权，股权转让收入额以企业所捐赠股权取得时的历史成本确定。

前款所称的股权，是指企业持有的其他企业的股权、上市公司股票等。

二、企业实施股权捐赠后，以其股权历史成本为依据确定捐赠额，并依此按照企业所得税法有关规定在所得税前予以扣除。公益性社会团体接受股权捐赠后，应按照捐赠企业提供的股权历史成本开具捐赠票据。

三、本通知所称公益性社会团体，是指注册在中华人民共和国境内，以发展公益事业为宗旨、且不以营利为目的，并经确定为具有接受捐赠税前扣除资格的基金会、慈善组织等公益性社会团体。

四、本通知所称股权捐赠行为，是指企业向中华人民共和国境内公益性社会团体实施的股权捐赠行为。企业向中华人民共和国境外的社会组织或团体实施的股权捐赠行为不适用本通知规定。

五、本通知自 2016 年 1 月 1 日起执行。

本通知发布前企业尚未进行税收处理的股权捐赠行为，符合本通知规定条件的可比照本通知执行，已经进行相关税收处理的不再进行税收调整。

请遵照执行。

财政部　国家税务总局

2016 年 4 月 20 日

16. 财政部 民政部关于通过政府购买服务支持社会组织培育发展的指导意见（财综〔2016〕54 号）

各省、自治区、直辖市人民政府，国务院各部委、各直属机构：

为落实党中央、国务院的决策部署，加快转变政府职能，创新社会治理体制，促进社会组织健康有序发展，提升社会组织能力和专业化水平，改善公共服务供给，根据《国务院办公厅关于政府向社会力量购买服务的指导意见》（国办发〔2013〕96 号）精神，经国务院同意，现就通过政府购买服务支持社会组织培育发展提出如下意见。

一、总体要求

（一）指导思想。全面贯彻党的十八大、十八届三中、四中、五中、六中全会和习近平总书记系列重要讲话精神，围绕供给侧结构性改革，结合“放管服”改革、事业单位改革和行业协会商会脱钩改革，充分发挥市场机制作用，大力推进政府向社会组织购买服务，引导社会组织专业化发展，促进提供公共服务能力持续提升，发挥社会组织的独特优势，优化公共服务供给，有效满足人民群众日益增长的公共服务需求。

（二）基本原则。一是坚持深化改革。加快转变政府职能，正确处理政府和社会的关系，推进政社分开，完善相关政策，为社会组织发展创造良好环境，凡适合社会组织提供的公共服务，尽可能交由社会组织承担。二是注重能力建设。通过政府向社会组织购买服务引导社会组织加强自身能力建设，优化内部管理，提升社会组织服务能力和水平，充分发挥社会组织提供公共服务的专业和成本优势，提高公共服务质量和效率。三是坚持公开择优。通过公开公平、竞争择优方式选择社会组织承接政府购买服务，促进优胜劣汰，激发社会组织内在活力，实现健康发展。四是注重分类指导。遵循社会组织发展规律，区分社会组织功能类别、发展程度，结合政府购买服务需求，因地制宜，分类施策，积极推进政府向社会组织购买服务。

（三）主要目标。“十三五”时期，政府向社会组织购买服务相关政策制度进一步完善，购买服务范围不断扩大，形成一批运作规范、公信力强、服务优质的社会组织，公共服务提供质量和效率显著提升。

二、主要政策

（四）切实改善准入环境。社会组织参与承接政府购买服务应当符合有关资质要求，但不应对社会组织成立年限做硬性规定。对成立未满三年，在遵守相关法律法规、按规定缴纳税收和社会保障资金、年检等方面无不良记录的社会组织，应当允许参与承接政府购买服务。积极探索建立公共服务需求征集机制，充分发挥社会组织在发现新增公共服务需求、促进供需衔接方面的积极作用。有条件的地方可以探索由行业协会商会搭建行业主管部门、相关职能部门与行业企业沟通交流平台，邀请社会组织参与社区及社会公益服务洽谈会等形式，及时收集、汇总公共服务需求信息，并向相关行业主管部门反馈。有关部门应当结合实际，按规定程序适时将新增公共服务需求纳入政府购买服务指导性目录并加强管理，在实践中逐步明确适宜由社会组织承接的具体服务项目，鼓励和支持社会组织参与承接。

（五）加强分类指导和重点支持。按照党的十八届三中全会关于重点培育、优先发展行业协会商会类、科技类、公益慈善类、城乡社区服务类社会组织的要求，各地方和有关部门应结合政府购买服务需求和社会组织专业化优势，明确政府向社会组织购买服务的支持重点。鼓励各级政府部门同等条件下优先向社会组织购买民生保障、社会治理、行业管理、公益慈善等领域的公共服务。各地可以结合本地区实际，具体确定向社会组织购买服务的重点领域或重点项目。要采取切实措施加大政府向社会组织购买服务的力度，逐步提高政府向社会组织购买服务的份额或比例。政府新增公共服务支出通过政府购买服务安排的部分，向社会组织购买的比例原则上不低于30%。有条件的地方和部门，可以制定政府购买服务操作指南并向社会公开，为社会组织等各类承接主体参与承接政府购买服务项目提供指导。

（六）完善采购环节管理。实施购买服务的各级政府部门（购买主体）应充分考虑公共服务项目特点，优化政府购买服务项目申报、预算编制、组织采购、项目监管、绩效评价等工作流程，提高工作效率。要综合考虑社会组织参与承接政府购买服务的质量标准和价格水平等因素，合理确定承接主体。研究适当提高服务项目采购限额标准和公开招标数额标准，简化政府购买服务采购方式变更的审核程序和申请材料要求，鼓励购买主体根据服务项目需求特点选择合理的采购方式。对购买内容相对固定、连续性强、经费来源稳定、价格变化较小的公共服务项目，购买主体与提供服务的社会组织签订的政府购买服务合同可适当延长履行期限，最长可以设定为3年。对有服务区域范围要求、市场竞争不充分的服务项目，购买主体可以按规定采取将大额项目拆分采购、新增项目向不同的社会组织采购等措施，促进建立良性的市场竞争关系。对市场竞争较为充分、服务内容具有排他性并可收费的项目，鼓励在依法确定多个承接主体的前提下采取凭单制形式购买服务，购买主体向符合条件的服务对象发放购买凭单，由领受者自主选择承接主体为其提供服务并以凭单支付。

（七）加强绩效管理。购买主体应当督促社会组织严格履行政府购买服务合同，及时掌握服务提供状况和服务对象满意度，发现并研究解决服务提供中遇到的问题，增强服务对象的获得感。加强绩效目标管理，合理设定绩效目标及指标，开展绩效目标执行监控。畅通社会反馈渠道，将服务对象满意度作为一项主要的绩效指标，务实开展绩效评价，尽量避免增加社会组织额外负担。鼓励运用新媒体、新技术辅助开展绩效评价。积极探索推进第三方评价，充分发挥专业机构在绩效评价中的作用。积极探索将绩效评价结果与合同资金支付挂钩，建立社会组织承接政府购买服务的激励约束机制。

（八）推进社会组织能力建设。加强社会组织承接政府购买服务培训和示范平台建设，采取孵化培育、人员培训、项目指导、公益创投等多种途径和方式，进一步支持社会组织培育发展。建立社会组织负责人培训制度，将社会组织人才纳入专业技术人才知识更新工程。推动社会组织以承接政府购买服务为契机专业化发展，完善内部治理，做好社会资源动员和整合，扩大社会影响，加强品牌建设，发展人才队伍，不断提升公共服务提供能力。鼓励在街道（乡镇）成立社区社会组织联合会，联合业务范围内的社区社会组织承接政府购买服务，带动社区社会组织健康有序发展。

（九）加强社会组织承接政府购买服务信用信息记录、使用和管理。民政部门要结合法人库和全国及各地信用信息共享平台建设，及时收录社会组织承接政府购买服务信用信息，推进信用信息记录公开和共享。购买主体向社会组织购买服务时，要提高大数据运用能力，通过有关平台查询并使用社会组织的信用信息，将其信用状况作为确定承接主体的重要依据。有关购买主体要依法依规对政府购买服务活动中的失信社会组织追究责任，并及时将其失信行为通报社会组织登记管理机关，有条件的要及时在信用中国网站公开。

三、保障措施

（十）加强组织领导。各级财政、民政部门要把政府向社会组织购买服务工作列入重要议事日程，会同有关部门加强统筹协调，扎实推进。加强政府向社会组织购买服务工作的指导、督促和检查，及时总结推广成功经验。充分利用报纸、杂志、广播、电视、网络等各类媒体，大力宣传通过政府购买服务支持社会组织培育发展的有关政策要求，营造良好的改革环境。

（十一）健全支持机制。民政部门要会同财政等部门推进社会组织承接政府购买服务的培训、反馈、示范等相关支持机制建设，鼓励购买主体结合绩效评价开展项目指导。财政部门要加强政府购买服务预算管理，结合经济社会发展和政府财力状况，科学、合理安排相关支出预算。购买主体应当结合政府向社会组织购买服务项目特点和相关经费预算，综合物价、工资、税费等因素，合理测算安排项目所需支出。中央财政将继续安排专项资金，有条件的地方可参照安排专项资金，通过政府购买服务等方式支持社会组织参与社会服务。

（十二）强化监督管理。有关购买主体应当按照《中华人民共和国政府采购法》《中华人民共和国政府信息公开条例》等相关规定，及时公开政府购买服务项目相关信息，方便社会组织查询，自觉接受社会监督。凡通过单一来源采购方式实施的政府购买服务项目，要严格履行审批程序，该公示的要做好事前公示，加强项目成本核查和收益评估工作。民政等部门要按照职责分工将社会组织承接政府购买服务信用记录纳入年度检查（年度报告）、抽查审计、评估等监管体系。财政部门要加强对政府向社会组织购买服务的资金管理，确保购买服务资金规范管理和合理使用。有关部门要加强政府向社会组织购买服务的全过程监督，防止暗箱操作、层层转包等问题；加大政府向社会组织购买服务项目审计力度，及时处理涉及政府向社会组织购买服务的投诉举报，严肃查处借政府购买服务之名进行利益输送的各种违法违规行为。

财政部　民政部

2016 年 12 月 1 日

17. 中国人民银行 民政部关于规范全国性社会组织开立临时存款账户有关事项的通知（银发〔2016〕99 号）

中国人民银行上海总部，各分行、营业管理部、省会（首府）城市中心支行，深圳市中心支行；各省、自治区、直辖市民政厅（局），新疆生产建设兵团民政局；国家开发银行，各政策性银行、国有商业银行、股份制商业银行，中国邮政储蓄银行：

为规范全国性社会团体、基金会和民办非企业单位（以下统称全国性社会组织）登记验资工作，根据《人民币银行结算账户管理办法》（中国人民银行令〔2003〕第5号发布）、《社会团体登记管理条例》（中华人民共和国国务院令第250号）、《基金会管理条例》（中华人民共和国国务院令第400号）和《民办非企业单位登记管理暂行条例》（中华人民共和国国务院令第251号）的规定，现就有关事项通知如下：

一、全国性社会组织发起人因登记验资申请开立临时存款账户，由民政部签发《关于开立临时存款账户的通知》（附件1），其中应明确社会组织名称、拟任法定代表人、捐资人、捐资金额，并加盖社会组织登记专用章。

二、全国性社会组织开立临时存款账户，应出具《关于开立临时存款账户的通知》，提交所有捐资人签字或签章确认的开户申请。登记资金由个人捐资的，应出具所有捐资人身份证件；由单位捐资的，应出具所有捐资单位的证明文件、法定代表人或单位负责人身份证件。单位证明文件包括旧版或加载统一社会信用代码的新版企业法人营业执照、企业营业执照、社会组织法人登记证书、事业单位法人证书等。临时存款账户预留印鉴为拟任法定代表人名章。

银行业金融机构应对开户证明文件的真实性、完整性、合规性进行审核，按照《人民币银行结算账户管理办法》等相关账户制度规定，为社会组织开立临时存款账户。临时存款账户只收不付。

三、全国性社会组织完成登记验资后办理临时存款账户销户的，应出具社会组织法定代表人身份证件、社会组织法人登记证书正本及银行基本存款账户开户许可证。临时存款账户资金必须转入同户名基本存款账户。

因未获批准、终止办理或捐资人变更等原因办理临时存款账户销户的，应出具民政部《关于注销临时存款账户的通知》（附件2）、拟任法定代表人身份证件，提交所有捐资人签字或签章确认的退款申请。账户资金按入资比例原路退回捐资人账户。

四、全国性社会组织办理临时存款账户开立、变更、展期、销户等业务，可由社会组织拟任法定代表人直接办理，也可授权他人办理。授权他人办理的，应提供拟任法定代表人的身份证件、授权委托书，以及被授权人的身份证件。拟任法定代表人发生变更的，应出具民政部《关于变更临时存款账户预留印鉴的通知》（附件3），办理临时存款账户预留印鉴变更事宜。

五、对于使用加载统一社会信用代码企业法人登记证书的全国性社会组织办理人民币银行结算账户业务的，银行业金融机构参照《中国人民银行 工商总局关于“三证合一”登记制度改革有关支付结算业务管理事项的通知》（银发〔2015〕401号）中关于企业办理人民币银行结算账户业务相关规定执行。

六、人民银行分支机构、民政厅（局）可参照本通知，结合本地实际，制定地方性社会组织开立登记验资临时存款账户的具体办法。请人民银行上海总部，各分行、营业管理部，各省会（首府）城市中心支行，深圳市中心支行将本通知转发至辖区内人民银行分支机构，城市商业银行、农村商业银行、农村合作银行、农村信用社、村镇银行和外资银行；各省、自治区、直辖市民政厅（局），新疆生产建设兵团民政局将本通知转发至辖内各民政部门。

附件：1. 关于开立临时存款账户的通知（略）

2. 关于注销临时存款账户的通知（略）

3. 关于变更临时存款账户预留印鉴的通知（略）

中国人民银行　民政部

2016年3月29日

18. 国家税务总局关于明确社会组织等纳税人使用统一社会信用代码及办理税务登记有关问题的通知（税总函〔2016〕121号）

各省、自治区、直辖市和计划单列市国家税务局、地方税务局：

为进一步落实《国务院关于批转发展改革委等部门法人和其他组织统一社会信用代码制度建设总体方案的通知》（国发〔2015〕33号）关于建立覆盖全面、稳定且唯一的统一社会信用代码制度的要求，现就社会组织等未纳入“三证合一”登记制度改革的纳税人使用统一社会信用代码及办理税务登记有关事宜通知如下：

一、对于2016年1月1日以后在机构编制、民政部门登记设立并取得统一社会信用代码的纳税人，以18位统一社会信用代码为其纳税人识别号，按照现行规定办理税务登记，发放税务登记证件。对已在机构编制、民政部门登记设立并办理税务登记的纳税人，税务部门应积极配合登记机关逐步完成存量代码的转换工作，实现法人及其他组织统一社会信用代码在税务部门的全覆盖。

二、税务部门与民政部门之间能够建立省级统一的信用信息共享交换平台、政务信息平台、部门间数据接口（以下统称信息共享平台）并实现登记信息实时传递的，可以参照企业、农民专业合作社“三证合一、一照一码”的做法，对已取得统一社会信用代码的社会组织纳税人进行“三证合一”登记模式改革试点，由民政部门受理申请，只发放标注统一社会信用代码的社会组织（社会团体、基金会、民办非企业单位）法人登记证，赋予其税务登记证的全部功能，不再另行发放税务登记证件。

三、与民政部门共同开展“三证合一”登记制度改革试点的税务机关，应加强与当地民政部门的协调配合，明晰职责，统筹做好改革试点前后的过渡衔接工作。要以依法行政、方便纳税人、降低行政成本为原则，共享登记信息，统一登记条件，规范登记流程和登记申请文书材料。要认真梳理有关信息需求，尽可能在登记环节采集信息。对暂时不能在登记环节采集的信息，应在办理涉税事宜环节补充采集，以确保信息完整准确。要切实做好后续监管工作，确保改革试点稳步推进。

各地执行中如有问题和建议，请及时向国家税务总局（征管和科技发展司）反馈。

国家税务总局

2016年3月15日

19. 财政部 税务总局关于租入固定资产进项税额抵扣等增值税政策的通知（财税〔2017〕90号）

各省、自治区、直辖市、计划单列市财政厅（局）、国家税务局、地方税务局，新疆生产建设兵团财务局：

现将租入固定资产进项税额抵扣等增值税政策通知如下：

一、自2018年1月1日起，纳税人租入固定资产、不动产，既用于一般计税方法计税项目，又用于简易计税方法计税项目、免征增值税项目、集体福利或者个人消费的，其进项税额准予从销项税额中全额抵扣。

二、自2018年1月1日起，纳税人已售票但客户逾期未消费取得的运输逾期票证收入，按照“交通运输服务”缴纳增值税。纳税人为客户办理退票而向客户收取的退票费、手续费等收入，按照“其他现代服务”缴纳增值税。

三、自2018年1月1日起，航空运输销售代理企业提供境外航段机票代理服务，以取得的全部价款和价外费用，扣除向客户收取并支付给其他单位或者个人的境外航段机票结算款和相关费用后的余额为销售额。其中，支付给境内单位或者个人的款项，以发票或行程单为合法有效凭证；支付给境外单位或者个人的款项，以签收单据为合法有效凭证，税务机关对签收单据有疑义的，可以要求其提供境外公证机构的确认证明。

航空运输销售代理企业，是指根据《航空运输销售代理资质认可办法》取得中国航空运输协会颁发的“航空运输销售代理业务资质认可证书”，接受中国航空运输企业或通航中国的外国航空运输企业委托，依照双方签订的委托销售代理合同提供代理服务的企业。

四、自2016年5月1日至2017年6月30日，纳税人采取转包、出租、互换、转让、入股等方式将承包地流转给农业生产者用于农业生产，免征增值税。本通知下发前已征的增值税，可抵减以后月份应缴纳的增值税，或办理退税。

五、根据《财政部 税务总局关于资管产品增值税有关问题的通知》

（财税〔2017〕56号）有关规定，自2018年1月1日起，资管产品管理人运营资管产品提供的贷款服务、发生的部分金融商品转让业务，按照以下规定确定销售额：

（一）提供贷款服务，以2018年1月1日起产生的利息及利息性质的收入为销售额；

（二）转让2017年12月31日前取得的股票（不包括限售股）、债券、基金、非货物期货，可以选择按照实际买入价计算销售额，或者以2017年最后一个交易日的股票收盘价（2017年最后一个交易日处于停牌期间的股票，为停牌前最后一个交易日收盘价）、债券估值（中债金融估值中心有限公司或中证指数有限公司提供的债券估值）、基金份额净值、非货物期货结算价格作为买入价计算销售额。

六、自2018年1月1日至2019年12月31日，纳税人为农户、小型企业、微型企业及个体工商户借款、发行债券提供融资担保取得的担保费收入，以及为上述融资担保（以下称“原担保”）提供再担保取得的再担保费收入，免征增值税。再担保合同对应多个原担保合同的，原担保合同应全部适用免征增值税政策。否则，再担保合同应按规定缴纳增值税。

纳税人应将相关免税证明材料留存备查，单独核算符合免税条件的融资担保费和再担保费收入，按现行规定向主管税务机关办理纳税申报；未单独核算的，不得免征增值税。

农户，是指长期（一年以上）居住在乡镇（不包括城关镇）行政管理区域内的住户，还包括长期居住在城关镇所辖行政村范围内的住户和户口不在本地而在本地居住一年以上的住户，国有农场的职工。位于乡镇（不包括城关镇）行政管理区域内和在城关镇所辖行政村范围内的国有经济的机关、团体、学校、企事业单位的集体户；有本地户口，但举家外出谋生一年以上的住户，无论是否保留承包耕地均不属于农户。农户以户为统计单位，既可以从事农业生产经营，也可以从事非农业生产经营。农户担保、再担保的判定应以原担保生效时的被担保人是否属于农户为准。

小型企业、微型企业，是指符合《中小企业划型标准规定》（工信部联企业〔2011〕300号）的小型企业和微型企业。其中，资产总额和从业人员指标均以原担保生效时的实际状态确定；营业收入指标以原担保生效前12个自然月的累计数确定，不满12个自然月的，按照以下公式计算：

营业收入（年）=企业实际存续期间营业收入/企业实际存续月数×12

《财政部 税务总局关于全面推开营业税改征增值税试点的通知》（财税〔2016〕36号）附件3《营业税改征增值税试点过渡政策的规定》第一条第（二十四）款规定的中小企业信用担保增值税免税政策自2018年1月1日起停止执行。纳税人享受中小企业信用担保增值税免税政策在2017年12月31日前未满3年的，可以继续享受至3年期满为止。

七、自2018年1月1日起，纳税人支付的道路、桥、闸通行费，按照以下规定抵扣进项税额：

（一）纳税人支付的道路通行费，按照收费公路通行费增值税电子普通发票上注明的增值税额抵扣进项税额。

2018年1月1日至6月30日，纳税人支付的高速公路通行费，如暂未能取得收费公路通行费增值税电子普通发票，可凭取得的通行费发票（不含财政票据，下同）上注明的收费金额按照下列公式计算可抵扣的进项税额：

高速公路通行费可抵扣进项税额=高速公路通行费发票上注明的金额÷（1+3%）×3%

2018年1月1日至12月31日，纳税人支付的一级、二级公路通行费，如暂未能取得收费公路通行费增值税电子普通发票，可凭取得的通行费发票上注明的收费金额按照下列公式计算可抵扣进项税额：

一级、二级公路通行费可抵扣进项税额=一级、二级公路通行费发票上注明的金额÷（1+5%）×5%

（二）纳税人支付的桥、闸通行费，暂凭取得的通行费发票上注明的收费金额按照下列公式计算可抵扣的进项税额：

桥、闸通行费可抵扣进项税额=桥、闸通行费发票上注明的金额÷（1+

5%）×5%

（三）本通知所称通行费，是指有关单位依法或者依规设立并收取的过路、过桥和过闸费用。

《财政部 国家税务总局关于收费公路通行费增值税抵扣有关问题的通知》（财税〔2016〕86 号）自 2018 年 1 月 1 日起停止执行。

八、自 2016 年 5 月 1 日起，社会团体收取的会费，免征增值税。本通知下发前已征的增值税，可抵减以后月份应缴纳的增值税，或办理退税。

社会团体，是指依照国家有关法律法规设立或登记并取得《社会团体法人登记证书》的非营利法人。会费，是指社会团体在国家法律法规、政策许可的范围内，依照社团章程的规定，收取的个人会员、单位会员和团体会员的会费。

社会团体开展经营服务性活动取得的其他收入，一律照章缴纳增值税。

财政部　税务总局

2017 年 12 月 25 日

20. 财政部关于印发《中央财政科研项目专家咨询费管理办法》的通知（财科教〔2017〕128 号）

有关单位：

根据中央本级项目支出定额标准管理和预算管理的要求，为进一步规范和加强中央级科研项目专家咨询活动的经费支出管理，提高资金使用效益，我们制定了《中央财政科研项目专家咨询费管理办法》，现印发你们，请遵照执行。

附件：中央财政科研项目专家咨询费管理办法

财 政 部

2017 年 9 月 4 日

中央财政科研项目专家咨询费管理办法

第一条　为加强和规范专家咨询费的管理，根据《预算法》以及中央本级项目支出定额标准等国家有关预算管理制度规定，制定本办法。

第二条　专家咨询费是指科研项目（课题）承担单位（以下简称单位）在项目（课题）实施过程中支付给临时聘请的咨询专家的费用。

第三条　本办法适用于由中央财政科研项目资金列支的专家咨询费。

第四条　本办法的专家是指精通某一领域业务，或对相关科技业务的某一方面有独到见解，已取得高级专业技术职称的人员或被科研项目（课题）承担单位认可的其他专业人员。

第五条　单位应当结合实际制定统一、合理、规范的咨询专家遴选办法，并在单位内部公开。具备条件的单位应当建立多领域、多学科的咨询专家库。

第六条　高级专业技术职称人员的专家咨询费标准为1500~2400元/人天（税后）；其他专业人员的专家咨询费标准为900~1500元/人天（税后）。

第七条　院士、全国知名专家，可按照高级专业技术职称人员的专家咨询费标准上浮50%执行。

第八条　本办法所指专家咨询活动的组织形式主要有会议、现场访谈或者勘察、通讯三种形式。

（1）以会议形式组织的咨询，是指通过召开专家参加的会议，征询专家的意见和建议。

（2）以现场访谈或者勘察形式组织的咨询，是指通过组织现场谈话，或者查看实地、实物、原始业务资料等方式征询专家的意见和建议。

（3）以通讯形式组织的咨询，是指通过信函、邮件等方式征询专家的意见和建议。

第九条　不同形式组织的专家咨询活动适用专家咨询费标准如下：

会期 组织形式	半天	不超过两天 （含两天）	超过两天
会议	按照本办法第六条所规定标准的60%执行。	按照本办法第六条所规定的标准执行。	第一天、第二天：按照本办法第六条所规定的标准执行； 第三天及以后：按照本办法第六条所规定标准的50%执行。
现场访谈或者勘察	按照上述以会议形式组织的专家咨询费相关标准执行。		
通讯	按次计算，每次按照本办法第六条所规定标准的20%~50%执行。		

第十条　不同领域、相同专业技术职称的专家咨询费标准应当保持一致。

第十一条　根据国家经济社会发展水平和物价变动等情况，财政部适时对专家咨询费标准进行调整。

第十二条　专家咨询费不得支付给参与项目（课题）研究及其管理的相关人员。

第十三条　专家咨询费的发放应当按照国家有关规定由单位代扣代缴个人所得税。

第十四条　单位发放专家咨询费原则上采用银行转账方式。

第十五条　单位应当建立专家咨询费的支付审核机制，负责核实专家咨询行为及专家咨询费发放的真实性、合规性，并及时向代理银行办理支付手续。对专家信息不真实、存在虚假咨询行为，以及其他违反本办法或单位有关规定的，单位应当拒绝办理支付手续。

第十六条　单位应当对专家咨询费的开支做好财务记录，并及时归档，定期对专家咨询费支付情况进行检查。

第十七条　地方财政科研项目开支的专家咨询费可参照本办法，结合本地实际予以执行。

第十八条　单位可根据本办法有关规定，结合单位实际制定实施细则。

第十九条　本办法自印发之日起施行。

21. 民政部办公厅关于全国性社会组织办理法定代表人离任审计、注销清算审计有关问题的通知（民办函〔2017〕336号）

各全国性社会组织：

根据《国务院关于第二批清理规范192项国务院部门行政审批中介服务事项的决定》（国发〔2016〕11号）规定，各全国性社会组织办理法定代表人变更、注销清算，不再要求申请人提供法定代表人离任审计报告、注销清算审计报告，改由审批部门委托有关机构开展法定代表人离任审计、注销清算审计。据此，自2018年1月1日起，全国性社会组织办理法定代表人变更登记、注销登记，由我部委托注册会计师事务所进行审计并承担费用。现将有关事项通知如下：

一、申请人办理法定代表人变更登记，应当向我部一次性提交《社会团体/基金会/社会服务机构变更登记申请表》和《社会团体/基金会/社会服务机构法定代表人登记表》。我部委托注册会计师事务所开展法定代表人离任审计后，根据审计情况作出同意或不同意变更的决定。

二、申请人办理注销登记，应当向我部一次性提交注销登记申请书、《社会团体/基金会/社会服务机构注销申请表》、债权债务公告、社会团体/基金会/社会服务机构清算报告书，社会组织履行内部程序有关文件；有业务主管单位的，还应提交业务主管单位同意注销登记的文件。我部委托注册会计师事务所开展注销清算审计后，作出同意或不同意注销的决定。

三、我部目前正在开展注册会计师事务所招标工作，待注册会计师事务所确定后，将在中国社会组织网发布中标名单，并明确申请法定代表人离任审计、注销清算审计的办理流程和要求。全国性社会组织在此期间办理法定代表人变更登记、注销登记的，可待中标注册会计师事务所名单发布后，再进行相关审计工作。

民政部办公厅

2017年12月21日

22. 国家发展改革委 民政部 财政部 国资委关于进一步规范行业协会商会收费管理的意见（发改经体〔2017〕1999号）

各省、自治区、直辖市人民政府，中央和国家机关各部委，各人民团体：

行业协会商会是我国经济建设和社会发展的重要力量，多年来，在加强行业自律、提供决策咨询、服务企业发展、创新社会治理等方面发挥了积极作用。但在发展过程中，一些行业协会商会违规收费，重复、偏高和过度收费等问题仍不同程度存在。为改善营商环境，切实减轻企业负担，促进行业协会商会健康发展，经国务院同意，现就进一步规范行业协会商会收费管理提出以下意见。

一、加强收费管理，治理违规收费

（一）加强行业协会商会会费管理。行业协会商会收取的会费，应当主要用于为会员提供服务及开展业务活动等支出。行业协会商会收取会费应同时明确所提供的基本服务项目，并向会员公开，严禁只收费不服务。会费应设立专账管理，向会员公布年度收支情况并自觉接受监督。制定、修改会费标准，须按程序经会员大会或会员代表大会表决通过。要综合考虑经济形势、市场环境、企业经营状况和承受能力等因素，调整规范以产销量、企业规模等为基数收取会费的方式，合理设置会费上限。会费不得重复收取，行业协会商会总部及分支（代表）机构不得向同一家会员企业分别收取会费。行业协会商会分支（代表）机构不得单独制定会费标准，已单独制定会费标准的，要召开会员大会或会员代表大会抓紧整改。

（二）严格行业协会商会行政事业性收费管理。行业协会商会依据法律、行政法规等规定代行政府职能并收取的费用，应当纳入行政事业性收费管理。收费项目和标准应当严格履行审批手续后确定，不得擅自增加收费项目、提高收费标准。

（三）规范行业协会商会经营服务性收费。行业协会商会应按照法律法规关于经营者义务的相关规定和自愿有偿服务的原则，在宗旨和业务范围内开展经营服务性活动，规范相关收费行为。对政府定价管理的，严格执行价格主管部门制定的收费标准；对实行市场调节价的，按照公平、合法、诚实守信的原则，公允确定并公开收费标准，提供质价相符的服务。行业协会商会不得强制服务并收费。

（四）规范行业协会商会评比达标表彰活动。行业协会商会开展评比达标表彰活动，必须严格依照《中共中央办公厅 国务院办公厅关于印发〈评比达标表彰活动管理办法（试行）〉的通知》（中办发〔2010〕33号）有关规定，履行申请报批手续。经批准开展的评比达标表彰活动，必须符合章程规定的宗旨和业务范围，严格落实批准的奖项、条件等要求。评比达标表彰应坚持公平、公正、公开和非营利原则，做到奖项设置合理，评选范围和规模适当，评选条件和程序严格。不得向参与评比达标表彰活动的对象收取费用，不得在评选前后直接或变相收取各种相关费用。

（五）降低行业协会商会偏高收费。行业协会商会要适当降低偏高会费和其他收费标准，减轻企业负担。要合理设置会费档次，一般不超过4级，对同一会费档次不得再细分不同收费标准。行业协会商会要全面梳理服务项目收费情况并向社会公开。列入行业协会商会基本服务项目的，不得再另行向会员收取费用。取消不合理收费项目，降低盈余较多的服务项目收费标准，不得以强制捐赠、强制赞助等方式变相收费，对保留的收费项目，切实提高服务质量。

二、强化自律意识，推进信用体系建设

（六）建立行业协会商会诚信承诺和自律公约制度。行业协会商会要向社会公开诚信承诺书，重点就服务内容、服务方式、服务对象和收费标准等作出承诺。行业协会商会要适应行业发展趋势和要求，按照诚实守信、公平竞争的原则，制定自律公约，广泛征求会员企业、行业管理部门等多方意见，经会员大会或会员代表大会表决通过后实施。行业协会商会要按照《行业协会价格行为指南》，自觉规范收费行为，提升行业自律水平。

（七）建立行业协会商会收费信息集中公示制度。各级行业协会商会要按照国家发展改革委关于组织开展收费信息集中公示的要求，依托国家发展改革委、中国人民银行指导，国家信息中心主办的“信用中国”网站的“行业协会商会收费信息公示系统”，集中公示并定期更新收费项目、收费性质、服务内容、收费标准及依据等信息，建立收费信息主动公开长效机制。公示信息接受社会监督，并作为价格监督检查机构开展行业协会商会违规收费检查的重要参考依据。

（八）建立行业协会商会失信黑名单管理制度。将行业协会商会违规收费行为记入其诚信档案，并记入其主要负责人和直接责任人个人信用记录。建立行业协会商会违规收费行为黑名单，相关信息纳入国家发展改革委牵头建设的全国信用信息共享平台。推动跨地区、跨部门、跨行业协同监管，开展失信联合惩戒，在政府购买服务、年检、评先评优等方面进行限制，进一步提高行业协会商会守信收益，增加失信成本，形成不愿失信、不能失信、不敢失信、自觉守信的正确导向。

（九）发挥第三方评估的引导监督作用。修订行业协会商会评估标准，将收费标准制定程序、会费层级设定、分支机构收费、收费信息公示等情况纳入评估指标体系，发挥好第三方评估对行业协会商会收费行为的引导和监督作用。加强信息公开，及时发布行业协会商会评估等级结果，接受社会监督。

（十）规范行业协会商会发展会员行为。行业协会商会要坚持入会自愿、退会自由的原则，不得依托政府部门、利用垄断优势和行业影响力强制或变相强制入会、阻碍退会。对行业协会商会强制或变相强制入会、阻碍退会等行为，企业和个人均可向同级社会组织登记管理机关举报，登记管理机关依法予以查处。行业协会商会要加强对会员构成的分类统计和动态管理，优化会员结构，进一步提高服务的针对性、有效性。全国性行业协会商会一般吸收在全国有代表性的企业会员，省级行业协会商会一般吸收在本省有代表性的企业会员。

三、深化行业协会商会脱钩改革，加强综合监管服务

（十一）着力消除行业协会商会利用行政影响力收费现象。深入推进行业协会商会与行政机关脱钩改革，实现行业协会商会与业务主管单位在机构、职能、资产财务、人员管理、党建外事等方面脱钩，厘清行政机关与行业协会商会的职能边界，切断利益链条，建立新型管理体制和运行机制，促进行业协会商会成为依法设立、自主办会、服务为本、治理规范、行为自律的社会组织，解决行业协会商会依附政府部门或利用行政影响力收费等问题。

（十二）加大对行业协会商会违规收费行为查处力度。健全对行业协会商会等社会组织收费行为的综合监管体系，加强事中事后监管。民政部门要依照相关登记管理法规严格监督管理和执法检查。审计机关依法对行业协会商会进行审计监督。价格、财政部门按照职责分工对行业协会商会收费及价格行为加强监管。人力资源社会保障部门对行业协会商会开展职业资格资质许可和认定行为强化监管。各行业管理部门要按职能对行业协会商会收费服务行为进行必要的政策指导，并履行相关监管责任。从严从实查处行业协会商会违规收费行为，做到发现一起、查处一起、曝光一起，并由业务主管单位或有关部门依纪依规追究其主要负责人和直接责任人的责任，情节严重的要责令撤换。

（十三）完善行业协会商会登记准入管理。批准设立行业协会商会，要加强对成立的必要性、发起人的代表性、会员的广泛性、运作的可行性等方面审核，严把登记入口关。对业务范围相似的，要充分论证，多方听取利益相关方和管理部门意见。从会员区分、行业布局、登记层级等方面加强引导，从严审批，防止相似行业协会商会数量过多。抓紧研究制定行业协会商会直接登记的标准和办法，进一步完善行业协会商会准入制度，加强源头规范管理。

（十四）倡导企业务实理性入会和参加活动。企业应加强入会自我约束，按照自身生产经营实际需要，控制加入各级行业协会商会数量，做到务实、理性入会。企业要加强内部管理，对各级法人单位加入行业协会商会情况进行规范化管理，确保各级法人单位根据实际需要合理参加行业协会商会活动。国有企业要结合落实突出主业、瘦身健体、提质增效等改革要求，进一步梳理加入各类行业协会商会情况，规范管理。

（十五）完善向行业协会商会等社会组织购买服务的政策措施。政府购买服务事项，应按市场机制成本合理核算对价，确保承接主体收支平衡且有适当盈余；应及时按合同约定和国库集中支付制度有关规定支付费用，不得拖欠服务费或以其他非货币方式支付。鼓励行业协会商会承接政府转移职能中的行业性、专业性、技术性和辅助性职能，充分发挥行业代表、行业自律、行业服务、行业协调等方面的优势，切实提高服务能力、质量和水平。

国家发展改革委
民　　政　　部
财　　政　　部
国　　资　　委
2017 年 11 月 21 日

23. 财政部关于印发《〈民间非营利组织会计制度〉若干问题的解释》的通知（财会〔2020〕9 号）

党中央有关部门，国务院有关部委、有关直属机构，有关人民团体，各省、自治区、直辖市、计划单列市财政厅（局），新疆生产建设兵团财政局：

为了进一步明确民间非营利组织有关经济业务或事项的会计处理，提高会计信息质量，根据《民间非营利组织会计制度》（财会〔2004〕7 号）的规定，我们制定了《〈民间非营利组织会计制度〉若干问题的解释》，现予印发，请遵照执行。

执行中有何问题，请及时反馈我部。

附件：《民间非营利组织会计制度》若干问题的解释

财政部
2020 年 6 月 15 日

《民间非营利组织会计制度》若干问题的解释

一、关于社会服务机构等非营利组织的会计核算

根据《民间非营利组织会计制度》（财会〔2004〕7 号，以下简称

《民非制度》）第二条规定，同时具备《民非制度》第二条第二款所列三项特征的非营利性民办学校、医疗机构等社会服务机构，境外非政府组织在中国境内依法登记设立的代表机构应当按照《民非制度》进行会计核算。

二、关于接受非现金资产捐赠

（一）对于民间非营利组织接受捐赠的存货、固定资产等非现金资产，应当按照《民非制度》第十六条的规定确定其入账价值。

（二）对于以公允价值作为其入账价值的非现金资产，民间非营利组织应当按照《民非制度》第十七条所规定的顺序确定公允价值。

《民非制度》第十七条第一款第（一）项规定的“市场价格”，一般指取得资产当日捐赠方自产物资的出厂价、捐赠方所销售物资的销售价、政府指导价、知名大型电商平台同类或者类似商品价格等。

《民非制度》第十七条第一款第（二）项规定的“合理的计价方法”，包括由第三方机构进行估价等。

（三）对于民间非营利组织接受非现金资产捐赠时发生的应归属于其自身的相关税费、运输费等，应当计入当期费用，借记“筹资费用”科目，贷记“银行存款”等科目。

（四）民间非营利组织接受捐赠资产的有关凭据或公允价值以外币计量的，应当按照取得资产当日的市场汇率将外币金额折算为人民币金额记账。当汇率波动较小时，也可以采用当期期初的汇率进行折算。

三、关于受托代理业务

（一）《民非制度》第四十八条规定的“受托代理业务”是指有明确的转赠或者转交协议，或者虽然无协议但同时满足以下条件的业务：

1. 民间非营利组织在取得资产的同时即产生了向具体受益人转赠或转交资产的现时义务，不会导致自身净资产的增加。

2. 民间非营利组织仅起到中介而非主导发起作用，帮助委托人将资产转赠或转交给指定的受益人，并且没有权利改变受益人，也没有权利改变资产的用途。

3. 委托人已明确指出了具体受益人个人的姓名或受益单位的名称，包括从民间非营利组织提供的名单中指定一个或若干个受益人。

（二）民间非营利组织从事受托代理业务时发生的应归属于其自身的相关税费、运输费等，应当计入当期费用，借记“其他费用”科目，贷记“银行存款”等科目。

四、关于长期股权投资

（一）对于因接受股权捐赠形成的表决权、分红权与股权比例不一致的长期股权投资，民间非营利组织应当根据《民非制度》第二十七条的规定，并结合经济业务实质判断是否对被投资单位具有控制、共同控制或重大影响关系。

（二）民间非营利组织因对外投资对被投资单位具有控制权的，应当按照《民非制度》第二十七条的规定采用权益法进行核算，并在会计报表附注中披露投资净损益和被投资单位财务状况、经营成果等信息。

五、关于限定性净资产

（一）《民非制度》第五十六条规定的限定性净资产中所称的“限制”，是指由民间非营利组织之外的资产提供者或者国家有关法律、行政法规所设置的。该限制只有在比民间非营利组织的宗旨、目的或章程等关于资产使用的要求更为具体明确时，才能成为《民非制度》所称的“限制”。

（二）民间非营利组织应当根据《民非制度》第五十七条的规定，区分以下限制解除的不同情况，确定将限定性净资产转为非限定性净资产的金额：

1. 对于因资产提供者或者国家有关法律、行政法规要求在收到资产后的特定时期之内使用该项资产而形成的限定性净资产，应当在相应期间之内按照实际使用的相关资产金额转为非限定性净资产。

2. 对于因资产提供者或者国家有关法律、行政法规要求在收到资产后的特定日期之后使用该项资产而形成的限定性净资产，应当在该特定日期全额转为非限定性净资产。

3. 对于因资产提供者或者国家有关法律、行政法规设置用途限制而形成的限定性净资产，应当在使用时按照实际用于规定用途的相关资产金额转为非限定性净资产。

其中，对固定资产、无形资产仅设置用途限制的，应当自取得该资产开始，按照计提折旧或计提摊销的金额，分期将相关限定性净资产转为非限定性净资产。在处置固定资产、无形资产时，应当将尚未重分类的相关限定性净资产全额转为非限定性净资产。

4. 如果资产提供者或者国家有关法律、行政法规要求民间非营利组织在特定时期之内或特定日期之后将限定性净资产用于特定用途，应当在相应期间之内或相应日期之后按照实际用于规定用途的相关资产金额转为非限定性净资产。

其中，要求在收到固定资产、无形资产后的某个特定时期之内将该项资产用于特定用途的，应当在该规定时期内，对相关限定性净资产金额按期平均分摊，转为非限定性净资产。

要求在收到固定资产、无形资产后的某个特定日期之后将该项资产用于特定用途的，应当在特定日期之后，自资产用于规定用途开始，在资产预计剩余使用年限内，对相关限定性净资产金额按期平均分摊，转为非限定性净资产。

与限定性净资产相关的固定资产、无形资产，应当按照《民非制度》规定计提折旧或计提摊销。

5. 对于资产提供者或者国家有关法律、行政法规撤销对限定性净资产所设置限制的，应当在撤销时全额转为非限定性净资产。

（三）资产提供者或者国家有关法律、行政法规对以前期间未设置限制的资产增加限制时，应当将相关非限定性净资产转为限定性净资产，借记“非限定性净资产”科目，贷记“限定性净资产”科目。

六、关于注册资金

（一）执行《民非制度》的社会团体、基金会、社会服务机构设立时取得的注册资金，应当直接计入净资产。注册资金的使用受到时间限制或用途限制的，在取得时直接计入限定性净资产；其使用没有受到时间限制和用途限制的，在取得时直接计入非限定性净资产。

前款规定的注册资金，应当在现金流量表“收到的其他与业务活动有关的现金”项目中填列。

（二）社会团体、基金会、社会服务机构变更登记注册资金属于自愿采取的登记事项变更，并不引起资产和净资产的变动，无需进行会计处理。

七、关于承接政府购买服务取得的收入

按照《民非制度》第五十九条的规定，民间非营利组织承接政府购买服务属于交换交易，取得的相关收入应当记入“提供服务收入”等收入类科目，不应当记入“政府补助收入”科目。

八、关于存款利息

民间非营利组织取得的存款利息，属于《民非制度》第三十五条规定的“为购建固定资产而发生的专门借款”产生且在“允许资本化的期间内”的，应当冲减在建工程成本；除此以外的存款利息应当计入其他收入。

九、关于境外非政府组织代表机构的总部拨款收入

（一）执行《民非制度》的境外非政府组织代表机构（下同）应当增设“4701 总部拨款收入”科目，核算从其总部取得的拨款收入。

（二）境外非政府组织代表机构取得总部拨款收入时，按照取得的金额，借记“现金”、“银行存款”等科目，贷记本科目。

（三）期末，将本科目本期发生额转入非限定性净资产，借记本科目，贷记“非限定性净资产”科目。

如果存在限定性总部拨款收入，则应当在本科目设置“限定性收入”、“非限定收入”明细科目，在期末将“限定性收入”明细科目本期发生额转入限定性净资产。

（四）境外非政府组织代表机构应当在业务活动表收入部分“投资收益”项目与“其他收入”项目之间增加“总部拨款收入”项目。本项目应当根据“总部拨款收入”科目的本期发生额填列。

十、关于资产减值损失

（一）按照《民非制度》第七十一条第（六）项规定，会计报表附注应当披露“重大资产减值情况的说明”。民间非营利组织应当在“管理费用”科目下设置“资产减值损失”明细科目，核算因提取资产减值准备而确认的资产减值损失。

（二）长期投资、固定资产、无形资产的资产减值损失一经确认，在以后会计期间不得转回。

十一、关于出资设立其他民间非营利组织

（一）民间非营利组织按规定出资设立其他民间非营利组织，不属于《民非制度》规定的长期股权投资，应当计入当期费用。设立与实现本组织业务活动目标相关的民间非营利组织的，相关出资金额记入“业务活动成本”科目；设立与实现本组织业务活动目标不相关的民间非营利组织的，相关出资金额记入“其他费用”科目。

（二）本解释施行前民间非营利组织出资设立其他民间非营利组织并将出资金额计入长期股权投资的，应当自本解释施行之日，将原“长期股权投资”科目余额中对其他民间非营利组织的出资金额转入“非限定性净资产”科目（以前年度出资）或“业务活动成本”、“其他费用”科目（本年度出资）。

十二、关于关联方关系及其交易的披露

民间非营利组织与关联方发生关联方交易的，应当按照《民非制度》第七十一条第（十一）项规定，在会计报表附注中披露该关联方关系的性质、交易类型及交易要素。

（一）本解释所称的交易要素，至少应当包括：

1. 交易的金额。

2. 未结算项目的金额、条款和条件。

3. 未结算应收项目的坏账准备金额。

4. 定价政策。

（二）本解释所称关联方，是指一方控制、共同控制另一方或对另一方施加重大影响，以及两方或两方以上同受一方控制、共同控制或重大影响的相关各方。以下各方构成民间非营利组织的关联方：

1. 该民间非营利组织的设立人及其所属企业集团的其他成员单位。

2. 该民间非营利组织控制、共同控制或施加重大影响的企业。

3. 该民间非营利组织设立的其他民间非营利组织。

4. 由该民间非营利组织的设立人及其所属企业集团的其他成员单位共同控制或施加重大影响的企业。

5. 由该民间非营利组织的设立人及其所属企业集团的其他成员单位设立的其他民间非营利组织。

6. 该民间非营利组织的关键管理人员及与其关系密切的家庭成员。关键管理人员，是指有权力并负责计划、指挥和控制民间非营利组织活动的人员。与关键管理人员关系密切的家庭成员，是指在处理与该组织的交易时可能影响该个人或受该个人影响的家庭成员。关键管理人员一般包括：民间非营利组织负责人、理事、监事、分支（代表）机构负责人等。

7. 该民间非营利组织的关键管理人员或与其关系密切的家庭成员控制、共同控制或施加重大影响的企业。

8. 该民间非营利组织的关键管理人员或与其关系密切的家庭成员设立的其他民间非营利组织。

此外，以面向社会开展慈善活动为宗旨的民间非营利组织（包括社会团体、基金会、社会服务机构等），与《中华人民共和国慈善法》所规定的主要捐赠人也构成关联方。

（三）本解释所称关联方交易，是指关联方之间转移资源、劳务或义务的行为，而不论是否收取价款。关联方交易的类型通常包括以下各项：

1. 购买或销售商品及其他资产。

2. 提供或接受劳务。

3. 提供或接受捐赠。

4. 提供资金。

5. 租赁。

6. 代理。

7. 许可协议。

8. 代表民间非营利组织或由民间非营利组织代表另一方进行债务结算。

9. 关键管理人员薪酬。

十三、关于生效日期

本解释自公布之日起施行。

24. 全国评比达标表彰工作协调小组关于印发《社会组织评比达标表彰活动管理办法》的通知（国评组发〔2022〕3号）

各省、自治区、直辖市及新疆生产建设兵团评比达标表彰工作协调小组，中央和国家机关各部委、各人民团体有关工作机构：

《社会组织评比达标表彰活动管理办法》已经全国评比达标表彰工作协调小组审议通过，现印发你们，请认真贯彻执行。

全国评比达标表彰工作协调小组

2022年4月16日

社会组织评比达标表彰活动管理办法

第一条　为规范社会组织开展评比达标表彰活动，加强社会组织评比达标表彰活动管理，根据《国家功勋荣誉表彰条例》和《评比达标表彰活动管理办法》等，制定本办法。

第二条　本办法适用于在社会组织登记管理机关依法登记的社会团体、基金会、民办非企业单位（社会服务机构）主办的评比达标表彰活动。

第三条　社会组织开展的下列活动不适用本办法：

（一）年度考核、绩效考核、目标考核、责任制考核；

（二）属于业务性质的展示交流、人才评价、技能评定、水平评价、信用评价、技术成果评定、学术评议、论文汇编、认证认可、质量分级等资质评定、等级评定、技术考核，以及依据国家标准、行业标准、团体标准等进行的认定评定；

（三）行业、领域统计数据信息发布；

（四）体育比赛、技能竞赛等比赛竞赛；

（五）以本单位内设机构及人员为评选对象的评比达标表彰。

社会组织开展前款第一至三项活动不得以授予称号、颁授奖章、发布排行榜等方式变相开展评比达标表彰；开展前款第四项活动不得在比赛、竞赛项目设置外再颁授任何其他名义的奖项。

第四条　社会组织开展评比达标表彰活动，必须遵守法律法规和国家政策，弘扬社会主义核心价值观，坚持非营利性和公开公平公正原则，严格按照规定的权限、条件和程序开展，坚持以精神激励为主、物质奖励为辅，体现先进性、代表性和时代性。

社会组织评比达标表彰活动坚持严格审批、总量控制、合理设置、注重实效的原则，实行目录管理。

第五条　社会组织评比达标表彰工作实行中央和省（自治区、直辖市）两级审批制度。审批权限不得擅自下放或者变相下放。

党中央、国务院负责审批全国性社会组织的评比达标表彰项目，全国评比达标表彰工作协调小组负责具体工作；各省（自治区、直辖市）党委和政府负责审批地方性社会组织的评比达标表彰项目，各省（自治区、直辖市）评比达标表彰工作协调机构负责具体工作。

各省（自治区、直辖市）评比达标表彰工作协调机构应当及时将地方性社会组织评比达标表彰项目设立、调整或者变更情况报全国评比达标表彰工作协调小组备案。

第六条　申请设立、组织开展评比达标表彰项目的社会组织，应当同时具备以下条件：

（一）遵纪守法、运作规范，组织机构健全、内部制度完善；

（二）最近2次年度检查均为合格（实施年度工作报告制度的社会组织除外），且有效期内的社会组织评估结果为4A及以上；

（三）执行《民间非营利组织会计制度》，实行独立会计核算，有开展评比达标表彰活动所必需的经费；

（四）最近 3 年未受到行政处罚；

（五）最近 3 年未被列入社会组织活动异常名录或严重违法失信名单；

（六）最近 5 年未受到不得开展评比达标表彰活动或者取消评优评先资格的处理。

第七条　社会组织设立、调整或者变更的评比达标表彰项目，应当符合以下要求：

（一）项目对推进社会主义经济建设、政治建设、文化建设、社会建设、生态文明建设和党的建设具有积极作用和重要意义；

（二）项目名称与评选内容相符合，评选范围与社会组织章程规定的宗旨、业务范围、活动地域相一致；

（三）项目奖项、规模和周期设置科学合理，常设项目一般每 5 年开展 1 次，原则上不设置子项目；

（四）项目评选条件严格、程序规范、方法科学，体现公开公平公正；

（五）项目经费来源符合国家有关规定。

第八条　社会组织申请设立评比达标表彰项目，申报内容应当包括：项目名称、主办单位、理由依据、活动周期、评选范围、参评总数、评选名额、奖项设置、评选条件、评选程序、奖励办法、经费来源和表彰形式等。同时附主办单位组织章程及本办法第六条所规定的相关材料。

第九条　实行登记管理机关和业务主管单位双重负责管理体制（以下简称双重管理）的全国性社会组织申请设立、调整或变更评比达标表彰项目，应当按章程规定履行内部工作程序，报业务主管单位同意后，由业务主管单位按归口分别向党中央、国务院提出申请。

直接登记和脱钩后的全国性社会组织申请设立、调整或变更评比达标表彰项目，应当按章程规定履行内部工作程序，报行业管理部门同意后，由行业管理部门报全国评比达标表彰工作协调小组，由全国评比达标表彰工作协调小组研究提出审核意见报党中央、国务院审批。

第十条　全国性社会组织设立、调整或者变更评比达标表彰项目，应于每年 3 月底前提出申请。

全国评比达标表彰工作协调小组和各省（自治区、直辖市）评比达标表彰工作协调机构（以下简称评比达标表彰工作协调机构）每年原则上对社会组织申报的评比达标表彰项目进行一次集中审核。

第十一条　全国性社会组织评比达标表彰项目审批一般按照以下程序进行：

（一）双重管理的全国性社会组织开展评比达标表彰活动的申请，由中央办公厅、国务院办公厅转全国评比达标表彰工作协调小组办公室办理；直接登记和脱钩后全国性社会组织开展评比达标表彰活动的申请，由全国评比达标表彰工作协调小组办公室受理；

（二）全国评比达标表彰工作协调小组办公室研究提出初审意见；

（三）全国评比达标表彰工作协调小组集中审核提出拟批复意见，并公示5个工作日；

（四）全国评比达标表彰工作协调小组将审核意见报党中央、国务院审批后，由全国评比达标表彰工作协调小组批复申报单位；

（五）全国评比达标表彰工作协调小组办公室向社会公布审批结果。

各省（自治区、直辖市）社会组织评比达标表彰项目审批，可以参照以上程序。

第十二条　调整或者变更已经批准开展的评比达标表彰项目名称、主办单位、活动周期、评选范围、评选名额、奖项设置的，应当重新提出申请，按照原审批程序进行审批。

第十三条　社会组织开展评比达标表彰活动应当遵守以下规定：

（一）未经批准不得开展评比达标表彰活动；

（二）不得超出章程规定的宗旨、业务范围和活动地域；

（三）不得面向各级党委、政府或党政机关开展，一般不以党政机关领导干部或事业单位领导人员为评选对象；

（四）严格按照所批准的申报内容开展，不得擅自改变或设置子项目；

（五）全国性社会组织不得要求地方性社会组织配套开展评比达标表彰活动，地方性社会组织不得借助全国性社会组织评比达标表彰项目新增或变相新增项目；

（六）不得收取或变相收取任何费用；

（七）不得与营利性组织合作开展或者委托营利性组织开展，未经批准不得与境外组织合作开展；

（八）评比达标表彰项目和奖项的名称前应当冠以社会组织名称或符合有关规定；

（九）应当将评选办法和评选结果等向社会进行公开，按照有关规定不公开的除外；

（十）开展评比达标表彰活动情况应当纳入年度工作报告，并向社会公开发布。

第十四条　社会组织开展评比达标表彰活动一般按照以下程序进行：

（一）制定方案。经批准设有评比达标表彰项目的社会组织，在开展活动前应制定工作方案，并将工作方案及本办法第六条所规定的相关材料报评比达标表彰工作协调机构办公室备案；

（二）印发通知。向有关方面印发开展评比达标表彰活动的通知，并向社会公开，同时成立评审工作委员会负责具体工作；

（三）推荐评审。有关方面提出符合条件的评选对象，并在适当范围内公示，公示无异议后上报，评审工作委员会组织进行评审；

（四）征求意见。评选对象涉及企业及其负责人的，征求生态环境、人力资源社会保障、税务、市场监管、应急管理等有关主管部门意见；评选对象涉及党政机关事业单位及其工作人员的，按管理权限征求组织人事、纪检监察等部门意见；

（五）公示。评审工作委员会将评选对象面向社会进行公示；

（六）决定。社会组织发布评比达标表彰决定，对评选对象颁发奖章、奖牌、证书等；

（七）备案。评比达标表彰活动结束后，及时将评选结果报业务主管单位或行业管理部门，同时报评比达标表彰工作协调机构办公室备案。

第十五条　评比达标表彰工作协调机构办公室负责编制社会组织评比

达标表彰项目目录，实行动态管理，搭建查询和公示平台，畅通投诉举报渠道，鼓励社会监督。社会组织开展评比达标表彰活动，应当主动接受社会公众和媒体的监督。

第十六条　社会组织开展评比达标表彰活动，应当接受表彰奖励主管部门、登记管理机关、业务主管单位、行业管理部门及纪检监察、宣传、网信、公安、市场监管和审计等部门的监督管理。

第十七条　社会组织登记管理机关负责对社会组织遵守本办法第十三条第一、二、五、六、十项的有关情况进行监督审查。

社会组织违反上述规定的，由登记管理机关责令停止开展活动、消除影响，并将相关情形作为年检结论和等级评估的重要参考；情节严重的，依法给予行政处罚，并纳入社会组织信用记录；必要时，可以向评比达标表彰工作协调机构建议撤销已批准的评比达标表彰项目。

第十八条　业务主管单位、行业管理部门负责审查社会组织设立评比达标表彰项目的必要性和可行性，对所审查的社会组织评比达标表彰活动的开展进行指导和监督；配合有关部门及时认定、制止、查处违法违规行为。

社会组织违反本办法第十三条第三、四、七、八、九项的，由业务主管单位、行业管理部门责令停止开展活动、消除影响、公开曝光，并将处理情况通报登记管理机关。必要时，可以向评比达标表彰工作协调机构建议撤销已批准的评比达标表彰项目。

第十九条　社会组织违规开展评比达标表彰活动的，由相关管理部门对社会组织主要负责人和直接责任人给予批评教育、责令检查、诫勉或者组织处理；有违纪违规情形的，按照有关规定给予党纪、政务处分或依法给予行政处罚；构成犯罪的，依法追究刑事责任。

第二十条　宣传和网信部门负责对社会组织评比达标表彰活动新闻宣传工作的监督管理。

任何单位和个人对未经审核批准的评比达标表彰活动，一律不得进行任何形式的宣传报道。对违规评比达标表彰活动进行宣传报道的，由宣传和网信部门依法予以查处。

第二十一条　评比达标表彰工作协调机构统筹对社会组织违法违规评比达标表彰活动的监督，依法依规严肃查处。社会组织评比达标表彰活动项目有下列情形之一的，由评比达标表彰工作协调机构予以撤销：

（一）申报时弄虚作假的；

（二）造成较大社会负面影响，社会公众反映比较强烈的；

（三）对推动工作失去实际意义的；

（四）连续两个周期未开展的；

（五）社会组织登记管理机关、业务主管单位或行业管理部门认为应当撤销的。

社会组织存在前款第一、二项情形之一的，由评比达标表彰工作协调机构取消其 5 年内申请开展评比达标表彰活动和评优评先资格。

第二十二条　经批准设有评比达标表彰项目的社会组织，本办法实施时不符合第六条第二项所规定条件的，应于 5 年内达到相应要求；本办法实施 5 年后仍不符合规定条件的，或者出现不符合规定条件满 5 年的，由评比达标表彰工作协调机构予以撤销项目。

第二十三条　表彰奖励获得者有严重违纪违法行为、影响恶劣的，或者隐瞒情况、弄虚作假骗取表彰的，应当撤销其所获表彰奖励。由表彰奖励的授予主体负责作出撤销决定，收回其证书、奖章、奖牌等，撤销因获得表彰而享有的相应待遇，追缴其所获奖金等物质奖励，并在一定范围内进行公告。

第二十四条　社会组织按照《国家科学技术奖励条例》开展的科学技术奖励，经科学技术行政部门备案后，报全国评比达标表彰工作协调小组备案。

第二十五条　各省（自治区、直辖市）社会组织开展评比达标表彰活动，纳入省级工作部门评比达标表彰项目限额内管理。

各省（自治区、直辖市）可以结合工作实际制订具体措施。

第二十六条　本办法由全国评比达标表彰工作协调小组办公室负责解释。

第二十七条　本办法自2022年4月16日施行。2012年全国评比达标表彰工作协调小组印发的《社会组织评比达标表彰活动管理暂行规定》（国评组发〔2012〕2号）同时废止。

三、社会团体免税和公益性捐赠税前扣除政策

25. 财政部 国家税务总局关于非营利组织企业所得税免税收入问题的通知（财税〔2009〕122号）

各省、自治区、直辖市、计划单列市财政厅（局）、国家税务局、地方税务局，新疆生产建设兵团财务局：

根据《中华人民共和国企业所得税法》第二十六条及《中华人民共和国企业所得税法实施条例》（国务院令第512号）第八十五条的规定，现将符合条件的非营利组织企业所得税免税收入范围明确如下：

一、非营利组织的下列收入为免税收入：

（一）接受其他单位或者个人捐赠的收入；

（二）除《中华人民共和国企业所得税法》第七条规定的财政拨款以外的其他政府补助收入，但不包括因政府购买服务取得的收入；

（三）按照省级以上民政、财政部门规定收取的会费；

（四）不征税收入和免税收入孳生的银行存款利息收入；

（五）财政部、国家税务总局规定的其他收入。

二、本通知从2008年1月1日起执行。

财政部　国家税务总局

2009年11月11日

26. 民政部 海关总署关于社会团体和基金会办理进口慈善捐赠物资减免税手续有关问题的通知（民发〔2016〕64号）

各省、自治区、直辖市民政厅（局），海关总署广东分署、各直属海关：

2015年12月，财政部、海关总署、国家税务总局联合印发2015年第

102 号公告，公布了《慈善捐赠物资免征进口税收暂行办法》（以下简称《暂行办法》）。为确保《暂行办法》顺利实施，现将有关社会团体和基金会办理进口慈善捐赠物资减免税手续的有关事宜通知如下：

一、对于《暂行办法》第五条第（三）款规定的社会团体或基金会作为受赠人接受捐赠物资，有关社会团体或基金会向其登记管理的民政部门申请开具《慈善捐赠物资受赠人资格证明》（以下简称《证明》，格式见附件）的，民政部门对符合《暂行办法》第五条第（三）款有关规定的社会团体和基金会应及时出具《证明》。出具《证明》后，有关社会团体和基金会的评估等级或宗旨不再符合《暂行办法》规定的，民政部门应及时通知海关。

二、海关凭民政部门出具的《证明》（正本）和其他规定材料，按照海关总署 2016 年第 17 号公告的规定，对有关社会团体或基金会进口的捐赠物资进行审核确认，办理减免税手续。

三、省级民政部门和海关要加强联系、通力配合，严格执行和贯彻落实《暂行办法》有关规定。

附件：慈善捐赠物资受赠人资格证明

民政部　海关总署

2016 年 4 月 14 日

慈善捐赠物资受赠人资格证明

编号：

受赠人所在地海关：　　　　　海关

根据《慈善捐赠物资免征进口税收暂行办法》（财政部 海关总署 国家税务总局 2015 年第 102 号公告）的规定，兹证明　　　为经　　　　（民政部或省级民政部门）登记注册且被评定为 5A 级并以人道救助和发展慈善事业为宗旨的　　　　　　（社会团体或基金会）。

（备注：本证明自出具之日起有效期为三个月。）

国家民间组织管理局或省级民政部门办公室

（签章）

年　　月　　日

27. 财政部 税务总局关于非营利组织免税资格认定管理有关问题的通知（财税〔2018〕13号）

各省、自治区、直辖市、计划单列市财政厅（局）、国家税务局、地方税务局，新疆生产建设兵团财政局：

根据《中华人民共和国企业所得税法》第二十六条及《中华人民共和国企业所得税法实施条例》第八十四条的规定，现对非营利组织免税资格认定管理有关问题明确如下：

一、依据本通知认定的符合条件的非营利组织，必须同时满足以下条件：

（一）依照国家有关法律法规设立或登记的事业单位、社会团体、基金会、社会服务机构、宗教活动场所、宗教院校以及财政部、税务总局认定的其他非营利组织；

（二）从事公益性或者非营利性活动；

（三）取得的收入除用于与该组织有关的、合理的支出外，全部用于登记核定或者章程规定的公益性或者非营利性事业；

（四）财产及其孳息不用于分配，但不包括合理的工资薪金支出；

（五）按照登记核定或者章程规定，该组织注销后的剩余财产用于公益性或者非营利性目的，或者由登记管理机关采取转赠给与该组织性质、宗旨相同的组织等处置方式，并向社会公告；

（六）投入人对投入该组织的财产不保留或者享有任何财产权利，本款所称投入人是指除各级人民政府及其部门外的法人、自然人和其他组织；

（七）工作人员工资福利开支控制在规定的比例内，不变相分配该组织的财产，其中：工作人员平均工资薪金水平不得超过税务登记所在地的地市级（含地市级）以上地区的同行业同类组织平均工资水平的两倍，工作人员福利按照国家有关规定执行；

（八）对取得的应纳税收入及其有关的成本、费用、损失应与免税收入及其有关的成本、费用、损失分别核算。

二、经省级（含省级）以上登记管理机关批准设立或登记的非营利组织，凡符合规定条件的，应向其所在地省级税务主管机关提出免税资格申请，并提供本通知规定的相关材料；经地市级或县级登记管理机关批准设立或登记的非营利组织，凡符合规定条件的，分别向其所在地的地市级或县级税务主管机关提出免税资格申请，并提供本通知规定的相关材料。

财政、税务部门按照上述管理权限，对非营利组织享受免税的资格联合进行审核确认，并定期予以公布。

三、申请享受免税资格的非营利组织，需报送以下材料：

（一）申请报告；

（二）事业单位、社会团体、基金会、社会服务机构的组织章程或宗教活动场所、宗教院校的管理制度；

（三）非营利组织注册登记证件的复印件；

（四）上一年度的资金来源及使用情况、公益活动和非营利活动的明细情况；

（五）上一年度的工资薪金情况专项报告，包括薪酬制度、工作人员整体平均工资薪金水平、工资福利占总支出比例、重要人员工资薪金信息（至少包括工资薪金水平排名前 10 的人员）；

（六）具有资质的中介机构鉴证的上一年度财务报表和审计报告；

（七）登记管理机关出具的事业单位、社会团体、基金会、社会服务机构、宗教活动场所、宗教院校上一年度符合相关法律法规和国家政策的事业发展情况或非营利活动的材料；

（八）财政、税务部门要求提供的其他材料。

当年新设立或登记的非营利组织需提供本条第（一）项至第（三）项规定的材料及本条第（四）项、第（五）项规定的申请当年的材料，不需提供本条第（六）项、第（七）项规定的材料。

四、非营利组织免税优惠资格的有效期为五年。非营利组织应在免税优惠资格期满后六个月内提出复审申请，不提出复审申请或复审不合格的，其享受免税优惠的资格到期自动失效。

非营利组织免税资格复审，按照初次申请免税优惠资格的规定办理。

五、非营利组织必须按照《中华人民共和国税收征收管理法》及《中华人民共和国税收征收管理法实施细则》等有关规定，办理税务登记，按期进行纳税申报。取得免税资格的非营利组织应按照规定向主管税务机关办理免税手续，免税条件发生变化的，应当自发生变化之日起十五日内向主管税务机关报告；不再符合免税条件的，应当依法履行纳税义务；未依法纳税的，主管税务机关应当予以追缴。取得免税资格的非营利组织注销时，剩余财产处置违反本通知第一条第五项规定的，主管税务机关应追缴其应纳企业所得税款。

有关部门在日常管理过程中，发现非营利组织享受优惠年度不符合本通知规定的免税条件的，应提请核准该非营利组织免税资格的财政、税务部门，由其进行复核。

核准非营利组织免税资格的财政、税务部门根据本通知规定的管理权限，对非营利组织的免税优惠资格进行复核，复核不合格的，相应年度不得享受税收优惠政策。

六、已认定的享受免税优惠政策的非营利组织有下述情形之一的，应自该情形发生年度起取消其资格：

（一）登记管理机关在后续管理中发现非营利组织不符合相关法律法规和国家政策的；

（二）在申请认定过程中提供虚假信息的；

（三）纳税信用等级为税务部门评定的 C 级或 D 级的；

（四）通过关联交易或非关联交易和服务活动，变相转移、隐匿、分配该组织财产的；

（五）被登记管理机关列入严重违法失信名单的；

（六）从事非法政治活动的。

因上述第（一）项至第（五）项规定的情形被取消免税优惠资格的非营利组织，财政、税务部门自其被取消资格的次年起一年内不再受理该组织的认定申请；因上述第（六）项规定的情形被取消免税优惠资格的非营利组织，财政、税务部门将不再受理该组织的认定申请。

被取消免税优惠资格的非营利组织，应当依法履行纳税义务；未依法纳税的，主管税务机关应当自其存在取消免税优惠资格情形的当年起予以追缴。

七、各级财政、税务部门及其工作人员在认定非营利组织免税资格工作中，存在违法违纪行为的，按照《公务员法》《行政监察法》等国家有关规定追究相应责任；涉嫌犯罪的，移送司法机关处理。

八、本通知自 2018 年 1 月 1 日起执行。《财政部 国家税务总局关于非营利组织免税资格认定管理有关问题的通知》（财税〔2014〕13 号）同时废止。

财政部　税务总局

2018 年 2 月 7 日

28. 关于公益性捐赠税前扣除有关事项的公告（财政部 税务总局 民政部公告 2020 年第 27 号）

为贯彻落实《中华人民共和国企业所得税法》及其实施条例、《中华人民共和国个人所得税法》及其实施条例，现就公益性捐赠税前扣除有关事项公告如下：

一、企业或个人通过公益性社会组织、县级以上人民政府及其部门等国家机关，用于符合法律规定的公益慈善事业捐赠支出，准予按税法规定在计算应纳税所得额时扣除。

二、本公告第一条所称公益慈善事业，应当符合《中华人民共和国公益事业捐赠法》第三条对公益事业范围的规定或者《中华人民共和国慈善法》第三条对慈善活动范围的规定。

三、本公告第一条所称公益性社会组织，包括依法设立或登记并按规定条件和程序取得公益性捐赠税前扣除资格的慈善组织、其他社会组织和群众团体。公益性群众团体的公益性捐赠税前扣除资格确认及管理按照现行规定执行。依法登记的慈善组织和其他社会组织的公益性捐赠税前扣除资格确认及管理按本公告执行。

四、在民政部门依法登记的慈善组织和其他社会组织（以下统称社会组织)，取得公益性捐赠税前扣除资格应当同时符合以下规定：

（一）符合企业所得税法实施条例第五十二条第一项到第八项规定的条件。

（二）每年应当在3月31日前按要求向登记管理机关报送经审计的上年度专项信息报告。报告应当包括财务收支和资产负债总体情况、开展募捐和接受捐赠情况、公益慈善事业支出及管理费用情况（包括本条第三项、第四项规定的比例情况）等内容。

首次确认公益性捐赠税前扣除资格的，应当报送经审计的前两个年度的专项信息报告。

（三）具有公开募捐资格的社会组织，前两年度每年用于公益慈善事业的支出占上年总收入的比例均不得低于70%。计算该支出比例时，可以用前三年收入平均数代替上年总收入。

不具有公开募捐资格的社会组织，前两年度每年用于公益慈善事业的支出占上年末净资产的比例均不得低于8%。计算该比例时，可以用前三年年末净资产平均数代替上年末净资产。

（四）具有公开募捐资格的社会组织，前两年度每年支出的管理费用占当年总支出的比例均不得高于10%。

不具有公开募捐资格的社会组织，前两年每年支出的管理费用占当年总支出的比例均不得高于12%。

（五）具有非营利组织免税资格，且免税资格在有效期内。

（六）前两年度未受到登记管理机关行政处罚（警告除外）。

（七）前两年度未被登记管理机关列入严重违法失信名单。

（八）社会组织评估等级为3A以上（含3A）且该评估结果在确认公益性捐赠税前扣除资格时仍在有效期内。

公益慈善事业支出、管理费用和总收入的标准和范围，按照《民政部 财政部 国家税务总局关于印发〈关于慈善组织开展慈善活动年度支出和管理费用的规定〉的通知》（民发〔2016〕189号）关于慈善活动支出、管理费用和上年总收入的有关规定执行。

按照《中华人民共和国慈善法》新设立或新认定的慈善组织，在其取得非营利组织免税资格的当年，只需要符合本条第一项、第六项、第七项条件即可。

五、公益性捐赠税前扣除资格的确认按以下规定执行：

（一）在民政部登记注册的社会组织，由民政部结合社会组织公益活动情况和日常监督管理、评估等情况，对社会组织的公益性捐赠税前扣除资格进行核实，提出初步意见。根据民政部初步意见，财政部、税务总局和民政部对照本公告相关规定，联合确定具有公益性捐赠税前扣除资格的社会组织名单，并发布公告。

（二）在省级和省级以下民政部门登记注册的社会组织，由省、自治区、直辖市和计划单列市财政、税务、民政部门参照本条第一项规定执行。

（三）公益性捐赠税前扣除资格的确认对象包括：

1. 公益性捐赠税前扣除资格将于当年末到期的公益性社会组织；

2. 已被取消公益性捐赠税前扣除资格但又重新符合条件的社会组织；

3. 登记设立后尚未取得公益性捐赠税前扣除资格的社会组织。

（四）每年年底前，省级以上财政、税务、民政部门按权限完成公益性捐赠税前扣除资格的确认和名单发布工作，并按本条第三项规定的不同审核对象，分别列示名单及其公益性捐赠税前扣除资格起始时间。

六、公益性捐赠税前扣除资格在全国范围内有效，有效期为三年。

本公告第五条第三项规定的第一种情形，其公益性捐赠税前扣除资格自发布名单公告的次年 1 月 1 日起算。本公告第五条第三项规定的第二种和第三种情形，其公益性捐赠税前扣除资格自发布公告的当年 1 月 1 日起算。

七、公益性社会组织存在以下情形之一的，应当取消其公益性捐赠税前扣除资格：

（一）未按本公告规定时间和要求向登记管理机关报送专项信息报告的；

（二）最近一个年度用于公益慈善事业的支出不符合本公告第四条第三项规定的；

（三）最近一个年度支出的管理费用不符合本公告第四条第四项规定的；

（四）非营利组织免税资格到期后超过六个月未重新获取免税资格的；

（五）受到登记管理机关行政处罚（警告除外）的；

（六）被登记管理机关列入严重违法失信名单的；

（七）社会组织评估等级低于3A或者无评估等级的。

八、公益性社会组织存在以下情形之一的，应当取消其公益性捐赠税前扣除资格，且取消资格的当年及之后三个年度内不得重新确认资格：

（一）违反规定接受捐赠的，包括附加对捐赠人构成利益回报的条件、以捐赠为名从事营利性活动、利用慈善捐赠宣传烟草制品或法律禁止宣传的产品和事项、接受不符合公益目的或违背社会公德的捐赠等情形；

（二）开展违反组织章程的活动，或者接受的捐赠款项用于组织章程规定用途之外的；

（三）在确定捐赠财产的用途和受益人时，指定特定受益人，且该受益人与捐赠人或公益性社会组织管理人员存在明显利益关系的。

九、公益性社会组织存在以下情形之一的，应当取消其公益性捐赠税前扣除资格且不得重新确认资格：

（一）从事非法政治活动的；

（二）从事、资助危害国家安全或者社会公共利益活动的。

十、对应当取消公益性捐赠税前扣除资格的公益性社会组织，由省级以上财政、税务、民政部门核实相关信息后，按权限及时向社会发布取消资格名单公告。自发布公告的次月起，相关公益性社会组织不再具有公益性捐赠税前扣除资格。

十一、公益性社会组织、县级以上人民政府及其部门等国家机关在接受捐赠时，应当按照行政管理级次分别使用由财政部或省、自治区、直辖市财政部门监（印）制的公益事业捐赠票据，并加盖本单位的印章。

企业或个人将符合条件的公益性捐赠支出进行税前扣除，应当留存相关票据备查。

十二、公益性社会组织登记成立时的注册资金捐赠人，在该公益性社会组织首次取得公益性捐赠税前扣除资格的当年进行所得税汇算清缴时，可按规定对其注册资金捐赠额进行税前扣除。

十三、除另有规定外，公益性社会组织、县级以上人民政府及其部门等国家机关在接受企业或个人捐赠时，按以下原则确认捐赠额：

（一）接受的货币性资产捐赠，以实际收到的金额确认捐赠额。

（二）接受的非货币性资产捐赠，以其公允价值确认捐赠额。捐赠方在向公益性社会组织、县级以上人民政府及其部门等国家机关捐赠时，应当提供注明捐赠非货币性资产公允价值的证明；不能提供证明的，接受捐赠方不得向其开具捐赠票据。

十四、为方便纳税主体查询，省级以上财政、税务、民政部门应当及时在官方网站上发布具备公益性捐赠税前扣除资格的公益性社会组织名单公告。

企业或个人可通过上述渠道查询社会组织公益性捐赠税前扣除资格及有效期。

十五、本公告自2020年1月1日起执行。《财政部 国家税务总局 民政部关于公益性捐赠税前扣除有关问题的通知》（财税〔2008〕160号）、《财政部 国家税务总局 民政部关于公益性捐赠税前扣除有关问题的补充通知》（财税〔2010〕45号）、《财政部 国家税务总局 民政部关于公益性捐赠税前扣除资格确认审批有关调整事项的通知》（财税〔2015〕141号）同时废止。

尚未完成2019年度及以前年度社会组织公益性捐赠税前扣除资格确认工作的，各级财政、税务、民政部门按照原政策规定执行。2020年度及以后年度的公益性捐赠税前扣除资格的确认及管理按本公告规定执行。

特此公告。

财政部　税务总局　民政部

2020年5月13日

29. 财政部 税务总局 民政部关于公益性捐赠税前扣除资格确认有关衔接事项的公告（财政部 税务总局 民政部公告 2021 年第 3 号）

为鼓励社会公益性捐赠，做好《财政部 税务总局 民政部关于公益性捐赠税前扣除有关事项的公告》（财政部 税务总局 民政部公告 2020 年第 27 号）与相关文件的衔接工作，并考虑新冠肺炎疫情影响，现就有关事项公告如下：

一、确认 2020 年度—2022 年度公益性捐赠税前扣除资格时，部分条件可按照以下规定执行：

（一）在民政部门依法登记的慈善组织和其他社会组织（以下统称社会组织）2018 年和 2019 年的公益慈善事业支出和管理费用比例，可按照《民政部 财政部 国家税务总局关于印发〈关于慈善组织开展慈善活动年度支出和管理费用的规定〉的通知》（民发〔2016〕189 号）有关规定执行。

（二）社会组织 2018 年至本公告发布之日最近一期的评估等级达到 3A 以上（含 3A）。对于 2019 年成立的社会组织，以及 2019 年至本公告发布之日已接受评估但尚未出具结论的社会组织，确认资格时可暂不考虑其评估等级。

（三）确认公益性捐赠税前扣除资格时，可暂不考虑社会组织的非营利组织免税资格。

（四）按照本条取得公益性捐赠税前扣除资格的，在资格有效期内，应取得 3A 以上（含 3A）评估等级，且取得非营利组织免税资格。

二、确认 2021 年度—2023 年度公益性捐赠税前扣除资格时，社会组织 2019 年和 2020 年的公益慈善事业支出和管理费用比例，可按照《民政部 财政部 国家税务总局关于印发〈关于慈善组织开展慈善活动年度支出和管理费用的规定〉的通知》（民发〔2016〕189 号）有关规定执行。

三、本公告自 2020 年 1 月 1 日起执行。

特此公告。

财政部　税务总局　民政部

2021 年 2 月 4 日

30. 财政部 税务总局关于通过公益性群众团体的公益性捐赠税前扣除有关事项的公告（财政部 税务总局公告 2021 年第 20 号）

为贯彻落实《中华人民共和国企业所得税法》及其实施条例、《中华人民共和国个人所得税法》及其实施条例，现就通过公益性群众团体的公益性捐赠税前扣除有关事项公告如下：

一、企业或个人通过公益性群众团体用于符合法律规定的公益慈善事业捐赠支出，准予按税法规定在计算应纳税所得额时扣除。

二、本公告第一条所称公益慈善事业，应当符合《中华人民共和国公益事业捐赠法》第三条对公益事业范围的规定或者《中华人民共和国慈善法》第三条对慈善活动范围的规定。

三、本公告第一条所称公益性群众团体，包括依照《社会团体登记管理条例》规定不需进行社团登记的人民团体以及经国务院批准免予登记的社会团体（以下统称群众团体），且按规定条件和程序已经取得公益性捐赠税前扣除资格。

四、群众团体取得公益性捐赠税前扣除资格应当同时符合以下条件：

（一）符合企业所得税法实施条例第五十二条第一项至第八项规定的条件；

（二）县级以上各级机构编制部门直接管理其机构编制；

（三）对接受捐赠的收入以及用捐赠收入进行的支出单独进行核算，且申报前连续 3 年接受捐赠的总收入中用于公益慈善事业的支出比例不低于 70%。

五、公益性捐赠税前扣除资格的确认按以下规定执行：

（一）由中央机构编制部门直接管理其机构编制的群众团体，向财政部、税务总局报送材料；

（二）由县级以上地方各级机构编制部门直接管理其机构编制的群众团体，向省、自治区、直辖市和计划单列市财政、税务部门报送材料；

（三）对符合条件的公益性群众团体，按照上述管理权限，由财政部、税务总局和省、自治区、直辖市、计划单列市财政、税务部门分别联合公布名单。企业和个人在名单所属年度内向名单内的群众团体进行的公益性捐赠支出，可以按规定进行税前扣除；

（四）公益性捐赠税前扣除资格的确认对象包括：

1. 公益性捐赠税前扣除资格将于当年末到期的公益性群众团体；

2. 已被取消公益性捐赠税前扣除资格但又重新符合条件的群众团体；

3. 尚未取得或资格终止后未取得公益性捐赠税前扣除资格的群众团体。

（五）每年年底前，省级以上财政、税务部门按权限完成公益性捐赠税前扣除资格的确认和名单发布工作，并按本条第（四）项规定的不同审核对象，分别列示名单及其公益性捐赠税前扣除资格起始时间。

六、本公告第五条规定需报送的材料，应在申报年度 6 月 30 日前报送，包括：

（一）申报报告；

（二）县级以上各级党委、政府或机构编制部门印发的“三定”规定；

（三）组织章程；

（四）申报前 3 个年度的受赠资金来源、使用情况，财务报告，公益活动的明细，注册会计师的审计报告或注册会计师、（注册）税务师、律师的纳税审核报告（或鉴证报告）。

七、公益性捐赠税前扣除资格在全国范围内有效，有效期为三年。

本公告第五条第（四）项规定的第一种情形，其公益性捐赠税前扣除资格自发布名单公告的次年 1 月 1 日起算。本公告第五条第（四）项规定的第二种和第三种情形，其公益性捐赠税前扣除资格自发布公告的当年 1 月 1 日起算。

八、公益性群众团体前 3 年接受捐赠的总收入中用于公益慈善事业的支出比例低于 70%的，应当取消其公益性捐赠税前扣除资格。

九、公益性群众团体存在以下情形之一的，应当取消其公益性捐赠税前扣除资格，且被取消资格的当年及之后三个年度内不得重新确认资格：

（一）违反规定接受捐赠的，包括附加对捐赠人构成利益回报的条件、以捐赠为名从事营利性活动、利用慈善捐赠宣传烟草制品或法律禁止宣传的产品和事项、接受不符合公益目的或违背社会公德的捐赠等情形；

（二）开展违反组织章程的活动，或者接受的捐赠款项用于组织章程规定用途之外的；

（三）在确定捐赠财产的用途和受益人时，指定特定受益人，且该受益人与捐赠人或公益性群众团体管理人员存在明显利益关系的；

（四）受到行政处罚（警告或单次1万元以下罚款除外）的。

对存在本条第（一）、（二）、（三）项情形的公益性群众团体，应对其接受捐赠收入和其他各项收入依法补征企业所得税。

十、公益性群众团体存在以下情形之一的，应当取消其公益性捐赠税前扣除资格且不得重新确认资格：

（一）从事非法政治活动的；

（二）从事、资助危害国家安全或者社会公共利益活动的。

十一、获得公益性捐赠税前扣除资格的公益性群众团体，应自不符合本通知第四条规定条件之一或存在本通知第八、九、十条规定情形之一之日起15日内向主管税务机关报告。对应当取消公益性捐赠税前扣除资格的公益性群众团体，由省级以上财政、税务部门核实相关信息后，按权限及时向社会发布取消资格名单公告。自发布公告的次月起，相关公益性群众团体不再具有公益性捐赠税前扣除资格。

十二、公益性群众团体在接受捐赠时，应按照行政管理级次分别使用由财政部或省、自治区、直辖市财政部门监（印）制的公益事业捐赠票据，并加盖本单位的印章；对个人索取捐赠票据的，应予以开具。

企业或个人将符合条件的公益性捐赠支出进行税前扣除，应当留存相关票据备查。

十三、除另有规定外，公益性群众团体在接受企业或个人捐赠时，按以下原则确认捐赠额：

（一）接受的货币性资产捐赠，以实际收到的金额确认捐赠额；

（二）接受的非货币性资产捐赠，以其公允价值确认捐赠额。捐赠方在向公益性群众团体捐赠时，应当提供注明捐赠非货币性资产公允价值的证明；不能提供证明的，接受捐赠方不得向其开具捐赠票据。

十四、为方便纳税主体查询，省级以上财政、税务部门应当及时在官方网站上发布具备公益性捐赠税前扣除资格的公益性群众团体名单公告。

企业或个人可通过上述渠道查询群众团体公益性捐赠税前扣除资格及有效期。

十五、本公告自 2021 年 1 月 1 日起执行。《财政部 国家税务总局关于通过公益性群众团体的公益性捐赠税前扣除有关问题的通知》（财税〔2009〕124 号）同时废止。

为做好政策衔接工作，尚未完成 2020 年度及以前年度群众团体的公益性捐赠税前扣除资格确认工作的，各级财政、税务部门按原政策规定执行；群众团体公益性捐赠税前扣除资格 2020 年末到期的，其 2021 年度—2023 年度公益性捐赠税前扣除资格自 2021 年 1 月 1 日起算。

特此公告。

财政部　税务总局

2021 年 6 月 2 日